Jörg Gertel, Sandra Calkins (Hg.)
Nomaden in unserer Welt

Jörg Gertel, Sandra Calkins (Hg.)

Nomaden in unserer Welt

Die Vorreiter der Globalisierung:
Von Mobilität und Handel, Herrschaft und Widerstand

[transcript]

Die Herausgabe des Bandes wird durch
die Deutsche Forschungsgemeinschaft gefördert.

Bibliografische Information der Deutschen Nationalbibliothek
Die Deutsche Nationalbibliothek verzeichnet diese Publikation in der
Deutschen Nationalbibliografie; detaillierte bibliografische Daten sind im
Internet über http://dnb.d-nb.de abrufbar.

Umschlaggestaltung: Simone Henniger, Halle/Saale
Umschlagabbildung: Sandra Calkins, Motorisierte Rinderhaltung
   in der Zentralbutana, Sudan, im Herbst 2008
Lektorat: Jörg Gertel, Sandra Calkins
Satz: Simone Henniger, Halle/Saale
Druck: Hans Kock Buch- und Offsetdruck GmbH, Bielefeld
ISBN 978-3-8376-1697-2

Gedruckt auf alterungsbeständigem Papier mit chlorfrei gebleichtem
Zellstoff.
Besuchen Sie uns im Internet: *http://www.transcript-verlag.de*
Bitte fordern Sie unser Gesamtverzeichnis und andere Broschüren an
unter: *info@transcript-verlag.de*

Inhaltsverzeichnis

Einleitung

SANDRA CALKINS, JÖRG GERTEL

NOMADEN. Das Wort weckt heute bei vielen Europäern romantische Vorstellungen. Doch nur wenige sind jemals Nomaden begegnet. Die Vorstellungen und Zuschreibungen sind umso abenteuerlicher. Nomaden gelten häufig als wild, kriegerisch, freiheitsliebend und geheimnisumwoben. In vielen Ländern Afrikas und Asiens sind sie den Behörden allerdings ein Dorn im Auge. Dort gelten sie häufig als ein Paradebeispiel für Rückständigkeit und Unzivilisiertheit, wie sie mit ihren Herden und Zelten herumstreifen, dem Regen und der Weide folgen.

Eine ganz andere Seite am Nomadentum hat in jüngerer Zeit die Tourismusbranche entdeckt: Nomadische Gruppen werden in Werbeprospekten häufig als vom Aussterben bedrohte, seltene Kulturen inszeniert, die es gilt möglichst vor ihrem baldigen Verschwinden zu erleben. Wieder andere denken beim Nomaden vor allem an die großen Dürren und Hungerkrisen der 1980er und 1990er Jahre, die viele afrikanische Nomaden der Verarmung ausgesetzt und in die Slums von großen Ballungszentren getrieben haben.

Doch wie steht es wirklich um die Nomaden? Ist ihr Überleben im Zeitalter der Globalisierung angesichts veränderter politischer, kultureller und sozioökonomischer Rahmenbedingungen tatsächlich bedroht? Und wenn ja, wie reagieren Nomaden in unterschiedlichen Teilen der Welt auf neue Risiken, denen sie und ihre Viehhaltung ausgesetzt sind? Gibt es historische Vorbilder? Welche Vorteile bietet nomadische Tierhaltung angesichts steigender Nahrungsmittel- und Energiepreise? Können nomadische Produktionssysteme in Zeiten globaler Hunger- und Finanzkrisen gar ein Zukunftsmodell sein?

All dies sind Fragen, die sich auch die Forscher am Sonderforschungsbereich 586 (SFB) ›Differenz und Integration‹ stellen (www.nomadsed.de). Der SFB ist ein großer Forschungsverbund, der seit 2001 von der Deutschen Forschungsgemeinschaft finanziell gefördert wird. Beteiligt sind die Universität Leipzig und die Martin-Luther-Universität Halle-Wittenberg, das Max-Planck-Institut für ethnologische Forschung in Halle, das Helmholtz-Zentrum für Umweltforschung in Leipzig, das Leibniz-Institut für Länderkunde in Leipzig und das Orient-Institut in Beirut.

Seit 10 Jahren stehen die 'Nomaden' und ihre Beziehungen zu sesshaften Gesellschaften – in Vergangenheit und Gegenwart – bereits im Fokus wissenschaftlicher Untersuchungen in Leipzig und Halle. Nach einer Fülle wissenschaftlicher Publikationen, wendet sich der SFB nun erstmals mit dem Sammelband ›Nomaden in unserer Welt‹ an ein breiteres Publikum. Der vorliegende Band vermittelt anhand von 26 Beiträgen aus aller Welt ein differenziertes Bild von nomadischen Lebensweisen – gestern und heute – und deren vielfältigen Verflechtungen mit sesshaften Bevölkerungsgruppen. Hervorzuheben ist vor allem das breite geographische Spektrum der hier versammelten Beiträge, die Schauplätze von Marokko im Westen, Sudan im Süden, Sibirien und China im Nordosten aufspannen. Eine weitere Besonderheit des Buches ist die Zusammenführung von historischen und gegenwartsbezogenen Fallbeispielen, was den Leser auf eine bunte Zeitreise durch diverse Epochen schickt und ihn überlieferte Mythen, wie die des 'nomadischen Einzelgängers' oder des 'traditionellen Nomadentums' hinterfragen lässt. Viele Beiträge führen den Leser mit konkretem, 'sprechendem Material' in die jeweilige Forschungsregion ein; beispielsweise als Rückblende anhand der Auswertung von Textquellen und Inschriften ins römische bzw. byzantinische Reich, durch Augenzeugenberichte über Weidekonflikte zwischen rivalisierenden Nomadengruppen ins gegenwärtige Syrien, mit dichten ethnographischen Beschreibungen zu den Tuareg in Randgebiete der Sahara, oder mittels biographischen Erzählungen, in denen Nomaden selbst zu Wort kommen, in den heutigen Sudan und nach Marokko.

Bevor wir uns der Gliederung des Buches zuwenden, soll der Leser hier mit zwei grundlegenden Positionen in die langjährige Forschung eingeführt werden: Erstens, unsere Forschung hat die Einsicht bestätigt, dass Nomaden und Sesshafte seit alters wirtschaftlich, politisch und durch kulturelle Austauschprozesse eng miteinander verwoben sind. Nomadismus ist somit kein separates gesellschaftliches Phänomen, kein Sonderweg menschlicher Lebensformen, sondern Teil des ineinander greifenden gesellschaftlichen Gefüges. Nomadische Vorstellungen von sozialer Ordnung, Moral, Recht, Werte und Sprechweisen stehen in

permanenter Wechselwirkung mit sesshaften Gesellschaften. Um nomadische Lebensweisen zu verstehen, muss folglich den vielfältigen Beziehungen zu sesshaften Gesellschaften Rechnung getragen werden. Dazu
zählen u.a. Handel, Freundschaft, unterschiedliche Austauschbeziehungen und Kooperationsverträge, aber auch Konflikte und Krieg.

Zweitens, eine weitere grundlegende Position hängt mit den vielfältigen Ausprägungen nomadischer Lebensweisen in unserer Welt
zusammen sowie mit der verschiedenartigen Organisation extensiver
Weidewirtschaft. Letztere ist durch die Nutzung großer bis sehr großer
Flächen gekennzeichnet und reicht von der nomadischen Nutzung in
den Trockengebieten bis zur industriellen Schafzucht in Neuseeland,
dem Ranching in den semiariden Gegenden der westlichen USA oder der
Rinderhaltung in der südamerikanischen Pampa. Allein angesichts der
Vielfalt nomadischer Lebenswelten ist nicht von einem eindeutigen Kern
des 'Nomadischen' zu sprechen. Viel eher sind Flexibilität und die stän-
dige Anpassung an sich wandelnde ökologische und sozioökonomische
Bedingungen typische Kennzeichen des Nomadismus.

Obgleich sich hinter dem Deckmantel des Nomadismus also sehr
unterschiedliche Lebens- und Wirtschaftsweisen verbergen, gibt es dennoch einige Gemeinsamkeiten und Besonderheiten, die nomadischen
Gruppen eigen sind. Diese ergeben sich vor allem daraus, wie Nomaden
Mobilität einsetzen, um sich Zugang zu natürlichen und sozialen Ressourcen zu verschaffen. Solche Gemeinsamkeiten werden oft auch bei
der Konstruktion von Identität betont und werden zur Abgrenzung zwischen Nomaden und Sesshaften überhöht.

In Anlehnung an die Hauptachsen unserer Forschung, gliedert sich
der Band in fünf Kapitel: Nomadische Mobilität, Austausch und Handel, Alltag und Existenzsicherung, Staat und Herrschaft, Identität und
Repräsentation. Im Folgenden wird kurz in die fünf Themenkomplexe
eingeführt.

Nomadische Mobilität

Durch Weidewanderungen unterschiedlichster Radien und Frequenzen erschließen sich Nomaden den Zugang zu natürlichen aber auch sozialen Ressourcen. Mobilität ist somit ein zentrales Charakteristikum nomadischer Gruppen. Unter Nomaden verstehen wir Menschen mit einer Lebensform, die durch permanente oder zyklische Mobilität gekennzeichnet ist, und die meist von Gruppen vollzogen wird, die sich durch exklusive Heiratsregeln auszeichnen. Zweitens, verstehen wir als Nomaden, wer sich seinen Lebensunterhalt durch extensive Weidewirtschaft verdient oder durch andere Formen der Mobilität, wie die saisonale Wanderarbeit durch so genannte Dienstleistungsnomaden. Drittens, kommen Nomaden durch ihre Verflechtungen und Bewegungen stets in unterschiedlichen Zusammenhängen mit Sesshaften in Berührung. Das Kapitel 'Mobilität' versammelt daher Beispiele, die die zentrale Bedeutung der Mobilität für Nomaden verdeutlichen. In ›Nomaden in Bewegung – Die Hassueh/Bani Khaled der syrischen Steppe‹ zeigt Andreea Bretan, wie die Hassueh ihre Mobilität an ökologische und soziale Gegebenheiten anpassen und sich dadurch knappe und oft umstrittene Ressourcen erschließen. Die Erforschung nomadischer Lebensweisen mit ihrer vergänglichen materiellen Kultur, ohne feste Siedlungen, stellt besondere Herausforderungen an ein archäologisch arbeitendes Projekt. David Tucker beschreibt in ›Nomadischer Raum aus dem Weltall‹ die Suche nach den Spuren nomadischer Mobilität im Gelände mittels satellitengestützter Technologie. ›Die 'anderen' Nomaden – Dienstleistungsnomadismus in Rumänien‹ stehen bei Fabian Jacobs im Mittelpunkt. Sein Beitrag erzählt von den rumänischen Roma und deren hoch mobilen Arbeitswelten. Sandra Calkins beleuchtet in ihrem Beitrag ›Dürrejahre im Sudan: Neue Formen nomadischer Mobilität‹, wie Kamelnomaden auf eine große Dürre reagieren, in dem sie ihre saisonalen Wanderungsmuster verändern und um neue Mobilitätsformen erweitern. Ingo Breuer führt den Leser mit seinem Beitrag ›Auf dem Weg zum 'Neuen Nomaden'? – Sozialer Wandel am Rande der Sahara‹ zu den nomadischen Ait Atta nach Marokko. Deren pastorale Viehwirtschaft hat sich mittlerweile neu ausgerichtet, ist oft motorisiert und beinhaltet auch neue Formen von Mobilität, wie Lohnarbeit und Arbeitsmigration. Das 'Nomadische', die permanente räumliche Bewegung, scheint hier ausgeprägter als je zuvor.

Austausch und Handel

Die wenigsten Nomaden ernähren sich überwiegend durch Produkte ihrer Viehwirtschaft, sondern ergänzen sie durch agrarische und sesshafte Produkte. Seit alters sind Nomaden daher wirtschaftlich eng mit sesshaften Gesellschaften verwoben und tauschen Produkte und Dienstleistungen, aber auch Vorstellungen und Werte aus. Typische Beispiele für den direkten Austausch von Produkten zwischen Nomaden und Sesshaften sind Milch, Fleisch und Tierkot (Dünger) gegen Getreide und Weiderechte. Das Kapitel ›Austausch und Handel‹ umfasst typische Beispiele für solche Austauschbeziehungen zwischen Nomaden und Sesshaften. Felix Blocher diskutiert die rauen Lebensumstände altorientalischer Nomaden zwischen verschiedenen Großreichen in seinem Beitrag ›Ja, wo rauben sie denn? Altorientalische Nomaden und ihr Verhältnis zum Besitz‹ und hinterfragt das uralte, sesshafte Klischee der räuberischen Nomaden. Thomas Brüggemann zeigt in seinem Beitrag ›Vom Geld- zum Tauschhandel. Die byzantinische Krim zwischen Urbanität und Nomadismus‹ eine Alternative zur Vorstellung der stetigen wirtschaftlichen Entwicklung in nur eine Richtung, nämlich wie der Geldhandel in der Stadt Cherson (10.–13. Jh. n. Chr.) durch die wachsende Interaktion mit Nomaden aus dem Umland zunehmend durch Tauschhandel ersetzt wurde. Der Beitrag ›Mittelasiatische Schafe und russische Eisenbahnen: Raumgreifende eurasische Lammfell- und Fleischmärkte in der Kolonialzeit‹ von Wolfgang Holzwarth beleuchtet am Beispiel der mittelasiatischen Viehwirtschaft und deren Anpassung an die europäische Nachfrage nach Lammfellen und Fleisch im 19. und frühen 20. Jahrhundert, wie Märkte Warenströme lenken und umlenken und somit großräumige Beziehungs- und Ordnungsmuster prägen. Gerd Spittler beschreibt in dem

Text ›Mit einer Tuaregkarawane durch die Sahara‹ die Arbeitsumstände von Tuareg-Karawaniers im Niger, die den beschwerlichen Weg durch die Wüste mit ihren Kamelen nehmen, um Salz und Datteln in der Stadt Bilma zu kaufen und diese später wiederum auf ihrer Weidewanderung in Nordnigeria zu verkaufen. Der Beitrag ›*Suq sumbuq* – Geheime Märkte im sudanesischen Bürgerkrieg‹ von Guma Kunda Komey und Enrico Ille erklärt ein besonderes Phänomen: Die Entstehung von Märkten zwischen zwei verfeindeten Lagern – nomadischen Rinderzüchtern und sesshaften Nuba – während des Kriegs im Westsudan.

Alltag und Existenzsicherung

Dürren, Hungerkrisen, Naturkatastrophen, Epidemien und Krieg sind oftmals Schlüsselmomente in der Formation von Gesellschaft. Im Zusammenspiel mit tiefgreifenden sozioökonomischen Transformationen der vergangenen Jahrzehnte, wie Prozessen der Marktöffnung und Privatisierung, wirtschaftlicher Spezialisierung und Diversifizierung, der Einbindung nomadischer Produktion in globale Warenketten, neuen transnationalen Verflechtungen durch Arbeitsmigration und der Erosion von Solidarität in lokalen Gemeinden haben sich die Lebenszusammenhänge von nomadischen Gruppen vielerorts radikal verändert. Nomaden müssen dabei neue Herausforderungen meistern, um ihre Existenzen zu sichern. Das Kapitel ›Nomadische Existenzsicherung‹ legt exemplarisch dar, welche Risiken Nomaden bedrohen, wie Krisen ablaufen, und wie Nomaden diese bewältigen. Sören Starks ›Siedlungswüstungen, Kurgane und Felsbilder – archäologische Feldforschungen im Hochgebirge Tadschikistans‹ rekonstruiert mittels archäologischer Funde unterschiedliche Besiedlungs- und Nutzungsphasen im tadschikischen Hochgebirge. Dies gewährt seltene Einblicke in die verschiedenen Existenzsicherungsstrategien von frühen Nomaden fernab der urbanen Zentren. In ›Nebenerwerbsnomaden und Raupenpilzökonomie – Pastorale Existenzsicherung in Osttibet‹ beschreibt Andreas Gruschke ein junges Phänomen in Osttibet: die Suche nach dem auf asiatischen Gesundheitsmärkten hoch gehandelten Raupenpilz, der eine lukrative Einnahmequelle für tibetische Nomaden darstellt. Die Weidewirtschaft, lange der Kern der Existenzsicherung, scheint heute teilweise überhaupt nur noch durch die Einnahmen aus dem Raupenpilzgeschäft aufrecht erhalten zu werden.

Im Beitrag ›Nomaden, Sesshafte und Umwelt – Fallbeispiele aus Lappland und Nordafrika‹ zeigt Michael Zierdt unterschiedliche Arten nomadischer und sesshafter Landnutzung und deren ökologische Ausprägungen auf. Es wird deutlich, dass Nachhaltigkeit ein wichtiges Kriterium der Existenzsicherung sein muss. Sandra Calkins Beitrag ›Bauern, Tierhalter und Migranten: Existenzsicherung im marokkanischen Hohen Atlas‹ verdeutlicht, wie die transhumante Viehhaltung der Ait Oucheg zunehmend durch Aufforstungsprogramme, Naturschutzprojekte und den Wandertourismus an den Rand gedrängt und durch andere wirtschaftliche Optionen ergänzt wird. Hermann Kreutzmann erläutert in seinem Beitrag ›Vergessene Nomaden auf dem Dach der Welt: Die Kirgisen Afghanistans im weltpolitischen Spannungsfeld‹ die Situation der afghanischen Kirgisen im Pamir, die zwischen die Kriegsfronten gerieten und deren Existenzsicherungssysteme seither bedroht sind.

Staat und Herrschaft

Aufgrund ihrer hohen Mobilität konnten sich nomadische Gruppen häufig dem Staatswesen sesshafter Gesellschaften entziehen. In frühen Stadtstaaten, Großreichen, sowie modernen Staaten bis hin zu transnationalen Räumen stellen die rhythmischen Wanderungen von Nomaden häufig eine Herausforderung der sesshaften Herrschaftsordnungen dar. Das Kapitel ›Staat und Herrschaft‹ handelt von solchen Strukturen der Dominanz und Machtbeziehungen zwischen Sesshaften und Nomaden. Brit Kärger legt in ihrem Beitrag ›Eselstötungen als Ausdruck von Vertragsabschlüssen im Königreich von Mari‹ dar, wie der Begriff der Eselstötungen – ausschließlich im Kontext einer gleichermaßen von Nomaden und Sesshaften geprägten Gesellschaft – synonym für Vertragsabschlüsse und Allianzen gebraucht wurde. Stefan Hausers ›Konflikt im

Venedig der Wüste‹ dreht sich um die Oasenstadt Palmyra und dem gescheiterten Versuch dauerhaft die Kontrolle über die Steppe und deren nomadische Bewohner zu gewinnen. Alexander Weiß Beitrag ›Staatliche Anbindung von Nomaden im römischen Nordafrika‹ zeigt eine römische Herrschaftsstrategie, nämlich wie die römische Verwaltung ein neues Amt zur Kontrolle nomadischer Gruppen in Nordafrika erfand. In ›Byzanz und die Nomaden‹ erläutert Oliver Schmitt die byzantinische Politik der Ansiedlung und Integration von Nomaden an der Peripherie des Reiches. Eine ähnliche Herrschaftsstrategie, nämlich wie Byzanz Herrschaftsinsignien an maurische Amtsträger in Nordafrika verleiht, um diese anzugliedern und zu kontrollieren, beschreibt Daniel Syrbe in seinem Beitrag ›Die maurischen Archonten‹. Johann Büssows ›Kooperation und Konflikt: Die Anaza und die Etablierung moderner Staatlichkeit in der syrischen Steppe‹ erläutert am Beispiel der nomadischen Anaza, welchen Schwierigkeiten die osmanischen Obrigkeiten bei der Etablierung moderner Staatlichkeit in der Steppe gegenüber standen. Laila Pragers Beitrag ›Falken der Steppe. Imaginierte Ursprünge und territoriale Ansprüche im Kontext des syrischen Beduinenfestivals‹ zeigt, wie heutzutage im Rahmen eines Festes idealisierte Vorstellungen des beduinischen Kamelnomaden artikuliert werden, um damit eine panarabische Identität zu konstruieren durch die Beduinen ihre Landansprüche gegenüber dem syrischen Staat untermauern.

Identität und Repräsentation

Bei aller Vielfalt und Heterogenität nomadischer Lebensformen, weisen Nomaden in aller Welt dennoch gewisse Gemeinsamkeiten und Charakteristika auf, die sich aus ihrer mobilen Lebensweise mit Viehherden ergeben. Diese Eigenschaften sind auch bei der Konstruktion von Identität – sowohl aus der Fremdperspektive als auch der Eigenperspektive der Nomaden wirksam. Unsere Beispiele zeigen, dass die klare Unterscheidung zwischen Nomaden und Sesshaften der Lebenswirklichkeit der Menschen nicht entspricht. Dieser Dualismus, die zweiteilige

Unterscheidung, strukturiert jedoch häufig die Wahrnehmung und wird in vielen Texten und Diskursen reproduziert, immer wieder hergestellt und verfestigt. Sie dient gleichzeitig auch als Repräsentationsmuster zur Abgrenzung und zum Ausschluss des 'Fremden' und fördert den inneren Zusammenhalt der Gruppe. In Anlehnung daran, widmet sich das Kapitel ›Identität und Repräsentation‹ Fragen nomadischer Identität und ihrer Konstruktion sowie deren Repräsentation in schriftlichen Zeugnissen und öffentlichen Debatten. Michael Streck analysiert in seinem Text ›Weiße und rote Termiten: Die Beziehungen zwischen den amurritischen Nomadenstämmen‹ altbabylonische Keilschriften und bestätigt damit die ethnologische Einsicht, dass sich Stammesgrenzen im Wechselspiel zwischen Konflikt und Kooperation einerseits formieren oder andererseits durchlässig werden. Der Beitrag ›Anacharsis, ein skythischer Nomade mit langer Geschichte‹ von Charlotte Schubert, Roxana Kath und Alexander Weiß erzählt von einem bemerkenswerten antiken Nomaden, dem skythischen Prinzen Anacharsis, der seit der Antike bis zu dem Künstler Joseph Beuys auf vielfältige Weise – mal als Weiser, mal als Freiheitssymbol – repräsentiert wird. Dass das so genannte faule und freie Leben kasachischer Nomaden nur idealisierten Vorstellungen russischer Intellektueller im Zarenreich entsprach, thematisiert Beate Eschment unter dem Titel ›Faul und frei? Überlegungen zur russischen Sicht auf kasachische Nomaden‹. Am Beispiel von ewenkischen Rentiernomaden beschreibt Joachim Otto Habeck in ›'Es ist keine Schande, im 20. Jahrhundert Nomade zu sein.' Sesshaftmachung im Hohen Norden der Sowjetunion‹ die staatliche Ansiedlungspolitik und deren Bewertung durch die Nomaden. Uta Schilling beleuchtet in dem abschließenden Beitrag ›Tradition oder Migration? – Kulturelle Aspekte der Übersiedlung von Kasachen aus der Westmongolei nach Kasachstan‹ die Idealisierung des Nomadentums als persönliche und politische Konstruktion.

Nomaden in Bewegung – Die Hassueh / Bani Khaled der syrischen Steppe

ANDREEA BRETAN

»Kaum sind wir hier auf dem Berg (Gabal Amur) angekommen und haben angefangen, unsere Zelte und Schafe abzuladen, kam schon ein Auto angefahren mit fünf Männern der Amur (ein syrischer Stamm) darin. Sie waren bewaffnet und stellten uns zur Rede, was wir auf ihrem Stammesland zu suchen haben. Sie haben versucht, uns zu vertreiben und uns mit ihren Gewehren gedroht. Aber wir haben gesagt: ›Dieses Land gehört allen Syrern. Unsere Schafe sind hungrig. Bei uns gibt es kein Gras, wir müssen hier bleiben!‹ Da sind sie wieder davon gefahren und haben angekündigt, mit noch mehr Männern wiederzukommen. Wir haben per Mobiltelefon sofort einen einflussreichen Bani Khaled in Tadmur verständigt und ihn um Vermittlung gebeten. Er hat den Vertreter der Amur aufgesucht und ihm gesagt: ›Vielleicht werden in den nächsten Jahren die Weiden der Bani Khaled blühen und die Weiden der Amur Dürre tragen. Wenn Eure Leute dann bei uns weiden wollen, wollt Ihr doch auch keine Probleme bekommen?‹ Das hat die Amur zum Einlenken gebracht. Sie lassen uns jetzt in Ruhe, solange wir unsere Herden in gebührendem Abstand zu ihren Zelten halten.«

Frau eines Schafzüchters der Hassueh, Interview 4. März 2006

HASSUEH nennen sich die schafzüchtenden Beduinen in Syrien, die zum Stamm der Bani Khaled gehören. Die Kamelzucht haben sie, wie die meisten Stämme, spätestens in den 1970er Jahren aufgegeben, als das Automobil die Kamele als Transportmittel abgelöst hat. Das traditionelle Streifgebiet der Bani Khaled ist südwestlich von Tadmur gelegen. Da die syrische Steppe 1953 zu Staatsland erklärt wurde, haben die Beduinen kei nen rechtlichen Anspruch auf Land. Auch ist es ihnen untersagt, andere Stämme an der Nutzung 'ihres' Weidelandes zu hindern. In der Praxis kommt dies dennoch häufig vor, wie die Eingangssituation zeigt.

1946 gründeten die Hassueh 25 km westlich von Tadmur entfernt eine Siedlung mit Namen Baida Sharqieh. Seit den 60er Jahren betrieben die Hassueh zusätzlich zur Schafzucht Ackerbau. Sie kultivierten dabei vor allem Weizen und Gerste für die Schafe und den Eigenbedarf. Die meisten Familien bewohnten ein Lehmhaus in der Siedlung zur Zeit der Aussaat und der Ernte. Den Rest des Jahres zogen sie in Zelten umher, um ihre Schafe auf natürlichem Weideland grasen zu lassen. 1995 verbot die syrische Regierung die Landwirtschaft in der Steppe. Viele Familien sahen sich dadurch gezwungen, dauerhaft mobil zu werden. Sie verließen ihre Lehmhütten und ziehen seither wieder ganzjährig in ihren Zelten umher. Auch andere Strategien wurden angewandt, um das Überleben der Haushalte nach dieser einschneidenden Veränderung zu sichern, so dass sich eine heterogene Einkommens- und Siedlungsstruktur ergeben hat:

Die Hassueh zählten im Frühjahr 2006 77 Haushalte. Davon bestreiten 42 Haushalte ihre Existenz durch Schafzucht und -mast: Fünfzehn Haushalte sind temporär mobil mit ihrem Hauptstandort in Baida, das heißt, sie ziehen mehrere Monate im Jahr, üblicherweise von März bis Oktober, mit ihren Zelten zu anderen Weidegebieten in der Steppe oder mieten Grasland oder kaufen Erntereste in landwirtschaftlichen Gebieten auf. Die sieben in der Schafmast tätigen Haushalte migrieren oft für mehrere Monate an den Rand von Schafsmärkten, wo sie Angebot und Nachfrage direkter bedienen können. Die restlichen zwanzig Haushalte sind dauerhaft mobile Schafzüchter mit Herden zwischen 100–600 Schafen. Sie sind das ganze Jahr mobil im Zelt unterwegs und lassen sich manchmal mehrere Jahre am Stück nicht in ihrer Siedlung nieder. 35 Haushalte sind an anderen Standorten wohnhaft und haben teilweise Einkünfte aus dem Schafsektor (Schafmast oder -handel), teilweise aus anderen Bereichen (Chauffeure, einfache Arbeiter, Staatsangestellte). Dazu zählen 26 Haushalte, die mit unterschiedlicher Dauer, von wenigen Monaten bis zu 35 Jahren, in Homs wohnhaft sind. Neun Haushalte leben ohne männliches Familienoberhaupt in Homs oder Baida. Die Haushaltsvorstände sind in diesen Fällen als Arbeitsmigranten (Chauffeure, einfache Arbeiter, Schafhirten) in Saudi-Arabien oder Kuwait tätig und besuchen ihre Familien nur ein bis zwei Monate im Jahr.

Wie aus der Einkommens- und Siedlungsstruktur deutlich geworden ist, kann Mobilität für moderne Beduinen unterschiedliche Formen annehmen und ist keine endgültige Entscheidung, sondern unterliegt dynamischen Veränderungen: Mobilität wird dabei in erster Linie als Zugangsmittel für Ressourcen eingesetzt (Weide, Lohnarbeit). Sie kann durch den ganzen Haushalt (saisonale Wanderung) oder durch einzelne Mitglieder (Arbeitsmigration) erfolgen. Sie kann je nach äußeren Umständen (Gesetzgebung, Klima) zugunsten einer teilweisen oder vollständigen Sesshaftigkeit (Ackerbau, Lohnarbeit) aufgegeben und auch wieder aufgenommen werden. Und sie beinhaltet zahlreiche, alltägliche Wege, die eng mit der Wirtschaftsweise (mobile Viehzucht) und dem ökologischen Umfeld (Steppe – geringe Infrastruktur) verbunden sind: Wassertransport, Einkäufe für den Haushalt, Verkauf von Schafen, Kauf von Schaffutter, Fahrten zu der Herde (Melken, Füttern, Tränken), Arztbesuche, Familienbesuche, Suche nach dem nächsten Weidegebiet.

Vor allem während der saisonalen Wanderungen herrscht an den Zeltplätzen ein ständiges Kommen und Gehen. Gewandert wird von März bis Oktober. Vor allem im Frühjahr ist frisches Gras für ein gesundes Wachstum und wohlschmeckendes Fleisch der Schafe und Lämmer wichtig. Da zum einen das traditionelle Weideland der Hassueh stark degradiert ist, und zum anderen Dürren immer häufiger werden (auf zehn Jahre fallen mindestens vier Dürrejahre), finden die Schafe in der Umgebung von Baida selten das nötige Weideland. Die Hassueh nutzen daher verschiedene Futterquellen für ihre Schafe: Weideland im eigenen und fremden Stammesgebiet, Grasflächen in der Landwirtschaftszone im Norden und Westen Syriens, wo die Niederschlagsmenge hoch ist, sowie Felder mit grüner Gerste (allerdings nur in extremen Dürrejahren, wenn die Bauern befürchten, die Gerste könnte auf dem Feld vertrocknen) und abgeerntete Getreide- und Gemüsefelder.

Suche nach Weideland in der Steppe

Stammesbeziehungen und die Vermeidung von Konflikten spielen eine wichtige Rolle auf der Suche nach Weideland. Zunächst wird nach Weide im eigenen Stammesgebiet gesucht, was meist ohne Konflikte verläuft.

Außerdem wird die Nähe zu Verwandten als angenehm empfunden. Die Nutzung fremden Stammeslandes hingegen birgt beträchtliches Konfliktpotential.

Rein legal betrachtet ist die Einteilung in Stammesgebiete zwar hinfällig, da die syrische Steppe als öffentliches Gut deklariert wurde, dennoch gibt es einige Stämme, die ihr traditionelles Weidegebiet mit Erfolg gegen fremde Eindringlinge verteidigen. Dazu zählen beispielsweise die Amur. Stammesbeziehungen beruhen auch heute noch auf historischer Kontinuität. Stämme, die sich in der Vergangenheit bekriegt haben, pflegen bis heute keinen freundschaftlichen Kontakt (zum Beispiel Mawali und Bani Khaled). Stämme, die früher Allianzen eingegangen sind, kooperieren wiederum auch heute noch eng (zum Beispiel Anaza-Föderationsstämme und Bani Khaled).

Somit sind weniger Konflikte zu erwarten, wenn die Suche nach Weideland auf dem Gebiet befreundeter Stämme erfolgt; hier ist mit gegenseitiger Hilfe und Kooperation zu rechnen. Die Suche nach Weideland im Gebiet befeindeter Stämme hingegen wird als 'Eindringen' gewertet und kann zu gewaltsamen Konflikten führen, die dann einer internen oder externen Schlichtung, durch die staatlichen Organe, bedürfen.

Suche nach Weide in der kultivierten Zone

Die Suche nach Weiden in landwirtschaftlichen Gebieten richtet sich nach der Weidequalität, die abhängig von der Regenmenge und der Bodenbeschaffenheit ist, nach Preisen, 'historischer Kontinuität' und nach Herdengröße. Einige Gebiete, zum Beispiel Salamiya, sind für ihre hohen Preise bekannt. Dort werden Schafzüchter nur in extremen Notfällen nach Weideplätzen suchen. In anderen Gebiete (zum Beispiel al-Uar) teilen sich die Felder in kleine Parzellen, wo Haushalte mit großen Herden kaum ausreichend Weideland finden können.

Normalerweise versuchen Tierhalter zunächst ihr Glück bei Bauern, bei denen sie bereits in vorausgehenden Jahren gutes Weideland zu angemessenen Preisen gefunden haben. Sind deren Parzellen bereits belegt oder die Preise im Vergleich zum Vorjahr gestiegen, versuchen die Herdenbesitzer, andere Bauern oder neue Gebiete zu finden.

Die Migration in die landwirtschaftlichen Gebiete und die Miete von Grasland bedeuten eine zusätzliche finanzielle Belastung für die Haushalte. Besonders in Dürrejahren sind die meisten Hassueh gezwungen, im Frühjahr in die Landwirtschaftszone, vor allem rund um Homs im Westen Syriens, zu ziehen. Dies ist in Regenjahren anders: Dann ziehen die Hassueh vorzugsweise östlich auf die Weiden in der Hamad. Das weite Wüstengebiet östlich von Tadmur ist traditionelles Weidegebiet des großen und mächtigen Stammes der Anaza. Da die meisten Anaza in den 1960er und 1970er Jahren nach Saudi-Arabien emigriert sind, steht die Hamad nun allen Stämmen offen. Die Infrastruktur der Hamad ist weniger ausgebaut als in der übrigen Steppe und Siedlungen sind weit entfernt. Dennoch mögen die Hassueh die Hamad, weil dort keine Konflikte mit anderen Stämmen drohen und sie bei gutem Regen weite, üppige Weiden für ihre Schafe finden. Im Sommer ziehen die meisten Hassueh dann in die Gezira, das fruchtbare Gebiet nördlich des Euphrats. Preise für abgeerntete Felder sind dort günstiger als im Westen Syriens und die Parzellen sind ausgedehnt, so dass auch große Herden genügend Weide finden können.

Zeltgruppen und neue Freunde

Seit der Aufhebung der Stammesrechte und der Einführung des Automobils ist eine Individualisierung der saisonalen Weidewanderungen zu beobachten. Wechselte in alten Zeiten oftmals der gesamte Stamm gemeinsam zwischen Sommer- und Winterweide, so treffen heute einzelne Haushalte die Entscheidung, ob und wohin gewandert wird. Obgleich sich die Haushalte an individuellen Vorlieben und Optionen orientieren, können auf den Wanderungen verschiedenste Formen der Kooperation zwischen Haushalten beobachtet werden. Bei den Hassueh ist zum Beispiel eine Zeltgruppe aus vier Brüdern und anderen engen Verwandten typisch: je nach Umständen zwischen acht und elf Einzelhaushalten, die sich gut miteinander verstehen und die außer verwandtschaftlichen Bindungen Freundschaft, gemeinsame Interessen und ähnliche materielle Voraussetzungen teilen. Zwei oder drei Männer suchen nach Weideland für die gesamte Gruppe. Oft sind mehrere Fahrten zu unterschiedlichen Orten nötig. Die Männer gehen so lange Hinweisen ihrer Verwandten nach, bis sie geeignetes Weidegebiet gefunden haben. Da nicht jeder Haushalt über ein Transportfahrzeug verfügt, werden die Schafe und Zelte nacheinander verladen und zum Zeltplatz transportiert. Am Zeltplatz angekommen, kann es wiederum, je nach Sympathie und Bedarf, zur Kooperation zwischen zwei bis drei Haushalten beim Hüten, Melken und Füttern der Herden kommen. Sind die erbrachten Leistungen nicht durch eine Gegenleistung zu 'verrechnen', so werden sie durchaus auch mit Geld entlohnt. Fahrten zum nächsten Marktort stehen häufig an, um Lebensmitteln und Schaffutter einzukaufen, sowie Lämmer und Schafe zu verkaufen. Hierfür werden meistens Fahrgemeinschaften gebildet, um sich Kosten teilen zu können, mehr Verhandlungsgewicht zu haben, eine höhere Sicherheit auf der Reise zu garantieren und die Verantwortung für gefällte Entscheidungen, wie den Kauf von Futter für die Schafe des gesamten Zeltlagers, besser rechtfertigen zu können.

Vielfach nutzen die Hassueh ihre temporäre Ansiedlung in der Landwirtschaftszone, um zusätzliches Einkommen zu erwirtschaften. Die jungen Mädchen der ärmeren Familien arbeiten zur Gemüseernte häufig bei den Bauern, die ihnen Weideland vermieten, oder in der Nachbarschaft. Der Lohn wird teils in bar, teils in Naturalien ausgezahlt. Je nach Situation können zwischen den Bauern und ihren 'Gästen', den Beduinen, freundschaftliche Beziehungen entstehen. Dann erlauben die Bauern den Hassueh zum Beispiel, sich aus dem Gemüsebeet zu bedienen oder unentgeltlich den Brunnen zu nutzen. Die Hassueh wiederum revanchieren sich mit Gaben von Milch und Käse. Gegenseitige Einladungen werden ausgesprochen und die Frauen und Mädchen besuchen sich gegenseitig. Neue Bindungen und Freundschaften können dabei entstehen. Als ein Hassueh-Haushalt im letzten Sommer für mehrere Monate auf dem Feld einer kurdischen Bauernfamilie lagerte und diese die Beduinen durch Einladungen zu einer Hochzeitsfeier, viele Gaben und häufige Besuche erfreute, begannen die Mädchen der Hassueh, kurdische Speisen nachzukochen, kurdische Wörter zu lernen und sich Kleider nähen zu lassen, die denen ihrer Gastgebern nachempfunden waren.

Syrische Nomaden und ihre Mobilität

Mobilität ist für die Beduinen der syrischen Steppe somit in erster Linie ökonomisch bedingt: nämlich Bewegung im Raum zur Erschließung knapper Ressourcen. Diese flexible Anpassung an ökologische Gegebenheiten ist jedoch nicht auf die Suche nach Weideland beschränkt, sondern findet alltäglich auf vielen Wegen (zum Markt, zum Arzt, zu den Ämtern in der Stadt) statt und kann auch in Arbeitsmigration in die Stadt oder ins Ausland münden. Des Weiteren spielt sich Mobilität vor dem Hintergrund verwandtschaftlicher Netzwerke, individueller Präferenzen und politischer Rahmenbedingungen ab. Und sie beinhaltet soziale und kulturelle Begegnungen, die je nach Interaktionspartnern freundschaftlich oder konfliktreich verlaufen.

Nomadischer Raum aus dem Weltall

DAVID TUCKER

ARCHÄOLOGISCHE Untersuchungen von nomadischen Lebensweisen im römischen Reich werden in einem 200 Quadratkilometer großen Forschungsareal in der syrische Steppe, 125 km südöstlich von Palmyra nahe der modernen Grenze zum Irak, durchgeführt. Dieses Gebiet erstreckt sich außerhalb der Zone von Trockenfeldbau und dauerhaften Siedlungen. Es liegt entlang des Mittellaufs des Wadi Al-Miyah und östlich der Hauptkarawanenstraße zwischen der Oase Palmyra und Hit am Euphrat. Stellen Sie es sich vor: Hier die offene Steppe – ein weites, leeres, gelbbraun verbranntes Terrain, so weit das Auge reicht – und dort ein quirliger, belebter Markt in Mitteleuropa. Zwei Räume, wie sie unterschiedlicher kaum sein können, die aber beide Zeitweiligkeit verkörpern. Trotz völlig anderer Umstände und Betrachtungsmaßstäbe sind beide Räume Bühnen für das Leben im Transit. Ein solch drastischer Vergleich hilft, sich auf die Sichtweise einzustellen, welche für die hier vorgestellte Untersuchung notwendig ist: unser Projekt beschäftigt sich zuallererst mit Raum, Zeit und unterschiedlichen Betrachtungsmaßstäben.

Peripherer Raum wird kurzfristig genutzt, vorübergehend, bis die örtlichen Ressourcen aufgebraucht sind oder wechselnde Jahreszeiten bessere Weiden anderswo versprechen. Siedlungsplätze können dabei an solchen Orten entstehen, wo örtliche Vorteile, wie etwa ein Brunnen, regelmäßig aufgesucht werden. Der Entstehungsprozess solch vorübergehender Siedlungen unterscheidet sich von den dauerhaften Ansiedlungen sesshafter Gemeinschaften. Diese errichten über viele Generationen Häuser aus Lehmziegeln nach- und übereinander, bis ein großer Hügel (ein Tell) entsteht, der die verfallenen älteren Bauten enthält und gleichzeitig bewahrt. Nomaden führen demgegenüber ihre Zelte stets mit sich. Anstatt regelmäßiger Abfolgen von Bau und Verfall, werden ihre Behausungen komplett abgetragen und die Spuren, die sie hinterlassen, – Zeltstandort und Tierpferche – sind den Witterungseinflüssen ungeschützt ausgeliefert. Archäologen haben durch ihre langjährigen Ausgrabungen in Siedlungshügeln in Mesopotamien mittlerweile viel Erfahrung mit Architektur und datierbarem Fundmaterial gesammelt. Während jedoch die Siedlungsstellen von sesshaftem Volk relativ einfach zu finden und zu erforschen sind, ist das Aufstöbern mobiler nomadischer Viehhirten, geschweige denn antiker mobiler Weidewirtschaftler, eine ganz andere Sache und benötigt eine völlig andere Herangehensweise. Zwar untersuchen auch wir, wie in den Siedlungshügeln, Abfolgen von Verfallsprozessen, wiederholte Handlungen und sich abzeichnende Handlungsmuster, aber um uns der nomadischen Lebensweise anzunähern, sind wir gezwungen, statt in der Tiefe auszugraben mehr in die Breite zu schauen und die Lagerplätze aus einer Landschaftsperspektive zu betrachten. In einer Untersuchung wie der unseren ist es vorteilhaft, sich von dem mit dem Boden verhafteten Lagerplatz wegzubewegen, die Zeitdimension auszuklammern und sich stattdessen auf die Auslegung räumlicher Verbreitung von Beziehungen und Mustern zwischen den einzelnen Elementen nomadischer Lebensweise zu konzentrieren. So können wir uns rasch einen Überblick verschaffen und feststellen, dass das Nomadentum unterschiedliche Spuren hinterlässt, die durchaus nachweisbar sind und die dazu beitragen, die Kulturlandschaft der nomadischen Steppe nach und nach zu enträtseln.

Am Tag bevölkert, in der Nacht still und leer – das Stadtzentrum der Universitätsstadt Halle ist wie ein Abbild der unsichtbaren Mobilität, die wir in der Steppe suchen wollen. Der Marktplatz ist ein strukturierter und regulierter Raum, wo flüchtige, kurzlebige Aktivitäten wie das Kommen und Gehen von Menschen stattfinden. Über die Zeit werden wiederholte Handlungen von Individuen nach und nach sichtbar. Diese Sichtbarwerdung erfolgt in Form von Erosionsspuren durch wiederholtes Begehen, von ungleichmäßiger Verwitterung an Standorten von Marktbuden, oder durch Ölspuren von zeitweilig abgestellten Fahrzeugen usw. Selbst Negativbefunde, Flächen, die vermieden, abgedeckt oder durch spätere Aktivitäten zerstört werden, können zur Rekonstruktion von Raumnutzung bzw. Raumvernachlässigung beitragen. Auf dem Boden werden diskret zurückbleibende Spuren erkennbar, aber sie sind schwer in einen räumlichen Zusammenhang einzuordnen, da der Betrachtende zu nahe dran ist – der sprichwörtliche Wald (Siedlung) ist wegen Bäumen (Lagerplätze) nicht zu sehen. Deshalb, statt mitten in einem Wald von zurückbleibenden

Spuren zu verharren, wird eine andere Art von Betrachtungsweise notwendig, um sich von einem entfernteren Standpunkt einen Überblick zu verschaffen und so die Muster nomadischer Nutzung in der weiten Landschaft erkennen zu können. Wenn wir dann das Ganze im Blick haben, können wir auf den Boden zurückkehren, um bestimmte Fragen zu Chronologie und Ort archäologisch zu untersuchen.

Hunderte Kilometer über der Erde kreuzen Satelliten schweigend durch das All. Einige, die mit hochauflösenden Kameras ausgestattet sind, werfen ein immer schärferes Auge auf die Oberfläche unseres Planeten. Trotz der großen Entfernung kann der Satellit geringste Änderungen in der Bodenfärbung oder den Wegspuren erkennen, die buchstäblich unter unseren Füßen liegen – deshalb aber entweder übersehen oder übergegangen werden. Satellitenbilder verschaffen uns das große Bild. In ihnen fügt sich, was im Einzelnen und aus der Nähe zufällig oder äußerst kompliziert erscheint, zu eindeutigen Mustern. Diese helfen aus der Ferne, in unterschiedlichen Maßstäben betrachtet, die Komplexität der sich überlagernden Lebenszeichen aufzulösen. Eine Bestätigung der Richtigkeit der Deutung dieser Muster mittels Überprüfung am Boden, ein so genanntes *ground-truthing*, das heißt der Abgleich von Strukturen im Satellitenbild mit Befunden auf der Erdoberfläche, erlaubt im Gegenzug, zunehmend schwächere und flüchtigere Befunde zu identifizieren.

Aus dem All ist der weltweite Einfluss unserer ausgreifenden modernen Lebensweise auf die Erdoberfläche sofort erkennbar – allein die Spuren von motorisierten Fahrzeugen haben bereits riesige Flächen, die vorher weitgehend unzugänglich waren, mit entsprechenden Narben bedeckt. Im östlichen Syrien zeigen Luftbilder, die vor nur fünfzig Jahren aufgenommen wurden, ein Land, das außer wenigen Karawanenspuren, die auf Brunnen und Kastelle zielen, noch weitgehend unberührt von den wandernden Wegbereitern der motorisierten Welt geblieben ist. Motorisierte Fahrzeuge sind heute unter Nomaden weit verbreitet. Die Pisten, denen sie folgen, und die Spuren, die sie hinterlassen, dokumentieren ihre Mobilität und bilden deshalb auch einen Teil der archäologischen Dokumentation. Moderne Wege dokumentieren einerseits Kontinuität aufgrund der Weiternutzung älterer Routen, haben andererseits aber auch ältere Spuren verdeckt oder zerstört. Diese Zeugnisse der Moderne müssen zuerst dokumentiert werden, danach kann die moderne Zeit separiert und ausgeblendet werden – was übrig bleibt, weist den Weg in die Vergangenheit.

Aufgrund der notwendigen Nutzung von Ressourcen, egal ob Wasser, Weide, Schutz, Furten, Pässe oder Märkte, sind Bewegungen von Menschen und Tieren unumgänglich. Bewegungen aber hinterlassen Spuren, die meist schnell von Wind und Wetter hinweggefegt werden, unter optimalen Bedingungen oder durch Wiederholungen jedoch auch überleben können. Spuren von räumlicher bzw. territorialer Mobilität sind grundlegend für die Beschreibung von Raumnutzung. Statt zur Schaufel, greifen wir zum Computer, um mittels Fernerkundung Bewegungsmuster nachzuvollziehen.

Mit Hilfe eines computergestützten Geographischen Informationssystems (GIS) ist es leicht, den Verlauf moderner Wege auf Satellitenbildern auf dem Bildschirm durchzupausen und das sich ergebende Wegenetz digital farbig zu markieren. Aus dem All betrachtet haben die Wege ähnliche Eigenschaften in Bezug auf Farbe, Beschaffenheit, Breite und Form, die zusammengefasst auf einer transparenten digitalen Ebene betrachtet werden können. Dichter an der Erdoberfläche wird unter dem Netz der elegant geschwungenen Fahrzeugspuren eine schlichtere Oberfläche erkennbar, von der weitere, ältere Wegemuster ebenfalls durchgepaust und nachgezeichnet werden können. Diese rückschreitende Herangehensweise ist ähnlich wie das Entwirren von sich überlagernden komplizierten Spinnennetzen. Die älteren linienförmigen Wege sind schmaler, lückenhaft und neigen dazu, in Gruppen von parallelen Linien aufzutreten. Wieder zurück zum Blick aus dem Weltall, wird jetzt ein kompliziertes sternförmiges Muster von Pfaden erkennbar, das vom Wegenetz der Fahrzeuge überlagert wird. Die Pfade sind zahlreicher, aber sehr gebrochen. Grobe Richtungstrends sind erkennbar und in ihnen werden Hauptachsen von Wegen in der Steppe nachvollziehbar.

Die Hauptrichtung der Pfade von Nordwest nach Südost – entgegen der naturbedingten Entwässerungsrichtung – ist auffällig. Dass sie dabei die zwölf Kilometer entfernt parallel verlaufende offizielle Karawanenstraße Palmyra-Hit spiegeln, ist vielleicht kein Zufall und deutet auf die Herkunft von mindestens einem Teil dieser Spuren. Sind diese Pfade Spuren von vielen kleinräumigen, örtlich begrenzten Bewegungen von Herden oder könnten sie auch nachrangige Ferntransitrouten von Karawanen sein, die vielleicht versuchen, die Besteuerung und das Banditentum auf der offiziellen Route zu umgehen? Wenn man die 400 km auseinander liegenden Zielorte von Palmyra und Hit aus dem Weltall betrachtet, werden solche kleinen Abweichungen von der Hauptroute relativiert. Der Gedanke liegt nah, dass es nur eine einzige Route gibt – diese aber eine Route von vielen Wegen ist.

Wir haben gesehen, wie Fernerkundung einen Überblick liefern kann, der die Suche nach Strukturen und Mustern ermöglicht. Die Fahrbahnen der Fahrzeuge sind nicht isoliert, sie haben Ziele. Zumeist verbinden sie Zeltplätze oder erst kürzlich verlassene Orte; die am stärksten genutzten Wege zielen auf Ressourcen ab, die außerhalb der Grenzen unseres Forschungsareals liegen. Obwohl Auto und Lkw eine größere Reichweite als, zum Beispiel, Kamele haben, ist auch ihre Routenauswahl nicht willkürlich, sondern von Einsparungen an finanziellem Aufwand, Zeit und Komfort geprägt.

Die älteren Pfade nehmen wenig Rücksicht auf die Topographie – sie ignorieren Wadis und Wadihänge auf ganz andere Art als die Pisten der Fahrzeuge – deshalb können wir sicher sein, dass es sich um Tierspuren handelt und nicht um die Bewegungen von Fahrzeugen. Im Gegensatz zu den sich rasch ausbreitenden Fahrbahnen sind die Pfade und die ihnen zugeordneten Bewegungen von Nomaden mit ihrem Hab und Gut, Herden, Kamelen und Handelswaren wahrscheinlich seit Jahrhunderten unverändert. Das sternförmige Pfadnetz stellt jeweils die schnellste und direkteste Route zu einem Platz mit Furt und Brunnen dar, die *Bi'r at Tayyarah* genannt wird – es zeigt einen vielversprechenden Weg, um sich Orten der Vergangenheit anzunähern. Die aus dem All ablesbaren und entwirrten schmalen, linearen Pfade führen jetzt zu neuen Fragestellungen.

Im Gegensatz zur Geographie der Moderne zielen die alten Pfade andere Orte an, sie nutzen weniger Wadiquerungen und weichen in ihrer Routenauswahl zwischen Wadiboden und Plateau erheblich von Fahrzeugwegen ab. Fragmente einer älteren Geographie decken Orte und Knotenpunkte auf, die früher nicht nur für Nomaden auf der Suche nach Weiden und Märkten wichtig waren, sondern auch für die Sesshaften von Palmyra, die mit einer militärischen Verteidigungsanlage versuchten, den Durchlauf von Menschen und Handelsgütern zu kontrollieren. Gerade solche Stellen sind für unser Projekt wichtig, um die Verflechtungen zwischen Nomaden und Sesshaften zu erkunden. Die Linien, Knotenpunkte und selbst anscheinend leere/verlassene Gebiete ergeben eine grobe Nutzungsstruktur, die von Zugänglichkeit und Ressourcenverteilung geprägt ist.

Nach dem Erkennen von Strukturelementen, wie dem Organisationsmuster innerhalb der Lagerplätze, wie der Anordnung von Wegen und Tiergehegen, ist der nächste Schritt der Versuch, Zusammenhänge zwischen den einzelnen Bestandteilen zu finden – welche Zeltplätze gehören beispielsweise zusammen? Welche nicht? Eigenschaften müssen nicht nur physisch bedingt sein, wie etwa Zeltplätze, die durch Fahrzeugwege verknüpft sind, sondern sie könnten im Satellitenbild auch optisch sichtbar werden und zum Beispiel ähnliche Färbung, Schattierungen oder reflektierende Qualitäten teilen. Während Ähnlichkeit und Zuordnung am besten geeignet sind, weitgehend zeitgleiche Befunde zu verbinden, können isolierte Befunde, wie Tiergehege, etwa durch ihre abseitige Lage helfen, sich der fernen Vergangenheit anzunähern.

In den fruchtbaren Trockenfeldbaubereichen von Nordmesopotamien sind flüchtige Spuren von Zeltplätzen, Feldbegrenzungen und Pfaden durch extensive Landwirtschaft längst zerstört. In dezentralen, weniger ausgebeuteten Regionen wie der syrischen Steppe können Bauten über längere Zeit erhalten bleiben; Tiergehege zum Beispiel, weitab von steinraubenden Siedlern, könnten Jahrhunderte überstehen. In

Nordmesopotamien strahlen breite, aber inzwischen seichte Hohlwege aus von uralten Tells. Sie werden übereinstimmend als Trieb-
wege für Tiere, die durch die räumliche Enge der umliegenden Felder
geführt werden, aber auch als Verbindungswege für Handel und Alltag
interpretiert. Hohlwege sind in der weiten offenen Steppe unwahrscheinlich, weil die räumliche Begrenzung durch Felder und die dazu
gehörige Intensivierung durch Trampeln nicht gegeben ist. Knotenpunkte wie Furten und Brunnen sind Punkte gelenkter Aktivität und
deshalb von erhöhter Sichtbarkeit. Falls ältere Pfade überhaupt zu finden sind, dann am ehesten hier in der Steppe, wo sie eine Chance auf
Überleben hatten.

Kleine weiße Rechtecke auf den Satellitenbildern (in Wirklichkeit
circa 19 x 8 m) repräsentieren einen weit verbreiteten Befund in der
Wadi al-Miyah Region. Sie werden als Fußböden verlassener Famili-
enzelte interpretiert. Weil die breite östliche Seite des Zeltes zumeist
geöffnet ist und über den Tag als Zugangsfläche benutzt wird, ist der
Trampelbereich dort oft breiter als das Zelt. Typischerweise findet sich
stets ein Zeltpaar. Die Längsachse verläuft bei beiden Nord-Süd, das
stets kleinere Kochzelt wird regelhaft etwa zehn Meter nördlich oder
südlich des größeren Wohnzeltes errichtet. Auf den Satellitenbildern ist
manchmal ein schmaler Fußweg zwischen den Zelten erkennbar. Kennzeichen eines rezenten Zeltplatzes ist ein grauer Schleier von Fahrzeugwegen und verschiedenen Anhäufungen organischen Materials. Neben
den hellen Rechtecken liegen manchmal ältere graubraune bzw. kaum
mehr erkennbare rechteckige Verfärbungen, die eine frühere Nutzung
des Platzes kennzeichnen. Wiederholt genutzte Zeltplätze sind als
bevorzugte Orte wichtig. Ihre Kartierung hilft der Eingrenzung unserer
Fragestellung. Im Wadi al-Miyah erscheinen zwei Lagerplätze besonders auffällig und könnten auf viel ältere Traditionen verweisen:

Im unruhigen Terrain der durch zerklüftete Entwässerungsnetze
geprägten Köpfe der Wadis zeigen sich diese als bevorzugte Lagerplätze. Einerseits am Rande der weiten Grasflächen des Plateaus und
andererseits abseits der einzelnen Geländesporne zwischen den Wadis

gelegen, zeigen sich diese direkt an den Hauptbewegungsachsen gelegenen Plätze als sehr kommunikativ. Die Wadi-Flanken bieten den Tieren zudem Witterungsschutz und Schatten. Einzelne runde Steinsetzungen in höheren Lagen oder an Südhängen der Wadis abseits junger Lagerplätze und Wege belegen, dass die Vorteile dieser Lage seit langem erkannt und bevorzugt werden. Mit Hilfe von Satellitenbildern sind sehr kleine, auch einzellige Gebäude an Stellen auffindbar, die heute als am entferntesten und wenig reizvollsten erscheinen.

Ein zweiter bevorzugter Lagerplatz ist der Uferbereich am Mittellauf von Nebentälern des Wadi Al-Miyah. Die übliche einschneidende Erosion in den breiten flachbodigen Wadis wurde durch den Bau und die Instandhaltung von niedrigen Quermauern gehemmt. Reihen von kleinen Mauern wurden quer zur Stromrichtung errichtet, um dem Verlust von Sediment und der Bildung von tiefen Rinnen entgegenzuwirken. Die so entstandenen Felder erlaubten unter optimalen Bedingungen, zum Beispiel nach Sturzfluten, zeitweiligen Feldbau. Im Fall einer Überschwemmung waren die Weidewirtschaftler gut platziert, um diese zusätzliche Ressource auszubeuten.

Ohne den Schreibtisch verlassen zu müssen, wird so ein Einblick in die räumliche Organisation und in mögliche Subsistenzstrategien in einem abgelegenen, und derzeit unzugänglichen, Abschnitt der Steppe ermöglicht. Wichtig ist die Erkenntnis, dass Fernerkundung die Erkennung von Abfolgen erlaubt: sich überlagernde Wegenetze, bevorzugte Lagerplätze und durch den Vergleich von Eigenschaften grob ansprechbare Befundgattungen wie vereinzelte Tiergehege. In einer Millisekunde fängt die Kameralinse Fragmente von Tausenden Spuren einer mobilen Lebensweise ein. Die gewonnenen Informationen führen zu beträchtlichen Erkenntnissen über bevorzugte Lagerplätze und Routennetze, die eine solide Ausgangslage für eine nachfolgende, detaillierte, terrestrische archäologische Untersuchung bieten, um das Ganze in ein zeitliches Gerüst zu setzen – mit dem Ziel, den Nomaden zur Arsakidenzeit näher zu kommen.

Virtueller Survey

Hochauflösende Satellitenbilder von der Wadi al-Miyah Region sind derzeit leider nicht frei verfügbar. Um eine virtuelle Teilnahme an dieser Untersuchung zu ermöglichen, gehen Sie bitte auf eine satellitengestützte Fernerkundungs-Internetplattform (zum Beispiel Google Earth von Digital Globe) und sehen sich Zeltplätze circa 35 km nordwestlich von Palmyra in der östlichen syrischen Steppe an. Rufen Sie die Koordinaten 34° 43′ 34″ Nord / 37° 55′ 57″ Ost für ein gute Auflösung in einer Höhe von circa zwei Kilometern auf. Das Beispiel dieser Zeltanlage hilft, einen typischen modernen Zeltplatz zu erkennen. Man sieht ein langes Zelt (circa 18 m lang und 5 m breit) mit einem hellen Dach, das einen Schatten nach Norden wirft. Etwa 50 m nordwestlich liegt eine weitere überdachte Struktur (circa 9 x 3 m). Mehrere dunkelbraune Befunde neben dem langen Zelt erinnern an abgelagertes Material und Dungkonzentrationen von Tierhaltung. Ein bräunlicher Schleier von wiederholten Aktivitäten dehnt sich über ein Areal von circa 200 x 70 m. Dieser Schleier, eine Mischung aus organischem Material (Dung) und unruhigen Flächen zertrampelter oder sonst wie gestörter Erde, gehört zum Teil zu diesem Zeltlager und teilweise zu älteren Zeltplätzen, die an dieser bevorzugten Lage bereits früher errichtet worden sind. Unmittelbar westlich erstrecken sich lange Reihen von Tieren, die als Punkte auf schmalen Wegen auf bis zu 200 m Länge zu erkennen sind. Weitere Fahrzeugwege zielen aus allen Richtungen auf den Platz, scheinen aber Routen neben den Wadis und um Hügel herum zu bevorzugen.

Kein Zelt da? Weil Nomaden oft unterwegs sind und Satellitenbildarchive regelmäßig aktualisiert werden, ist es möglich, dass an dieser Stelle höchstens ein verlassener Zeltplatz erscheint. Je nach Saison sind die Nomaden meist in der Nähe zu finden, weil sie zyklisch immer wieder zu ihren Stammesweiden zurückkommen. Sie wissen jetzt, wie Lagerplätze üblicherweise aussehen – jetzt können Sie auch nach besseren Weiden suchen, bis Sie die Nomaden finden.

Die 'anderen' Nomaden –
Dienstleistungsnomadismus in Rumänien

FABIAN JACOBS

»Aber, wir Gabor, weißt du, was wir machen? Wir reisen. Das ganze Jahr
sind wir unterwegs von Frühling bis Weihnachten. Wir reisen in Rumänien
und nach Ungarn, Deutschland und England. Und überall suchen wir
nach ordentlicher Arbeit, machen Geschäfte oder bauen und reparieren
Dachrinnen. Aber wir arbeiten ordentlich, wir betteln nicht und gehen
nicht stehlen. Wir sind große Geschäftsleute. Auch die Polizei weiß, wie
wir sind, die ganze Regierung in Ungarn weiß, dass die Gabormänner
mit Schnauzbart und ihre Frauen in langen Röcken, die nehmen anderen
nichts weg; und dass wir auch an Gott glauben. Die wissen, dass wir
Geschäftsleute sind. Wir stehlen nicht, wir schlagen uns nicht, wir töten
nicht. Solche Sachen machen wir nicht. Unter allen Gabor in Siebenbürgen,
wenn es da nicht einen Menschen gibt, der nicht Geschäftsmann ist!«

– Terez Burcsa, Gaborfrau aus Tirgu Mures/Rumänien

'ANDERE' Nomaden oder 'Dienstleistungsnomaden', so werden in der
Wissenschaft oft kleine wandernde Gruppen von Handwerkern, Klein-
händlern, Schaustellern, Musikern oder Heilern genannt. Rund um den
Erdball versorgen sie seit Menschengedenken die Bevölkerung in ländlichen Gegenden mit Waren und Dienstleistungen. Manche dieser Nomaden bringen ihren Kunden die Waren nach Hause, da diese weit entfernt
von Märkten wohnen. Andere verkaufen Produkte, die auf lokalen
Märkten nicht erhältlich sind. Wieder andere verrichten Arbeiten oder
erbringen Dienstleistungen, die niemand aus der lokalen Bevölkerung
erledigen kann oder will. Pauschal werden solche Gruppen bis heute häufig als 'Zigeuner' oder 'Roma' bezeichnet. Fragt man sie selbst, verwenden
'andere' Nomaden oft lieber regionsspezifische Gruppenamen: zum Beispiel irische Tinker, bulgarische Bärenführer, sudanesische Halab, brasi-
lianische Calon, syrische Dom oder eben siebenbürgische Gabor.

Die 'anderen' Nomaden, von denen dieser Beitrag erzählt, nehmen
mit ihrer Kultur einen besonderen Platz in unserer Welt ein. Ihre her-
beigebrachten Waren und Dienstleistungen wurden früher vor allem
auf dem Land nachgefragt und von abgelegenen Bauern und Hirten in

Anspruch genommen. Im heutigen Europa – im Gegensatz zu anderen Teilen der Welt – leben die meisten dieser Gruppen nicht mehr als Nomaden. Sie ziehen nicht mehr Jahr ein, Jahr aus ohne festen Wohnsitz umher. Allerdings sind viele weiterhin kulturell eng mit der mobilen und flexiblen Lebensweise verbunden. So auch die Gabor, die auf der Suche nach handwerklicher Arbeit oder einem guten Geschäft von Frühling bis Weihnachten meist mit Kind und Kegel unterwegs sind.

Doch wie kommt es, dass Gruppen wie die Gabor in der Wissenschaft 'andere' Nomaden bzw. 'Dienstleistungsnomaden' genannt werden? Auf jeden Fall spielt ihre mobile Wirtschaftsweise eine tragende Rolle, denn ihr Markenzeichen ist eine hohe geografische Beweglichkeit, was sie mit Jägern, Sammlern oder Hirten verbindet. Von letzteren unterscheiden sich die Gabor durch ihre mangelnde Eigenproduktion an Lebensmitteln. Die Häuser der Gabor in Siebenbürgen sind immer an ihren fehlenden Gärten zu erkennen. Die Gabor nutzten soziale statt natürliche Ressourcen für ihre Lebensgrundlage, was sie zudem von den sesshaften Bodenbauern unterscheidet. Terez Burcsa, die eingangs bereits zu Wort kam, erklärt dies folgendermaßen:

> »Unser Volk arbeitet nicht gern im Garten, wir sind keine Gärtner. Wir kaufen lieber die Sachen zum Essen. Obwohl es wirklich eine gute Sache ist. Zwar gibt es Gabor, die einen Garten haben, aber die verkaufen ihn oder bezahlen einen Nachbarn für die Gartenarbeit. Wir haben einfach keine Zeit dafür, das ist das Problem der Gabor damit. Aber wir Gabor mögen Blumen sehr.«

Die 'anderen' Nomaden unterscheiden sich also in ihrer Wirtschaftsweise entscheidend von Bauern und Hirten, weil sie keine eigene Nahrung produzieren. 'Andere' Nomaden bauen weder Getreide, Obst oder Gemüse an, noch halten und züchten sie Haustiere. Daher ist ihr Leben immer stark in ihre soziale Umwelt eingebettet. Das heißt, sie bestreiten ihren Lebensunterhalt hauptsächlich durch den Austausch. In ihrer sozialen Umwelt suchen die 'anderen' Nomaden immer wieder nach neuen wirtschaftlichen Nischen und Möglichkeiten, ihre Waren und

Dienstleistungen anzubieten und zu verkaufen. Dies ist nicht leicht, denn sie müssen sich permanent den wandelnden Bedürfnissen der lokalen Bevölkerung anpassen. Herauszubekommen, welche Waren für ihre Klienten interessant sein könnten und welche handwerklichen Arbeiten gebraucht werden, oder welche Formen der Unterhaltung erwünscht und damit finanziell lukrativ sind, erfordert eine hohe Flexibilität und Anpassungsfähigkeit. Zudem müssen sie sich an veränderlichen politischen Rahmenbedingungen orientieren, die ihre Reise- und Arbeitsmöglichkeiten einschränken oder erweitern können. Beispielsweise wirkt sich die Schließung von Landesgrenzen oder die Erhöhung der Gewerbesteuer für Kleinhändler und Handwerker in der Regel nachteilig auf ihren wirtschaftlichen Erfolg aus. Grenzöffnungen oder der Abbau bürokratischer Vorschriften dagegen beleben das Geschäft.

Rumänien, die Heimat der Gabor, gilt als ein multiethnischer Staat, in dem Roma/Zigeuner nach den Ungarn die zweitgrößte Minderheit bilden. Die Anzahl der Roma schwankt in unterschiedlichen Schätzungen zwischen 0,5 und bis zu 2,5 Millionen Personen. Von der Mehrheitsgesellschaft, den *Gadje* (Romani: Nicht-Roma/-Zigeuner), werden sie oft als homogene Gruppe wahrgenommen. Doch intern offenbart sich eine große Anzahl so genannter Untergruppen, wobei die Gabor nur eine unter vielen Roma-/Zigeunergruppen sind. Wirtschaftliche, soziale und kulturelle Kriterien wie etwa Reichtum, Kleidung, Sprache oder Beruf werden als Unterscheidungsmerkmale zwischen den Gruppen, aber auch gegenüber den *Gadje* verwendet.

Dabei ordnet man die Gabor den 'Zeltzigeunern' zu, womit allgemein Gruppen bezeichnet werden, die relativ wohlhabend sind, traditionelle Trachten tragen, traditionelles Handwerk ausüben und Romanes, eine aus dem Sanskrit abgeleitete Sprache, sprechen. Der Begriff Zeltzigeuner kann hier gleichbedeutend mit dem Begriff der 'anderen' Nomaden für alle heute so bezeichneten Zeltzigeuner in Siebenbürgen benutzt werden. Das hohe Maß an Mobilität, wirtschaftlicher Unabhängigkeit und eine breite Palette von beruflichen Fertigkeiten hebt die Gabor gemeinsam mit den anderen Zeltzigeunern von den 'Hauszigeunern' ab. Letztere standen früher in feudalen Abhängigkeitsbeziehungen. Heute arbeiten sie oft als Tagelöhner oder leben von sozialer Fürsorge. Für viele der Roma/Zigeuner in Siebenbürgen ist die Bezeichnung 'Hauszigeuner' negativ konnotiert, weil sie 'nur' die Sprache der *Gadje* beherrschen, oft 'nur' vom Tagelohn leben und 'nur' einfache Kleidung tragen. Manche behaupten, sie hätten ihre (andere) nomadische Lebensweise verloren. Andere meinen, sie seien schon immer sesshaft gewesen oder gehörten gar zur Urbevölkerung. Diese für Siebenbürgen typische Zweiteilung der Roma-/Zigeunergruppen in Zeltzigeuner und Hauszigeuner wird sogar von der Mehrheitsgesellschaft wahrgenommen und teilweise in der Schule gelehrt. Doch im Vergleich zu früher, als Zeltzigeuner in Siebenbürgen noch mit Planwagen und Pferden umherzogen, fällt es der Mehrheitsbevölkerung heute zunehmend schwer, Haus- und Zeltzigeuner zu unterscheiden, besonders deshalb, weil manche der Zelt-Zigeuner heute größere Häuser bauen als sie selbst.

Der Name Gabor (dt. Gabriel) ist ein ungarischer Vor- und Familienname, der bei den Mitgliedern der Roma-/Zigeunergruppe, Vorname, Familienname und Gruppenname zugleich sein kann. Manchmal jedoch nennen sich die Gabor auch Hutzigeuner, wegen des breitkrempigen Hutes, den die Männer tragen. Neben einem Schnurrbart und einem feinen Anzug ist er ein wichtiges Erkennungsmerkmal. Als Statussymbol haben die Gabor diesen Hut von den in der Region lebenden Ungarn übernommen, die ihn irgendwann im Laufe der Zeit ablegten. Die Siebenbürger Sachsen legten ihre runddeckligen Hüte genau wie die Ungarn ab, auch wenn diese weiterhin Bestandteil ihrer Kirchentracht blieben. Jener Hut, ein scheinbar gefallenes, abgelegtes Kulturelement, wurde dann von einer anderen Gruppe so genannter Zeltzigeuner in siebenbürgisch-sächsischen Siedlungen, den *Corturari*, wieder aufgesetzt und als Statussymbol zur Schau gestellt. Der Hut kostet zwischen 100 und 150 Euro. Ähnlich teuer sind auch die anderen äußeren Markenzeichen, wie beispielsweise der Anzug der Männer oder die Frauentracht Verheirateter, die aus einem langen, meist farbenfrohen, geblümten Rock, einer Bluse und einem Kopftuch besteht.

Der Landstrich um Tirgu Mures in Siebenbürgen gilt heute als das zentrale Siedlungsgebiet der Gabor. In einem alten, griechisch-katholischen Taufregister aus einem Dorf in der Nähe der Stadt finden sich Namen und Berufe von Vorfahren der heutigen Gabor. Sie hatten damals, Mitte des 19. Jahrhunderts, schon die gleichen Familiennamen, die wiederum in enger Verbindung mit den ausgeübten Berufen standen. So ist der Familienname Rostas gleichbedeutend mit *Csurar*, was mit Siebmacher übersetzt wird. Bei den Familien namens Gabor und Burcsa wird dagegen meist *Calderar* und *Fauri*, übersetzt Kesselschmied und Eisenschmied, als Vaterberuf angegeben. Diese drei Familiennamen machen heute noch über 90 Prozent aller Familiennamen der Gabor aus.

Die Gabor sagen, dass ihre Vorfahren im Laufe des 19. Jahrhunderts mit dem Zelt in die Region gekommen seien und sich dann niederließen. Ihre Vorväter seien Zeltzigeuner gewesen, die früher in Karawanen über das Land zogen, ihre Dienste und Waren der Bevölkerung angeboten hätten und dafür sogar eine jährliche Steuer an die regierenden Ungarn, Österreicher oder Türken abgetreten hätten. Jenen Karawanen gehörten nicht nur Siebmacher, Kesselschmiede und Eisenschmiede an, sondern auch Schlosser, Messerschleifer, Goldschmiede, Schuhmacher oder auch Musiker. Diese Berufe waren im ländlichen Siebenbürgen über Jahrhunderte für die Bauern und Hirten unentbehrlich und wurden nur von den mobilen Zeltzigeunern ausgeführt.

Doch dass sich die besagten Vorväter der Gabor im 19. Jahrhundert in der Region Tirgu Mures niederließen, bedeutete nicht, dass sie ihre Behausungen nicht mehr verließen. Sie hatten zwar seither feste Winterquartiere, waren aber immer noch den Sommer über unterwegs – ein Muster, das bis heute fortbesteht. Zeitgleich mit der Phase der Sesshaftwerdung veränderte sich im Zuge der Modernisierung auch ihre soziale Umwelt. Die Gabor mussten besonders die Palette ihrer Waren und Dienstleistungen anpassen, da manuell hergestellte Erzeugnisse zunehmend durch industriell gefertigte Produkte ersetzt wurden, lokale Märkte mit einem breiteren Warenangebot ausgestattet und für die sesshafte Bevölkerung besser erreichbar wurden. Außerdem kamen moderne Medien auf und veränderten den vorher mobil ausgeführten Unterhaltungssektor grundlegend. Das Prinzip der unabhängigen Nischenökonomie blieb jedoch auch unter der Regierung Ceausescus erhalten, nur bewegten sich die Gabor in ganz Rumänien mit dem Auto statt mit Pferd und Zelt und spezialisierten sich auf Warenbeschaffung, Schnapsbrennen und Dachrinnenbau. Neue Reisemöglichkeiten nach den Grenzöffnungen ab 1989 ermöglichten und bescherten einigen Gabor neue Dimensionen von Reichtum. Die Gewinne aus dem Handel mit ausländischen Waren führten zu einem wirtschaftlichen Erstarken vieler Familien. Die frühere Trennung in Siebmacher und Schmiede über die Familiennamen Rostas bzw. Burcsa und Gabor löste sich auf. Handel und Dachrinnenbau sind momentan die wichtigsten Berufszweige, die familiennamenübergreifend und flexibel ausgeübt werden.

Gabor sind heute auf jedem Markt in der Region zu finden. Vereinzelt werden Antiquitäten angeboten, aber meistens verkaufen sie Second-Hand-Kleidung oder -Schuhe, die sie in großen Mengen aus Westeuropa besorgen. Jeden Donnerstag etwa fahren ein paar Gabor aus einem Vorort von Tirgu Mures mit einem so genannten Maxi-Taxi, dem dortigen privaten Kleinbusunternehmen, auf den lokalen Gemüsemarkt ins Stadtzentrum, um ihre Waren zu verkaufen. Aber sie bieten ihre Waren nicht an eigenen Ständen feil, sondern geben ihre Produkte direkt an dortige Verkäufer ab. Auch der sonntägliche Trödelmarkt in Tirgu Mures wird von den Gabor mit Lederwaren und Second-Hand-Kleidern dominiert.

Viele Familien haben regelrechte Wochenzyklen für Marktbesuche in der Umgebung entwickelt, was auf eine hohe Nachfrage nach den angebotenen Waren weist. Je größer die Märkte und je entfernter, desto zeitiger müssen sie aufstehen, um rechtzeitig, manchmal vor dem Morgengrauen, zu den Marktorten zu gelangen und um die lukrativsten Plätze auf dem Markt zu besetzen. Selbst weit entfernte Jahresmärkte in anderen Regionen Rumäniens werden von manchen Gaborfamilien aufgesucht, wenn der Aufwand entsprechende Gewinne verspricht. An freien Tagen sitzen sie dann meist zuhause, putzen Schuhe und waschen Kleider. Außerdem müssen sie sich um Nachschub kümmern. Manche

Familien spezialisieren sich als Zwischenhändler auf bestimmte Waren, wenn diese Nische noch nicht belegt ist oder das nötige Startkapital und die entsprechenden Kontakte für die internationalen Handelsreisen fehlen. Neben den modernen Handelsreisen im In- und Ausland sind das Wanderhandwerk und die Wanderarbeit des Dachrinnenbaus lukrativ. Wann und wo auch immer Aufträge vergeben werden, führen die Gabor das ertragreiche Handwerk aus. Die Marktgeschäfte werden dann von anderen Familienmitgliedern übernommen.

Seit Jahrhunderten sind 'andere' Nomaden bzw. 'Dienstleistungsnomaden' wie die Gabor Siebenbürgens darin geübt, sich veränderten wirtschaftlichen Bedingungen anzupassen. Mit diesen Kernkompetenzen werden sie wohl auch künftig ihre eigenen, 'anderen' Wege gehen.

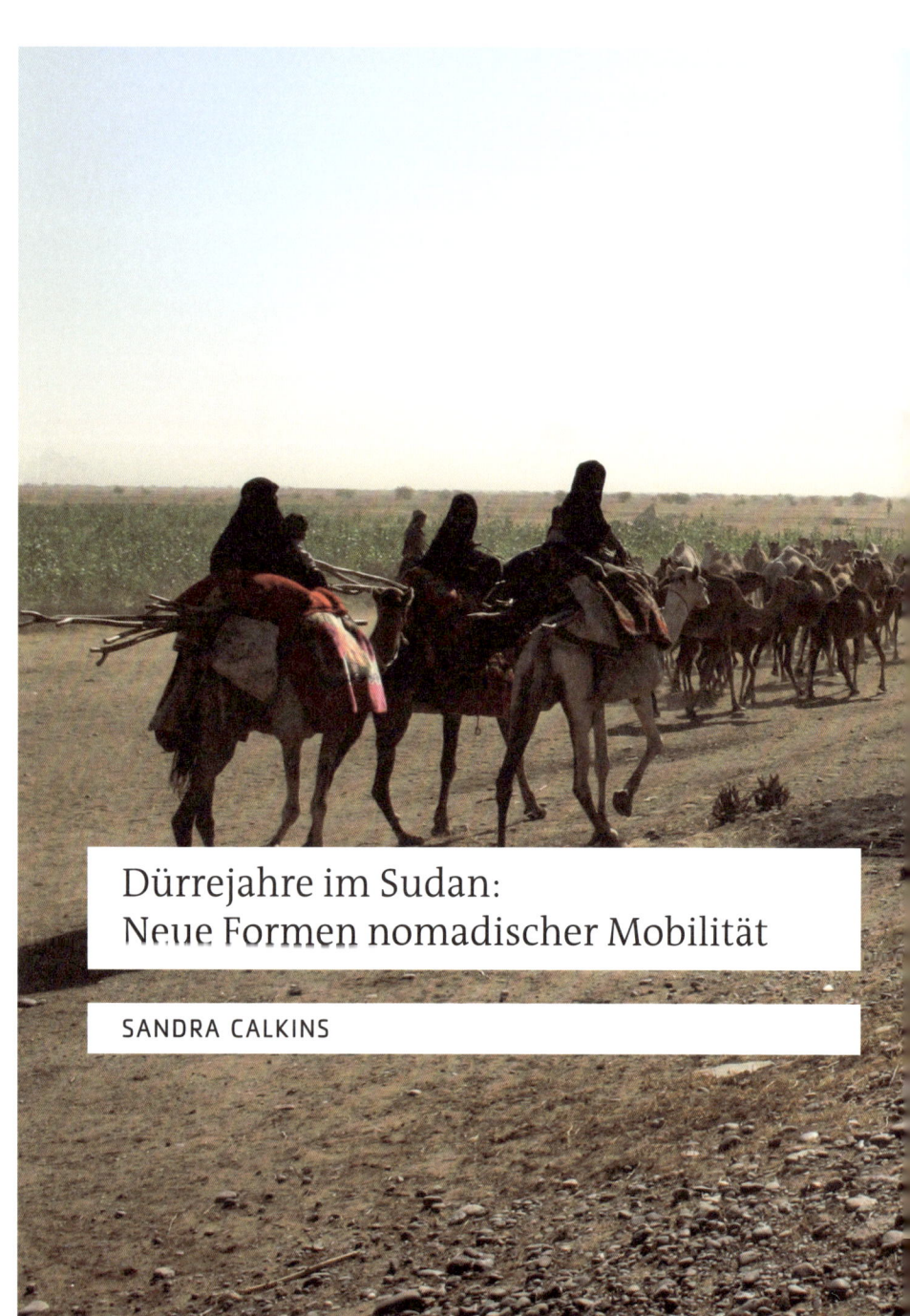

Dürrejahre im Sudan:
Neue Formen nomadischer Mobilität

SANDRA CALKINS

GILGALA, eine unbedeutende Gegend in Sudans größtem landwirtschaftlichem Bewässerungsgebiet, der Gezira zwischen weißem und blauem Nil. Dort haben Humeiyd, 60 Jahre, und seine Frau Suloum ihr Zelt aufgestellt. Es ist eines von sechs Zelten, und steht in deren Zentrum. Jedes Zelt ist Eigentum einer verheirateten Frau: Drei gehören den Frauen von Humeiyds ältesten Söhnen, zwei denen seiner Neffen. Humeiyd hat sechs Söhne: Haamid (42) und Hamad (37) arbeiten als Kamelhirten und als Fahrer für Wassertanker in Saudi Arabien. Ihr Vater und ihr Bruder Hamdan (30) kümmern sich daher um ihre Frauen und Kinder in Gilgala. Hamdan ist mittlerweile auch für das Vieh und die Landwirtschaft der Familie verantwortlich. Muhammad (25) ist noch unverheiratet und arbeitet auch als Kamelhirte in Saudi Arabien. Ahmad (23) ist Gelegenheitsarbeiter im Sudan und sein jüngster Sohn Muhammad (5) hilft bereits beim Hüten der Ziegen aus; die beiden jüngsten leben im Zelt ihrer Eltern. Humeiyds Neffen Id und Aid hüten die Tiere. Außerdem hat Humeiyd einen Hirten vom Stamm der Shukriya angestellt, als vor zwei Jahren drei seiner Söhne nach Saudi Arabien emigriert sind. Humeiyd erinnert sich:

»Ich weiß nicht wann ich geboren wurde. Wir sind nomadische Leute, wir lesen nicht. Ich muss um die 50, nein eher 60, Jahre alt sein. Ich wurde nahe am Atbara [Gegend vom Unterlauf des Atbara] geboren. Bis heute leben viele unserer Leute [Stammesmitglieder] dort. Wir sind Ureiynat. Viele haben sich nahe der Stadt Edamer niedergelassen. Als Kind bin ich mit Vaters Herde herumgezogen. Im Sommer zogen wir von Um Shedida in der Nordbutana an die Ufer des Atbara und zum Nil. In der Regenzeit zogen wir nach Um Ruweishid (Zentralbutana), wo die Weiden grün und reich waren. Danach wanderten wir langsam wieder gen Norden. So zogen wir jahrein jahraus mit der Herde umher solange mein Vater noch lebte, und ich machte es weiter mit meiner Frau und den kleinen Kindern. Doch dann kam die große Dürre (1984/5). Als kein Regen fiel, suchten wir erst nach Weide in der Butana und zogen dabei weiter in den Süden als sonst. Doch überall war nur verdorrtes Gras. Ich erinnere mich, dass wir erst zehn, dann 15 Tage am Stück nach Weide suchten. Wir zogen von Um Shedida nach As-Sobagh und erreichten dann Fao. Von dort bewegten wir uns westwärts weiter in die Gezira, um dort Futter von Bauern zu kaufen. Unterwegs hatten wir schon viele Tiere verloren. Wir verkauften dann Tiere in der Gezira, um Weideland zu mieten und um Futter für die Herde und uns zu kaufen. Wir aßen wenig bis 1986, um die Herde zu schonen. Die Kinder hatten ständig Hunger und weinten. Vor der Dürre hatte ich rund 100 Kamele und 400 Schafe und Ziegen, die ich von meinem Vater übernommen hatte. In der Dürre habe ich zwei Drittel der Tiere verloren. In den Folgejahren habe ich versucht, die Herde wieder aufzubauen, aber Tierseuchen plagten die Schafe und Kamele. Dann erholte sich die Herde, aber drei meiner Söhne wollten heiraten und ich musste Tiere für den Brautpreis verkaufen. Letztes Jahr habe ich zehn Kamele und 50 Schafe verkauft, um einen Toyota Pickup Truck zu kaufen. Ahmad fährt damit zum Markt und transportiert manchmal Leute und Güter für Geld. Heute habe ich noch acht Kamele sowie rund 100 Schafe und Ziegen übrig. Seit der großen Dürre haben wir auch angefangen, Regenfeldbau zu betreiben. Wir bauen Sorghum an auf acht *Feddan* und bewahren ihn für das nächste Jahr auf, falls wieder eine Dürre kommt und das Getreide teuer wird. Land besitzen wir nicht. Wir pachten das Ackerland von einem Shukriya Bauern nahe Um Ruweiyshid für 80 SP (= 20 EUR). Wir säen dann mit dem ersten Regen. Letztes Jahr war der Regen schlecht und wir konnten nur drei Säcke Sorghum ernten.«

Seit der Dürrekrise ziehen Humeiyd und seine Großfamilie in der Trockenzeit von Dezember bis Juni in die Gezira, wo sie ihr Wasser direkt und kostenlos vom blauen Nil beziehen. Dort pachten sie jährlich ein großes, abgeerntetes Feld und lassen ihre Herde die Reste abgrasen. Im Jahr 2009 hat das Feld 500 SP (= 130 EUR) gekostet. Sie nutzen den Aufenthalt in der Gezira auch, um zum Arzt zu gehen, wo die Behandlung von Kindern kostenlos ist, und um größere Besorgungen im nächstgelegenen Marktort Kamlin zu machen. Den Rest des Jahres zieht der Haushalt auf das Weideland der Butanaebene.

Um Ruweiyshid in der Zentralbutana, wo sie Regenfeldbau betreiben, bildet dabei einen zweiten Fixpunkt in ihren jährlichen Weidewanderungen. Humeiyd beklagt, dass er in den Monaten auf den Weiden der Butana für Wasser bezahlen muss. Entweder kaufen sie Wasser von großen, ausgehobenen Baggergruben oder von Tiefbrunnnen. Tierhaltung sei weiterhin ein wichtiger Stützpfeiler für die Existenzsicherung der Familie, aber da den Nomaden mittlerweile für Wasser und Weidenutzung hohe Kosten abverlangt werden, können sie ihren Unterhalt nicht mehr allein durch Tierverkäufe bestreiten. Die Überweisungen von Humyeids Söhnen aus Saudi Arabien tragen heute einen wesentlichen Teil zum Unterhalt und Überleben der Großfamilie bei.

Mobilität als Strategie

Humeiyds Erfahrungen zeigen, dass saisonale Mobilität ein wichtiges Element der pastoralen Ökonomie war und ist, um sich Zugang zu Wasser- und Weideressourcen zu verschaffen. Dabei ist dieser Zugang oft beschränkt und an diverse Kosten gebunden. Das hängt nicht nur mit der Verlagerung der Migrationsrouten in die Gezira zusammen, sondern auch mit der ethnischen Zugehörigkeit. Humeiyd schreibt sich eine Identität als Mitglied des Ureynat-Stammes zu, einer Untergruppe, die häufig mit dem Zuneymat-Zweig der Raschaida verbunden wird.

Die Raschaida sind eine bekannte nomadische Gruppe im Ostsudan. Sie gelten als Neuankömmlinge, da sie erst Mitte des 19 Jahrhunderts mit ihren Kamel- und Ziegenherden von der Arabischen Halbinsel in den Sudan einwanderten. Als neue Ethnie im Sudan verfügen sie über kein traditionelles Stammesgebiet *(dar)*.

In der Vergangenheit eskalierten gewaltsame Zusammenstöße und Konflikte, wenn sich ansässige Gruppen dem Eindringen der Raschaida und ihren Herden auf ihrem Weideland widersetzten. 1933, nach einer Serie gewaltsamer Auseinandersetzungen um Weideland, mussten die Raschaida ihren Status als land- und rechtlose Gäste im Rahmen der britischen Kolonialherrschaft formalisieren. Ein Abkommen über Ressourcenteilung und Grenzen legte fest, dass die Raschaida einen symbolischen Tribut für Land- und Wassernutzung an die einheimischen Beja zahlen mussten und beschränkte ihre Weidebewegungen auf das Land zwischen dem Atbara- und Gashfluss.

Als Strategie gegen den beschränkten Zugang zu Land zerstreuten sich die Raschaida mit ihren Kamel- und Ziegenherden in kleine aber hochmobile Gruppen über den Nordostsudan. Bis heute bewegen oder siedeln unterschiedliche Gruppen zwischen Port Sudan am Roten Meer im Nordosten, Kassala an der östlichen Grenze des Sudan und jenseits der Grenze in Eritrea, Gedaref und der Gezira im Süden, sowie dem Nil im Westen. Viele mobile Gruppen bewegen sich nach wie vor zwischen dem Atbara- und dem Gashfluss sowie dem Setit im Süden. Andere ziehen saisonal zwischen dem Bundesstaat Kassala und dem Atbaraunterlauf umher. Raschaida migrieren auch auf den Weiden der Butana zwischen dem Nil, Atbara und Blauen Nil. Sesshafte Raschaida finden sich in landwirtschaftlichen Gebieten nahe Khashm al-Girba and Neu Halfa, zwischen Port Sudan und Suakin, Edamer Stadt sowie im Umland von Khashm al-Girba und Kassala Stadt, wo derzeit viele neue Siedlungen sprießen und wo sich die größte Anzahl der Raschaida im Sudan konzentriert.

Reaktionen auf die große Dürre

Ein herausstechendes Merkmal der Raschaida ist ihre starke kulturelle und sozioökonomische Bindung an die arabische Halbinsel, die sie als ihr Vaterland betrachten und die ihnen als Bezugspunkt für die Konstruktion ihrer Identitäten als Raschaida, Muslime und Golfaraber dient. Diese Verflechtungen mit den Golfstaaten fielen besonders ins Gewicht, als die große Dürre und Hungerkrise Mitte der 1980er Jahre den Sudan heimsuchte. Dies ging einher mit dem Verlust von Tieren durch Tod und Verkauf, dem tiefen Fall des Viehpreises auf den Märkten und der Vervielfachung des Getreidepreises. Viele Raschaida berichten von diesem Ereignis als dramatischen Einschnitt und Wendepunkt ihrer pastoralen Ökonomie. Als Reaktion auf die Dürre veränderten die meisten Haushalte ihre Mobilitätsmuster: Sie erweiterten das Portfolio ihrer Mobilität durch Arbeitsmigration. Die kulturellen Beziehungen in die Golfstaaten erleichterten den Raschaida die Migration dorthin, wo sie vor allem als Hirten

Geld verdienten. Durch die Migrantenüberweisungen konnten viele Haushalte die Auswirkungen der Dürre abfedern, ihre Herden wiederaufbauen und in andere ökonomische Aktivitäten investieren, wie Handel, Schmuggel oder Transportdienste, was zu einer weiteren Ausdifferenzierung von Mobilitätsmustern führte. Nicht allen Haushalten gelang es Mitglieder in die internationale Arbeitsmigration zu entsenden, so dass sich eine neue Dynamik sozioökonomischer Differenzierung entfaltete, gemäß der Migration und ihrer Dauer. Vor allem verarmte Haushalte ließen sich in der Nähe von Städten oder Landwirtschaftsprojekten nieder, um dort nach Lohnarbeit zu suchen. Der Mangel an Siedlungs- und Agrarland behinderte allerdings vielerorts den Prozess der Sesshaftwerdung, besonders wenn sich größere Verwandtschaftsgruppen gemeinschaftlich niederlassen wollten, so dass viele verarmte Gruppen heute noch in einem kleinen Radius mobil sind.

Humeiyd steht dem hingegen für wohlhabende tierreiche Haushalte, die durch die Dürre unter Druck gerieten und viele Tiere verloren, aber die dennoch einen Teil der Herde retten konnten. Somit war dieser Typ von Haushalten nicht gezwungen, sich wirtschaftlich komplett neu zu erfinden und konnte nach der Dürre langsam die Herde wieder aufbauen. Sein Haushalt vollzieht nach wie vor einen großen Radius pastoraler Mobilität. Humeiyds Reaktion auf die Dürre ist jedoch interessant und findet ihre Analogie in anderen Teilen des Sudan. Im Darfur beispielsweise drängten die Dürre und die Hungerkrise tausende Kamelnomaden aus den nördlichen Steppen weit in den regenreicheren Süden, wo bald gewaltsame Konflikte um Weideland, Wasserquellen, das Eindringen der Kamelherden in Felder zwischen unterschiedlichen nomadischen Gruppen sowie Ackerbauern und Pastoralisten eskalierten. Auch Humeiyd und andere Haushalte besonders mit vielen Tieren wurden durch die Dürre gezwungen, ihre Herden weiter südlich in die Gebiete anderer Gruppen zu führen. Dabei blieb es nicht bei einer einmaligen Verlagerung der Migrationsroute in die Gezira, sondern das Mobilitätsmuster wurde grundlegend reformiert: Einst vom Atbarafluss und der Nordbutana bis zur Zentralbutana schweifend, führte die neue Bewegung von der Zentralbutana zur Gezira und dem blauen Nil, wo der Haushalt seither abgeerntete Felder als Weiden pachtete. Anders als im Darfur, wo der Wettbewerb um Landzugang mit Waffengewalt geführt wird, entscheidet in der Gezira allein die Fähigkeit, für Land zu bezahlen, über ökonomischen Erfolg und Misserfolg. Diese neue Abhängigkeit von Geld mag Humeiyds Söhne motiviert haben, nach Saudi Arabien zu emigrieren und dort Geld zum Unterhalt zu verdienen.

Seit ihrer Ankunft im Sudan reagieren Raschaida Pastoralisten auf Bedrängnisse und Krisen mit einer Veränderung ihrer Mobilität. Als sie mit ansässigen Gruppen in den Konflikt um Weideland gerieten, erweiterten sie zunächst den Radius ihrer Mobilität und zerstreuten sich weit über den Nordostsudan. Die Dürre von 1984/5 führte zum tiefgreifenden Wandel der Mobilitätsmuster, wobei Herdenmobilität zunehmend durch nichtpastorale Formen der Mobilität, wie Arbeitsmigration, Tagelohn und Schmuggel ersetzt wurde, und vor allem verarmte Gruppen ihre Mobilität reduzierten. Das Vermögen, unterschiedliche Formen von Mobilität zu verfolgen, ist wegweisend für den wirtschaftlichen Erfolg und die Existenzsicherung auf der Haushaltebene. Mobilität in ihren unterschiedlichen Formen und Ausprägungen ist und bleibt somit sowohl eine essentielle Ressource als auch eine bevorzugte Strategie von nomadisch geprägten Gesellschaften im Sudan.

Auf dem Weg zum 'Neuen Nomaden' ? – Sozialer Wandel am Rande der Sahara

INGO BREUER

»Mein Bruder Mhamd und ich sind Nomaden. Das ganze Jahr über leben wir im Zelt und hüten die Herde unserer Familie, 250 Schafe und Ziegen. [...] Im Sommer sind wir auf Weiden, die in der Nähe des Dorfes liegen. Im Winter gehen wir auf Weiden weiter im Süden. [...] Aber letztes Jahr war alles anders. Es gab fast überhaupt keinen Regen im Herbst. Deshalb konnte das Gras [im Süden] nicht wachsen. Wir wussten nicht, was wir mit unserer Herde tun sollten. Wir sprachen mit anderen Nomaden aus der Gegend. Einige hatten beschlossen, mit ihren Tieren die Region zu verlassen und die Tiere in den Souss zu schaffen, denn dort hatte es viel geregnet. [...] Der Souss ist weit weg, fast anderthalb Tage Fahrt. [...] Mein Vater, mein Bruder und ich fuhren dorthin und schauten uns um. Schließlich fanden wir gute Weiden. [...] Wir mieteten zwei Lastwagen und transportierten die Tiere dorthin. Wir blieben dort bis April. [...] Nur mein Bruder und ich gingen in den Souss. Der Rest der Familie blieb hier. [...] In unserer Familie sind wir neun Personen. Nur mein Bruder Mhamd und ich sind Nomaden. Meine anderen Brüder sind Arbeiter und gehen an Orte wie Marrakech, Beni Mellal und Ouarzazate.«

– Brahim, Nomade im Dorf Taba, Interview Frühjahr 2003

»Früher haben wir von dem gelebt, was es hier gibt: Unsere Schafe und Ziegen, unsere Felder. [...] Es gab Jahre der Dürre. Dann gab es wenig zu essen. Es gab aber auch gute Jahre, dann war alles grün und es gab viel Wasser. [...] Jetzt ist alles anders geworden. Wir sind jetzt überall. In ganz Marokko, in den Städten und im Ausland. Alle bewegen sich. Jetzt kommt das Geld aus den Städten und überall her, und jetzt gibt es auch das Telefon und die Straßen, die in die Stadt führen. [...] Auch die Leute haben sich verandert. Früher wusste jeder, was der andere tat und warum er es tat. [...] Heute ist das nicht mehr der Fall, denn es gibt verschiedene Arbeiten und verschiedene Orte. Einige von uns sind Nomaden, einige sind Arbeiter in den Städten oder Händler und einige tun noch viele andere Dinge. Jeder versucht das Beste für sich allein.«

– Idir, ehemaliger Nomade im Dorf Taba, Interview Herbst 2002

AIT ATTA stellen eine der größten Nomadengruppen in Marokko. Ihr Territorium liegt am Rande der Sahara und reicht von den trockenen Wüstengebieten zu den höchsten Gipfeln des Hohen Atlas, die bis in den Sommer hinein schneebedeckt sind. Dem heutigen Marokkoreisenden begegnen die Nomaden, wenn überhaupt, nur flüchtig. Umso stärker sind die – meist entweder romantisierenden oder pessimistischen – Vorstellungen, die wir Europäer uns von marokkanischen Nomaden machen: Kriegerisch, freiheitsliebend, mit Herden und Zelten umherziehend oder Karawanen eskortierend, nur der Suche nach den besten Weidegründen verpflichtet, oder aber auch durch Dürren zur Aufgabe ihrer 'archaischen' Lebensweise gezwungen, verarmt und hungernd in Slums am Rande der Großstädte lebend. Wie ein französischer Reiseveranstalter schreibt: ›Im Süden Marokkos können Sie noch die Faszination einer seit Jahrhunderten unveränderten Lebensweise erleben, die im Begriff ist, zu verschwinden.‹

Doch was verschwindet und was bleibt? Idir und Brahim geben darauf überraschende Antworten: Nomadisches Wirtschaften hat sich verändert; in neuer (etwa: motorisierter) Form scheint es aber nach wie vor möglich zu sein und ist offensichtlich äußerst lebendig. Gleichzeitig ist nur noch eine Minderheit der Ait Atta als Nomaden aktiv. Geblieben ist jedoch, dass die Ait Atta extrem mobil sind, um Ressourcen für Leben und Überleben zu erschließen; die Mobilität bezieht sich jedoch nicht mehr nur auf die Tierhaltung, sondern auch auf Lohnarbeit und andere Ziele. Das, was wir als archaisch, nomadisch wahrnehmen – räumliche Mobilität, ständiges Unterwegs-Sein – scheint dabei das Alltagsleben mehr zu durchdringen als je zuvor. Dabei geht vielerorts Altes mit Neuem neue Verbindungen ein, wie etwa Zelte und Lastwagen.

Bis in die 1930er Jahre hinein waren die Ait Atta der Nomadenstamm par excellence. Sie lebten fast ausschließlich von Dromedar-, Schaf- und Ziegenhaltung. Einige Gruppen besaßen zusätzlich Felder und saisonal genutzte Häuser in kleinen Flussoasen, andere lebten das ganze Jahr über im Zelt. Eine zusätzliche Lebensgrundlage bestand darin, die sesshafte Oasenbevölkerung zu Tributen in Form von Getreide zu verpflichten.

Große Umbrüche in diesem althergebrachten System ereigneten sich ab etwa 1930: Die Franzosen eroberten das Gebiet, unterwarfen es militärisch und banden es in das koloniale Wirtschaftssystem des Protektorats Französisch-Marokko ein. Die Mobilität der Nomaden wurde durch rigide Kontrollen empfindlich gestört, Widerstand leistende Gruppen wurden belagert und ausgebombt. Von diesem Schock konnten sich die Nomaden jedoch erholen, und um 1950 erreichten die Tierzahlen die wahrscheinlich höchsten Werte der Geschichte. Eine viel massivere Welle sozialen Wandels setzte ab etwa 1960 ein. Die Geldwirtschaft breitete sich aus und neue Wirtschaftskreisläufe bildeten sich, so etwa durch den Verkauf von Tieren in die boomenden Großstädte und den steigenden Import von Nahrungsmitteln (Weizen, Zucker, u.a.) ins Nomadengebiet. Der Nationalstaat wurde verstärkt aktiv, Schulen und Krankenstationen wurden gebaut, die Sterblichkeit sank, die Bevölkerung wuchs, Straßen wurden gebaut und schnelle Transportmittel wurden verfügbar. Vor allem jedoch wurden plötzlich neue Arbeitsmärkte im In- und Ausland für die Nomaden zugänglich. Wie in diesem Kontext der Wandel in südmarokkanischen Nomadengebieten ablief, illustriert folgendes Fallbeispiel.

Taba, ein Dorf an der wüstenhaften Südabdachung des Hohen Atlas, ist in vielerlei Hinsicht typisch für das Ait-Atta-Gebiet: Um 1940 standen hier nur wenige, lediglich saisonal genutzte Hütten; die gesamte Bevölkerung lebte während des ganzen Jahres in Zelten. Heute ist Taba ein großes Dorf mit fast tausend Einwohnern und vielen Neubauten. Auch auf den umliegenden Weiden haben Nomaden Gehöfte gegründet, auf denen sie, teils mit Pumpbewässerung, bescheidenen Feldbau betreiben. Wie dieser Wandel begann, erzählt Moha, ein ehemaliger Nomade:

»Mitte der 1960er Jahre kamen Beauftragte französischer Firmen in unser Gebiet. Sie haben Arbeiter für Frankreich angeheuert. Ich habe mich gemeldet, und sie haben mich genommen. [...] Man hat uns als erstes nach Ain Borja gebracht für die medizinische Untersuchung. Dann habe ich den Zug genommen. Dann das Boot nach Spanien. Bis dorthin bin ich allein gereist. In Spanien hat mich ein Bekannter erwartet, und wir sind zusammen mit dem Zug nach Frankreich gefahren. Bis dorthin, wo ich arbeiten sollte. [...] Ich konnte kein Wort Französisch und kein Arabisch. Ich konnte überhaupt nicht sprechen! Ich bin immer ruhig gewesen: Arbeit, Haus, Arbeit, Haus. Die Arbeit war das Wichtigste. Arbeit, Essen, Schlafen, und am nächsten Tag wieder Arbeit, Essen, Schlafen. [...] Das erste Jahr war sehr hart. Wir wohnten in einer Unterkunft für Arbeiter, vier andere Männer aus Marokko und ich. [...] Alle sagten: ›Beweg dich! Komm hierhin! Geh dorthin!‹ Ich habe in Epinal gearbeitet, dann Nancy, Haute Saône, ganz Frankreich, später in Belfort, in einer Fabrik [...] Ich habe allein in einem Zimmer gewohnt, mit einem Gaskocher und etwas Küchenmaterial. [...] Die Bezahlung war gut. Ich habe meiner Familie Geld geschickt, und ich habe gespart. Im Sommer bin ich immer für drei oder vier Monate hierher gekommen, Ferien, um Ruhe zu haben.«

Insgesamt ging jedoch nur eine Minderheit der Nomaden nach Frankreich; die große Mehrheit der Nomaden führte ihr Weg nicht ins Ausland, sondern in die boomenden Großstädte. Dort waren und sind Arbeiter in großer Zahl nachgefragt. In Taba arbeiten heute etwa 40 Prozent aller erwachsenen Männer als Arbeiter in den Städten, ›sie reisen‹, wie man in der Gegend sagt. Sie arbeiten vor allem im Bausektor. Die meisten von ihnen kehren zurück, wenn ein Auftrag vorbei ist, bleiben ein paar Monate und reisen dann wieder ab. Fast alle wechseln mehrmals jährlich die Stadt. Hammou, ein 28jähriger Arbeiter, erzählt:

»1993 habe ich die Schule abgeschlossen, [...] und danach bin ich zum ersten Mal losgefahren. Ich war jahrelang unterwegs. In Marrakech, Casablanca, Nador, Beni Mellal, Agadir, Azilal, Tata, Sidi Kacem und Rabat. Seit zwei Jahren bin ich wieder mehr zuhause. Letztes Jahr war ich nur für zwei Monate weg, in Tata. Dort hat O., [ein Unternehmer von hier] mehrere Baustellen, und bei dem arbeitet auch mein Bruder.«

Die Arbeiter bilden somit eine Art mobile Masse, flexibel und anspruchslos, für die Entwicklung der marokkanischen Städte: Sie werden von den Arbeitgebern je nach Konjunktur an verschiedenen Orten eingesetzt und auf Tagesbasis bezahlt. Sie verdienen pro Tag etwa 40–60 Dirham (etwa vier bis sechs Euro), wohnen in provisorischen Unterkünften auf den Baustellen, werden oft kurzfristig wieder entlassen und müssen sich dann eine neue Arbeit suchen.

Eine wichtige Rolle für die Arbeiter spielen die ehemaligen Auslandsemigranten, diejenigen also, die in den 1960er Jahren nach Frankreich gingen und später zurückkehrten. Einige dieser Emigranten gründeten mit dem ersparten Kapital kleinere Bauunternehmen. Unter den in den 1970er Jahren günstigen Bedingungen allgemeinen Wirtschaftsaufschwungs konnten diese stark expandieren. Sie sind heute, trotz Wirtschaftskrise, gut im Markt etabliert und in ganz Marokko aktiv. In Taba etwa gibt es heute zehn Familien, die unternehmerisch aktiv sind; gute Beziehungen zu diesen Familien sind extrem wichtig für alle Arbeiter: Lohnarbeit in den Städten ist in den letzten Jahren immer knapper geworden, da momentan geburtenstarke Jahrgänge auf den Arbeitsmarkt drängen und die Arbeitslosigkeit stark angestiegen ist. Um Arbeit zu finden, sind deshalb mehr denn je gute Beziehungen notwendig. Die lokalen Unternehmer stellen für die Dorfbewohner deshalb ein erhebliches Potential dar.

Und die Nomaden? Sie sind längst nicht verschwunden. Zelte sind nach wie vor ein prägendes Element der Kulturlandschaft. Mobile Tierhaltung stellt jedoch heute nur noch eine unter vielen möglichen ökonomischen Aktivitäten dar. Von den 905 Männern in Taba bezeichnen sich nur noch 133 als Nomaden, ziehen mit ihren Herden umher und leben zumindest einen Teil des Jahres im Zelt. Viele Haushalte haben ihre Einkommensquellen diversifiziert: Während ein oder zwei Mitglieder mit der Herde arbeiten, gehen andere als Lohnarbeiter in die Städte; wieder andere bestellen die Felder, bleiben im Haus oder gehen zur Schule. Viele Familien sind für einen Großteil des Jahres zwischen Zelt, Dorf und Stadt aufgeteilt, und es herrscht ein ständiges Kommen und Gehen, sorgfältig beaufsichtigt von einem Haushaltsvorstand, der für das Budget zuständig ist und oft auch bestimmt, wer wann was tut.

Es liegt auf der Hand, dass Entscheidungen, wie genau die nomadischen Aktivitäten aussehen sollen, unter diesen Bedingungen völlig anders sind als früher. In einigen Haushalten etwa spielt Tierhaltung nach wie vor die wichtigste Rolle im Alltagsleben; hier werden alle verfügbaren Ressourcen – etwa Arbeitskraft der Hirten, Geld für Futter – mit dem Ziel eingesetzt, Erhalt und Wachstum der Herde zu sichern. In anderen Haushalten ergänzen sich Lohnarbeit und Tierhaltung gegenseitig; je nach konjunktureller und klimatischer Situation wird hier mal mehr, mal weniger Arbeitskraft und Geld in die Herde investiert. Wieder andere Tierhalter aus Taba beziehen ihr Einkommen fast vollständig aus nichtagrarischen Quellen und nutzen die Herde nur noch als Kapitalanlage. Dementsprechend finden sich heute auch viele verschiedene Arten nomadischer Mobilität.

Während einige Nomaden nur noch geringe Entfernungen zurücklegen, ziehen andere nach wie vor auf traditionelle Weise jahreszeitlich zwischen Bergen und Wüste hin und her. Wieder andere, wie etwa Brahim, sind mit ihren Herden unter Einsatz von Lastwagen im ganzen Land unterwegs. Nomadische Lebenswelten und Existenzbedingungen stellen sich somit vielfältiger dar als je zuvor. Sie sind zudem komplexer geworden, und zwar in dem Sinne, dass sich hinter der scheinbar traditionellen Wirtschaftsweise vielfältige Verflechtungen mit dem übergeordneten Wirtschaftssystem verbergen und Entscheidungen auf Grundlage von sehr viel mehr Faktoren getroffen werden müssen als allein klimatischen.

Der soziale Wandel ist unter diesen Bedingungen uneinheitlich verlaufen und hat nicht für alle Nomaden dieselben Konsequenzen gehabt. Er hat vielmehr eine Vielzahl neuer sozialer Erscheinungen hervorgebracht – von Biographien schnellen sozialen Aufstiegs bis hin zu Gruppen massivster Armut. Die Nomaden, so wurde deutlich, sind mit neuen Problemen konfrontiert, es bieten sich ihnen gleichzeitig aber auch neue Handlungsspielräume: Einige können diese Spielräume nutzen, andere nicht. Abhängig ist dies von Fragen wie etwa: Wie viele arbeitsfähige Personen sind in der Familie vorhanden? Welche Fähigkeiten haben diese? Besteht zuverlässiger Zugang zu Lohnarbeit, etwa durch enge Kontakte zu lokalen Unternehmern? Können im Dürrefall nomadische Einkommensausfälle durch Alternativen abgefedert werden? Besitzt die Familie genug Ackerland, um sich mit Getreide versorgen zu können? Ist – etwa über Auslandsemigranten in der Verwandtschaft – Geld vorhanden, das über die Deckung des täglichen Bedarfs hinaus auch produktive Investitionen ermöglicht?

Bei genau solchen Fragen setzt die sozialgeographische Forschung an: Es geht darum, systematisch und detailliert herauszuarbeiten, welche Faktoren des Wandels im Nomadengebiet sich wie auswirken und für wen dies welche Konsequenzen hat. Auf diese Weise wird letztendlich auch deutlich, unter welchen Bedingungen alte und neue nomadische Lebensweisen, die auf räumlicher Mobilität und äußerster Flexibilität in der Ressourcennutzung beruhen, Entwicklungspotentiale für die ariden Gebiete dieser Erde darstellen können.

Ja, wo rauben sie denn? – Altorientalische Nomaden und ihr Verhältnis zum Besitz

FELIX BLOCHER

AUFREGUNG vor 3400 Jahren am ägyptischen und am assyrischen Königshof: Die oft wochenlang reisenden Boten der miteinander in Kontakt stehenden Könige an Nil und Tigris sollen von ihren Begleitern, sutäischen Nomaden, bedroht worden sein! Diese wissen genau, wen sie vor sich haben und vor allem, was diese Boten mit sich führen: kostbare Geschenke, die von Hof zu Hof gehen und den Partner zum einen beeindrucken, zum anderen auch dazu bewegen sollen, Gegengaben zu machen. An den Nil reisen eigens angefertigte Streitwagenausrüstungen und andere Produkte des Handwerks, am Tigris wünscht man sich eigentlich immer nur Gold, Gold und nochmals Gold! Aber keine Macht im Vorderen Orient ist so stark und hat ihre Territorien so gut unter Kontrolle, dass nicht auch einmal eine solche Gruppe in Gefahr geraten kann

Da spielt es dann keine Rolle, dass die Monarchen oft mit den vom fernen Amtskollegen erhaltenen Geschenken unzufrieden sind. Detailliert beklagt man sich über mangelnde Qualität der Waren oder zu kleine Mengen von Edelmetallen. Andere schmelzen die Geschenke sofort ein, um dann festzustellen, dass die Reinheit des Edelmetalls zu wünschen übrig lässt. Für Menschen, die sich in großen Räumen kundig bewegen können, sind diese kleinen, aber feinen Reisegruppen willkommene Ziele. Ist das geschilderte Vorkommnis also die klassische gute Gelegenheit, die uns das weit verbreitete Bild vom räuberischen Nomaden bestätigt?

An sich scheint es banal, dass Reisende aller Art, Händler und Boten auf ihren langen Überlandreisen gefährdet sind. Die Gefährdung kann steigen, wenn zur Abkürzung der Reise Routen gewählt werden, die das städtisch geprägte Siedlungsgebiet verlassen. Wo Bauern Felder bestellen, wo Dörfer und Städte in dichter Folge wechseln, da haben die damaligen Fürsten ein meistens gut geknüpftes Netz von Beziehungen und Vereinbarungen geschaffen. Es soll garantieren, dass der wirtschaftliche Austausch problemlos vonstatten gehen kann. Hierzu ist ein kompliziertes System von Abgaben und Zöllen entwickelt worden, das den einzelnen Stationen am Weg ein zwar nicht sehr großes, aber kalkulierbares Einkommen beschert. Es ist charakteristisch für viele Bereiche im Alten Orient, dass man sehr genau abgewogen hat, was langfristig die sinnvollere

Lösung ist. In diesem Sinne sind die ausführlich beklagten und diskutierten Abweichungen vom System zu interpretieren, auch wenn wir in manchen Fällen über Details nur spekulieren können. Typisch ist hierbei auch, dass solche Regelwerke nicht allein Sache der Absprache unter Lebenden sind; die Götter sind in die Formeln, die die Abweichung bestrafen, mit einbezogen. Man riskiert also für einen einmaligen großen Gewinn nicht nur den Gesichtsverlust unter seinen politischen und wirtschaftlichen Partnern, man verscherzt es sich auch mit den höheren Mächten und muss mit den durchaus gefürchteten Folgen magischer Art rechnen. Um diese abzuwenden oder zu bekämpfen, sind dann aufwändige Verfahren nötig, die natürlich auch wieder Geld kosten.

Beeindruckend und ganz modern ist diese sorgfältige Minimierung von Risiko mit dem gleichzeitigen Streben nach möglichst geringem Aufwand und größtmöglichem Ertrag. Damit verbunden ist eine klare Vorstellung von Territorien und Grenzen, die sich vor allem an vertrauenswürdigen Personen und bewährten Kontakten orientiert. Diese Strategie ist nicht nur eine Sache staatlicher Institutionen, auch Familien können hier beträchtliche Anstrengungen mit Erfolg verbinden. Das berühmteste Beispiel ist der Handel zwischen der Stadt Assur am Tigris und den inneranatolischen Fürstentümern (ca. 2000–1750 v. Chr.). Die Assyrer transportieren Zinn in großen Mengen und edle babylonische Textilien mit Eselskarawanen nach Kappadokien. Eine große Anzahl von Briefen, Verträgen, Reiseberichten etc. überliefert uns hier unzählige Details, die diese frühe Form von Kapitalismus illustrieren und seit über hundert Jahren die Forschung faszinieren. Meistens werden hier Routen gewählt, die durch jene Bereiche Mesopotamiens führen, die vom Regenfeldbau profitieren. Entsprechend dicht ist hier wieder das Netz von Siedlungen und gleichzeitig von Personen, die ein Interesse daran haben, eben einen kalkulierbaren und kontinuierlichen Gewinn einstreichen zu können.

Obwohl die assyrischen Unternehmer Teil des Netzwerks des Vertrauens sind, überrascht es nicht, dass es auch unter ihnen immer wieder Leute gibt, die auf die eine oder andere Weise versuchen, ihren Profit kurzfristig zu steigern. Das kann durch die Wahl anderer Routen sein, die weniger Abgaben versprechen, aber dafür mit höherem Risiko verbunden sind. Solche Routen führen dann durch Gegenden im Wüstensteppenbereich, in denen nomadische Überfälle eher vorkommen können. Ein anderes Risiko ist, dass der Händler auf diese Weise zum Schmuggler wird. Auch hier zeigen die Befunde, dass dieses Verhalten die Ausnahme darstellt, denn es wird – wie oben – ausführlich diskutiert und hat Sanktionen zur Folge, die nicht selten mit Unterstützung der städtischen und dynastischen Institutionen geahndet werden. Der altassyrische Handel könnte für uns heutzutage ein Lehrstück der Gewährung unternehmerischen Handelns sein, welches nicht durch Abgaben und Einschränkungen aller Art so stark behindert werden darf, dass die Unternehmer – und solche sind die assyrischen Familien sicher – das Interesse an ihrer Tätigkeit verlieren.

Zurück zum nomadischen Raub: Es können echte Notlagen sein, die ihn verursachen. So können veränderte Umweltbedingungen Nomaden dazu bewegen, ihre eingeübten und im Einklang mit der sesshaften Lebensart stehenden Herdenbewegungen zu verändern und verstärkt in Räume zu gehen, in denen sie zuvor kaum je anzutreffen waren. Im Zeitraum zwischen 1200 und 900 v. Chr. kommt es zu klimatischen Veränderungen, die aramäische Nomaden zu Vorstößen in das syrische und mesopotamische Siedlungsland zwingen. Jeder Versuch, die Ernährung von Stamm und Herde zu sichern, wird dann als Raub aufgefasst und bekämpft. Die Menge der beteiligten Personen führt schnell zum Eingreifen von militärischen Truppen. Sie versuchen, die Nomaden in bestimmte Gebiete abzudrängen, die die Sesshaften als deren 'Heimat' betrachten. Aus diesen Bereichen sind die Nomaden aber mit guten Gründen weggegangen. Die Folge sind Grenzlinien, die es zuvor nicht gab, die nun aber von Herrschern und ihren Truppen genau kontrolliert werden.

An dieser Stelle tritt in der Raubgeschichte eine neue Figur auf: der beraubte Nomade. Nicht nur, dass Leib und Leben der Nomaden in diesen Jahrhunderten durch assyrische Armeen bedroht sind, es werden auch Herden und Gegenstände, sogar Menschen abgeführt. Die aramäischen

Stämme stehen also vor einem doppelten Problem: zurückgedrängt zu sein in unwirtliche Gebiet und das auch noch mit Verlust an Angehörigen, Haustieren und Habe.

Notlagen können aber auch andere nachteilige Folgen für Nomaden haben. Wenn sie ihre vertrauten Gebiete verlassen müssen, kann diese Entwurzelung zu sozialen Veränderungen in den Stämmen führen. Im Verlauf des zweiten Jahrtausends v. Chr. kristallisiert sich eine neue und gefährliche Kategorie des Raubens heraus. Nomadische Gruppen werden von Sesshaften instrumentalisiert und für Überfälle aller Art eingesetzt. Vordergründig sind es also die Nomaden selbst, die solche Überfälle durchführen. Sie erhalten aber Tipps, finanzielle Mittel und Ausrüstung von denen, die eigentlich kein Interesse daran haben dürften, dieses Verhalten zu unterstützen. Die Schuldfrage ist damit wesentlich komplexer geworden. Auch verändert sich die Dimension vom Wirtschaftlichen hin zum Politischen; die Qualität der Korruption ist eine andere geworden. Die Vorteile für diejenigen Gruppen und Personen, die so agieren, liegen auf der Hand. Sie schonen ihre eigenen Leute, belassen diese in den angestammten Tätigkeiten, die nicht zuletzt der landwirtschaftlichen Versorgung des eigenen Gebietes dienen. Außerdem hat man nicht direkt gegen bestehende Verträge und Abmachungen verstoßen, muss also kaum Angst vor Vergeltung durch höhere Mächte haben. Die nomadischen Gruppen, deren man sich stattdessen bedient, zeichnen sich durch große Beweglichkeit und gute Raumkenntnis aus; sie stehen sozusagen über den Grenzen dieser oftmals nur kleinen und eigentlich auf gute Zusammenarbeit angewiesenen Territorien in Syrien und Mesopotamien.

Auf diese Weise verändern sich aber auch nomadische Lebensweisen und vor allem die Nutzung von Territorien. Größere Gruppen gehen Tätigkeiten nach, die mit der vorherigen Gestaltung des Lebens im Jahresablauf nichts mehr zu tun haben, etwa mit der Herdenwirtschaft und in unterschiedlichem Maß auch mit landwirtschaftlichen Arbeiten. Die Ausrichtung größerer Bevölkerungsgruppen auf die Bedürfnisse einzelner Machthaber geht einher mit einem Verlust an Bewegungsfreiheit und der Einschränkung althergebrachter Wirtschaftsweisen. Das dürfte auch Veränderungen in den Familienstrukturen mit verursacht haben. Viele Männer sind nun in 'Banden' (so werden sie in den Quellen etiketiert) organisiert, in denen Frauen, Kinder und Alte es wohl schwer hatten. Zur Bekämpfung solcher Banden rufen lokale Machthaber in der Levante bisweilen sogar nach dem Pharao; nur er könne diese Probleme lösen. Das zeigt die große politische Dimension, die diese bedauerlichen Vorgänge bekommen haben. Ein krasses Beispiel aus Babylonien mit einer etwas anderen Note ist der Überfall auf die unweit vom heutigen Bagdad gelegene Stadt Sippar durch die Sutäer. Sie plündern auch das Heiligtum des Sonnengottes und nehmen seine Statue mit, vielleicht wegen der kostbaren Materialien. Das hat tiefgreifende Folgen für die städtische Bevölkerung, denn die Kultausübung ist behindert und man sieht sich jahrzehntelang außerstande, ein neues Götterbild anzufertigen.

So entsteht der Eindruck, dass die Lebensbezüge am Ende des 2. Jahrtausends v. Chr. einerseits mit einer Steigerung nomadischer Macht, andererseits aber auch mit einem Verlust an charakteristischen Verhaltensweisen verbunden sind. Die Zeit des ausgewogenen Verhältnisses in der Nutzung von Ackerbauland und Weidegebieten scheint vorbei zu sein. Es steigt die Zahl von Ortschaften, deren Namen mit Stämmen in Verbindung gebracht werden können. Hat der Verlust nomadischen Know-hows zur Sesshaftwerdung geführt, weil sie den Betroffenen als die einfachste Lösung ihrer Probleme erschien? Das ist denkbar, und hier darf nicht vergessen werden, dass das Wohnen in Häusern und das Bebauen von Feldern den Nomaden des Alten Orients nicht so fremd war, wie dies uns das Bild vom zeltbewohnenden, große Dromedarherden haltenden und weite Strecken zurücklegenden Beduinen neuzeitlicher Prägung suggerieren will.

Aber auch jetzt sind die Probleme noch nicht gelöst: In der Stadt Sam'al hinter dem Amanusgebirge (nördlich der heutigen türkischen Stadt Antakya) gibt es im 9. Jahrhundert v. Chr. Probleme zwischen zwei Bevölkerungsgruppen, den 'Gelegten' und den 'Wilden' (so die wörtliche Übersetzung ihrer Bezeichnungen). König Kilamuwa agiert hier geschickt und beendet mit seinem beherzten Verhalten eine jahrzehntelange

Phase der Untätigkeit seiner Vorfahren. Der starke Wandel im Verhältnis zwischen Stadt und Umland ist nicht mehr zu übersehen. Dennoch haben Kilamuwas Vorfahren die großen Unterschiede zwischen alteingesessenen Städtern und neuen Siedlern bestehen lassen und keinerlei Anstrengungen zu deren Abbau unternommen. Das tut nun Kilamuwa, indem er denjenigen, die Haustiere benötigen, solche verschafft, denen, die kein Geld haben, welches gibt und sogar diejenigen, die nur bescheiden angezogen sind, in besseres Tuch kleidet; kurz, er verhält sich wie Vater, Mutter und Bruder in einer Person. Seine Nachkommen warnt er davor, die Inschrift nicht zur Kenntnis zu nehmen und zu befolgen, denn dann würde unweigerlich der gegenseitige Respekt unter den beiden sozialen Gruppen verschwinden, man wäre also wieder da, wo man vor Kilamuwa war. Der räuberische, gierige, unkultivierte Nomade ist bereits in der Literatur des Alten Orients ein gerne gepflegtes und oft wiederholtes Vorurteil. Lässt man aber einige Jahrhunderte lang den Blick über die Nomaden in den Äckern und Steppen Vorderasiens schweifen, so wie es hier geschehen ist, so wird man sich doch immer wieder fragen müssen: Ja, wo rauben sie denn?

Vom Geld- zum Tauschhandel.
Die byzantinische Krim zwischen Urbanität und Nomadismus

THOMAS BRÜGGEMANN

»Ein [...] Teil des Volkes der Petschenegen lebt neben dem
Gebiet von Cherson; diese treiben mit den Chersoniten
Handel und verrichten Dienste für sie [Chersoniten] und
den [byzantinischen] Kaiser, und zwar in Russland, Chazaria
und Zichia und in allen Gebieten jenseits davon, das heißt sie
erhalten von den Chersoniten den vorher für diesen Dienst
vereinbarten Lohn, [...], in der Form von Purpurkleidern,
Seidentüchern, Stoffen, Gürteln, Pfeffer, [...] und anderen
Waren, die von ihnen verlangt werden, je nach dem zu
welcher Vereinbarung ein Chersonit einen Petschenegen
überredet oder von diesem überredet wird.«

– Konstantinos Porphyrogennetos, De administrando Imperio VI, 10. Jh.

CHERSON/BYZANZ – Im Unterschied zu vielen antiken Staaten des
westlichen Mittelmeerraumes hatte das Byzantinische Reich ohne nen-
nenswerte Veränderungen den Übergang von der Antike ins Mittelalter vollzogen. Auch Cherson, die bedeutendste byzantinische Stadt auf
der Krim, behielt bis ins 11. Jahrhundert nicht nur ihr klassisch-antikes
Stadtbild, sondern auch ihre territoriale Integrität blieb weitgehend
intakt. Solchen Kontinuitäten standen allerdings seit früh- und mittel-
byzantinischer Zeit Veränderungen in anderen Bereichen des städtischen Lebens, vor allem in sozioökonomischer und politischer Hinsicht,
gegenüber. Diese Veränderungen sind auf den Druck ethnischer Ver-
schiebungen in der unmittelbaren Umgebung der Stadt und ihrer Lage
an der Peripherie des byzantinischen Reiches zurückzuführen. Die politischen, sozialen und ethnischen Konsequenzen, die sich aus der Völkerwanderung für Cherson ergaben, beeinflussten nicht nur die Stellung
der Stadt innerhalb des infrastrukturellen Gefüges des byzantinischen
Gesamtreiches nachhaltig, sondern führten sogar zu Veränderungen
der Lebensgewohnheiten ihrer (sesshaften) Einwohner. Die Chersoniten gaben ihre traditionell auf Geldhandel basierende Wirtschaftsweise

offenbar zugunsten des Tauschhandels der sie seit dem 11. Jahrhundert umgebenden nomadischen Bevölkerungsmehrheit zunehmend auf, um ihr wirtschaftliches Überleben zu sichern und ihre sesshafte Lebensweise ansonsten beibehalten zu können.

Da Cherson also eine der wenigen Städte an der nördlichen Schwarzmeerküste war, deren Infrastruktur durch die Völkerwanderung nicht zerstört wurde, war es bereits im 11. Jahrhundert geradezu zwangs-läufig zum wichtigsten (und einzigen) byzantinischen Vorposten auf der Krim geworden. Obwohl die Stadt während des frühen Mittelalters daher auch zum Zentrum bedeutender politischer und religiöser Ereignisse wurde, zeigen sich doch Phänomene des Verschmelzens sesshafter und nomadischer Lebensgewohnheiten zum gegenseitigen Nutzen am deut-lichsten an ökonomischen Prozessen.

Diese belegen nämlich, dass die nomadischen Vorstöße auf die Krim Cherson zwar seiner Rolle als byzantinisches Fernhandelszent-rum beraubten und von den Hauptrouten zu isolieren vermochten, aber gleichzeitig eine Entwicklung begünstigten, die auf der Krim einen prosperierenden Regionalhandel ermöglichte. Dieser verlangte von den byzantinischen Einwohnern der Stadt die ökonomischen Gewohnheiten der sie umgebenden nomadischen Gruppierungen zu adaptieren: Tat-sächlich scheint seit dem beginnenden 12. Jahrhundert der (nomadische) Tauschhandel die klassische Geldwirtschaft abgelöst zu haben.

Obwohl die Münzprägestätte der Stadt, die einzige des Byzantini-schen Reiches im nördlichen Schwarzmeerraum, während der gesamten Zeit byzantinischer Herrschaft arbeitete, weist ihr Ausstoß spätestens seit der Mitte des 11. Jahrhunderts eine stetig fallende Tendenz mit zum Teil erheblichen Sprüngen auf. Hervorzuheben ist, dass jeder Abschwung des Münzaufkommens und -umlaufs zeitlich mit überlieferten Nomaden-einfällen auf die Krim korreliert. Die Kriminvasionen der (nomadischen) Petschenegen in der Mitte und zweiten Hälfte des 11. Jahrhunderts mar-kieren hierbei eine Zäsur, nach der der regionale Geldhandel auf der Krim seinen vorherigen Status quo bis zur endgültigen Zerstörung Chersons durch die Mongolen am Ende des 13. Jahrhunderts nicht mehr erreichte.

Eine unmittelbare Verbindung zwischen dem Auftreten von Noma-
denverbänden und den wirtschaftlichen Verwerfungen der gesamten
südwestlichen Krim um Cherson zu ziehen, erscheint naheliegend. Umso
erstaunlicher fällt demgegenüber der Siedlungsbefund für diese Zeit aus:
Es existieren keine Hinweise, die einen topographisch fassbaren Niedergang oder Verfall der chersonitischen Infrastruktur dokumentieren, wie
er im Zusammenhang mit derart gravierenden wirtschaftlichen und sozialen Turbulenzen eigentlich zu erwarten wäre. Vielmehr konnte nachgewiesen werden, dass sowohl die Wohngebiete am Stadtrand als auch die
christlich-religiöse Infrastruktur während des 11., 12. und 13. Jahrhunderts
konstant wuchsen.

Der Niedergang und Verfall Chersons, der in erster Linie anhand des
am Ende des 11. Jahrhunderts zusammenbrechenden Münzhandels, des
Verlustes des byzantinischen Handelsmonopols Mitte des 13. Jahrhunderts und der daraus resultierenden Einseitigkeit der nachfolgenden
literarischen Überlieferung postuliert worden ist, lässt sich archäologisch
somit nicht bestätigen.

Bereits seit dem 7. und 8. Jahrhundert hatten jene nomadischen
Bevölkerungen, welche in den an die nördliche Schwarzmeerküste grenzenden südrussischen Steppengebieten siedelten, ihre Streifgebiete bis
auf die (byzantinische) Krim ausgedehnt. Von diesen gewährleisteten
zunächst vor allem die Chazaren als militärische Verbündete des byzantinischen Reiches die Aufrechterhaltung der politischen und ökonomischen Stabilität der Region. Eine auch archäologisch fassbare Wirkung
dieser Liaison zwischen Steppennomaden und Zentralmacht war im 8.
und 9. Jahrhundert die Erschließung neuer Agrarflächen für eine offenbar
wachsende Mischbevölkerung aus endemisch sesshaften und immigrie-
renden nomadischen Elementen im Hinterland Chersons. Damit waren
naturgemäß spürbare Veränderungen der Lebensbedingungen und
-grundlagen der byzantinischen Landbevölkerung verbunden. Archäologisch sichtbar werden solche Veränderungen an der sich wandelnden
Wirtschaftsweise der ländlichen Bevölkerung im Umland von Cherson,
deren Niederschlag im Entstehen unzähliger kleiner Agrarweiler und

Kleinfunden zu sehen ist, die eine enge Verbindung von Nomaden und Sesshaften erkennen lassen. Augenscheinlich erfolgte zunächst im Hinterland der Stadt eine Anpassung an die Notwendigkeiten einer durch die eingewanderten Nomadenstämme veränderten Bevölkerungsstruktur. Daneben ist der Ausbau von Produktionsstätten und Handwerkerquartieren in den bereits bestehenden urbanen Zentren der Krim zu beobachten. Zum Knoten- und Kulminationspunkt dieser Entwicklung wurde Cherson, eben weil es die bedeutendste Stadt der Krim und die direkte Verbindung nach Konstantinopel geblieben war.

Unzählige Kleinfunde auf dem Territorium der Stadt weisen Cherson selbst in dieser Zeit als diversifiziertes Handelszentrum aus, in dem Fischerei, Salzgewinnung, Weinbau und Handel sowie Viehzucht lukrative Gewinne für ihre Einwohner und byzantinische Händler versprachen. Die Stadt fungierte unverändert als hochentwickeltes Handwerkszentrum, in dem Töpfer, Steinmetze, Goldschmiede, Weber, Glasbläser und Knochenschnitzer gleichermaßen zu Hause waren. Die schriftliche Überlieferung dokumentiert, dass die Inanspruchnahme handwerklicher Fertigkeiten und Erzeugnisse den Chersoniten durch die Nomaden der Steppengebiete mit Pelzen, Bernstein und Getreide vergütet wurde, Waren, die von hieraus wiederum im gesamten byzantinischen Reich gehandelt wurden. Wie eingangs erwähnt, war die Stadt wegen ihrer exponierten Position als Fernhandelszentrum die einzige unmittelbare Verbindung zwischen Konstantinopel und den nomadischen Steppenreichen, womit sie für beide Seiten von kaum zu unterschätzender Bedeutung war.

Die Vormacht der Chazaren in den Steppen des südlichen Russland wurde im 10. Jahrhundert durch das kurzzeitige Vordringen der Kiever Rus' beendet. Nachdem die Byzantiner bis zur Mitte des 11. Jahrhunderts ihre Kontrolle zumindest über Cherson und dessen unmittelbare Umgebung wieder zurückgewonnen hatten, kam es zu mehreren Abkommen zwischen Konstantinopel und den Kiever Rus'. Handelsverträge garantierten die Stellung Chersons als Zentrum des internationalen Fernhandels und quotierten den wechselseitigen Warenaustausch. Produkte aus den Agrar- und Waldgebieten Osteuropas wie Fisch, Salz und Getreide oder

Wachs, Leder und Pelze aus Russland oder Alaun aus Kleinasien gelangten nach Byzanz und in den Mittelmeerraum, umgekehrt kamen byzantinische Luxuswaren wie Öl, Wein, Textilien, Wolle, Seide und Gewürze nur über Cherson nach Ost- und Nordeuropa. Die auf der Krim gefundenen Amphoren und Keramikprodukte aus allen Teilen des Mittelmeerraumes sind der schlagende Beweis für die wirtschaftliche Blüte und bedeutende Stellung der Stadt im 10. Jahrhundert.

Die ökonomische Blüte des byzantinischen Fernhandelszentrums Cherson im 10. und 11. Jahrhundert ist auf vielfältige Weise archäologisch nachweisbar: Obwohl die Münzwirtschaft in dieser Zeit nach wie vor dominant war, weisen doch die vertraglich fixierten Tauschraten von byzantinischen und nomadischen Gütern bereits darauf hin, dass die pragmatische Akzeptanz von Tauschgeschäften ein Bestandteil byzantinischer Politik wurde, um mit den steppennomadischen Reichen permanente Geschäftsbeziehungen unterhalten zu können. Ein spürbarer Rückgang der Prägung von Bronzemünzen in Cherson und ihres Umlaufes auf der Krim während des 10. Jahrhunderts bestätigt diese Annahme.

Mit dem Auftreten der (nomadischen) Kumanen während der zweiten Hälfte des 11. Jahrhunderts begann die Bedeutung Chersons als internationales Fernhandelszentrum schliesslich zu schwinden. Das seit dem Ende des 11. Jahrhunderts nochmals erkennbar zurückgehende Münzaufkommen in Cherson und seinem Umland zeigt deutlich, dass die nomadische Wirtschaftsweise und die sie praktizierenden, vor allem kumanischen Stämme rasch zum bestimmenden Faktor der Wirtschaft auf der Krim geworden waren: Solange der Handel im nördlichen Pontosraum von Konstantinopel aus kontrollierbar blieb, war er durch die damit verbundene Möglichkeit, Zölle und Abgaben zu erheben, auch lukrativ für das Byzantinische Reich. Hatte Cherson seit dem im 7. Jahrhundert beginnenden Vordringen nomadischer Stammesverbände bereits kontinuierlich an politischer Bedeutung dadurch verloren, dass sich das byzantinische Territorium an der nördlichen Küste des Schwarzen Meeres im Wesentlichen auf die Kontrolle der Meerengen und befestigten Niederlassungen auf der Halbinsel Krim beschränkte, wurden Stadt und Hinterland nun auch wirtschaftlich für den Kaiser uninteressant.

Als sich spätestens seit dem 12. Jahrhundert die byzantinische Bevölkerung auf der Krim lediglich auf die Einwohner weniger verbliebener Städte reduziert hatte und die Halbinsel hauptsächlich von eben jenen kumanischen Stämmen besiedelt wurde, begann das Byzantinische Reich, die Region aufzugeben. Nicht nur der Fall von Konstantinopel 1204 dürfte Kaiser Michael VIII. Palaiologos also Mitte des 13. Jahrhunderts schließlich veranlasst haben, das byzantinische Monopol des Schwarzmeerhandels den Genuesern zu überlassen. Der aus byzantinischer Perspektive ökonomische Bedeutungsverlust der Krim und der durch die Wirtschaft des Reiches nicht mehr steuerbare Handelsverkehr taten ein Übriges.

Dass jedoch die ökonomische Prosperität einer Stadt oder ihre soziale Vitalität nicht allein am nachweisbaren Münzumlauf oder dem Ausstoß ihrer Prägestätte beurteilt werden dürfen, zeigt sich am Beispiel Chersons spätestens seit dem 12. Jahrhundert in exemplarischer Weise. Cherson war durch die Nomadeneinfälle zu einer Grenzstadt des byzantinischen Reiches und zum nördlichsten Vorposten der kaiserlichen Zentralverwaltung geworden. Das manifestiert sich vor allem am Stadtbild: Gegenüber den Pracht- und Repräsentationsbauten einer antiken Stadt dominierten nämlich seit dem 9. und 10. Jahrhundert Verteidigungsmauern und -anlagen. Dass die Einwohnerzahl der Stadt trotz dieser prekären militärischen Lange bis ins 13. Jahrhundert nicht abnahm, sondern offensichtlich sogar anwuchs, zeigen sowohl der Ausbau der Wohnviertel als auch die konstante Belegung der christlichen Nekropolen.

Mit dem Ausbau der Wohnviertel ging allerdings eine entscheidende Veränderung der städtischen Topographie einher, die nur mit Veränderungen in der Sozialstruktur der Einwohnerschaft zu erklären ist. Das öffentliche Leben verlagerte sich augenscheinlich vom antiken Stadtzentrum auf zahlreiche kleinere Zentren an der Peripherie: Neben den Kirchenbauten und Friedhöfen, die in der Regel Mittelpunkte dieser neuen Zentren bildeten, wurden nun keine gewöhnlichen Wohnhaustypen mehr errichtet, sondern Kleinbauernhöfe, die auf eine grundlegend veränderte Wirtschaftsweise auch der sesshaften städtischen Bevölkerung schließen lassen. Obwohl eindeutige Belege für eine ethnische Verschmelzung von Chersoniten und nomadischer Bevölkerungsmehrheit fehlen, gibt es Anhaltspunkte, die eine grundsätzliche Annäherung beider Seiten auch auf dem Stadtgebiet nahelegen.

Blieben noch bis ins 11. Jahrhundert große Flächen hinter den Verteidigungsmauern der Stadt nach antiker Tradition aus Sicherheitsgründen unbebaut, so begann man im 12. Jahrhundert schließlich mit der dichten Bebauung auch dieser Areale. Dass die städtische Bevölkerung Chersons offenbar die äußere Bedrohung durch die Nomaden als gering wahrnahm, zeigt auch die Vernachlässigung der Verteidigungseinrichtungen, an denen noch bis ins 11. Jahrhundert regelmäßig umfangreiche Instandsetzungsmaßnahmen durchgeführt wurden. Gründe hierfür dürften vermutlich in der peripheren Lage der Stadt am Rande des byzantinischen Reiches und der permanenten Gemeinschaft der Chersoniten mit nomadischen Stämmen zu sehen sein, die allmählich gesamtbyzantinische Loyalitäten zugunsten eines chersonitischen Autonomismus verschob. Das dokumentieren auch die sich seit dem 11. Jahrhundert häufenden Aufstände gegen die byzantinische Zentralregierung und deren Repräsentanten, als deren Beteiligte reguläre Einwohner von Nomaden bald kaum mehr zu unterscheiden waren.

Nachdem die Chersoniten durch die Aufgabe des byzantinischen Handelsmonopols von der Reichsverwaltung abgekoppelt waren und nahezu auf sich gestellt agieren konnten, dürfte die Nähe zu ihrer unmittelbaren sozialen und ökonomischen Umgebung, also den Nomaden und ihren Lebensweisen, proportional zur wachsenden Distanz gegenüber dem byzantinischen Kaiser sogar noch größer geworden sein.

Der mit den Einfällen nomadischer Stammesverbände, namentlich der Petschenegen und Kumanen, im 11. bzw. 12. Jahrhundert einsetzende Rückgang des Münzaufkommens und -umlaufes ist kein Indiz für infrastrukturelle Substanz- oder ökonomische Prosperitätsverluste Chersons: Jene Prozesse, die zur Umstellung der Handelsmethode, der Übernahme des Tauschhandels, und der teilweisen Modifizierung sesshafter

Lebensgewohnheiten an die Gewohnheiten der umgebenden nomadischen Mehrheit durch die städtische Bevölkerung geführt haben, lassen das byzantinische Cherson zwischen dem 10. und 13. Jahrhundert letztlich zum Beweis dafür werden, dass nicht nur die Teilintegration einer sesshaften in eine nomadische Bevölkerung möglich war, sondern diese auch unter Beibehaltung eines urbanen Rahmens erfolgen konnte.

Mittelasiatische Schafe und russische Eisenbahnen:
Raumgreifende eurasische Lammfell- und Fleischmärkte in der Kolonialzeit

WOLFGANG HOLZWARTH

LONDON/BUCHARA – Das Titelblatt der Illustrated London News vom 10. September 1910 zeigt den Innenhof einer Karawanserei in Buchara. Einige Männer in Turbanen und Baumwollmänteln präsentieren einem tatarischen Aufkäufer schwarze Lammfelle der Schafrasse, die man damals in England unter dem Namen 'Astrakhan' – in Deutschland eher als 'Persianer' oder 'Karakul' – kannte. Die Illustrierte berichtete:

»From Bukhara some million and a half astrakhan skins are sent each year to Europe and to America, and during the buying season such scenes as this, which shows a buyer engaged by Messrs. Révillon Frères purchasing skins, are common in the marketplace. The lambs whose skins are known as astrakhan are specially bred for the purpose and some flocks contain as many as 5,000 heads. The skins are roughly dressed before being exported. Experiments have been made in the breeding of lambs for astrakhan in various parts of Asia and Europe, but it is claimed that Bukhara alone provides the best lambs for the purpose.«

Die Geschichte hinter dieser Zeitungsmeldung ist eine Facette der kolonialen Durchdringung der Lebenswelten mittelasiatischer Nomaden.

Europa braucht Persianer-Lammfelle und Buchara liefert

Schon seit langem exportierte Buchara fein gelockte Lammfelle nach Russland und Persien, wo sie vorwiegend zur Herstellung von Mützen und zur Unterfütterung von Mänteln benutzt wurden. In Europa hießen diese Lammfelle Astrakhan, weil sie einst über die gleichnamige russische Stadt am Nordufer des Kaspischen Meeres in das Russische Reich gelangten. Von dort startete jährlich im Oktober eine Karawane, um den monatelangen gefährlichen Weg nach Chiwa und Buchara zurückzulegen.

Lammfelle zählten bereits im ersten Teil des 18. Jahrhunderts zu den in Russland gefragtesten bucharischen Waren. Ein englischer Graf, der 1764 seinen 'schwarzen, mit astrakhan unterfütterten Seidenmantel' erwähnt, liefert uns den frühesten Hinweis auf die Verbreitung dieses Statussymbols in Westeuropa.

Im 19. Jahrhundert ließen dann drei Faktoren die Lammfell-Exporte aus Buchara sprunghaft ansteigen. Erstens stieg die westeuropäische Nachfrage im Zusammenhang mit der im 19. Jahrhundert kreierten Persianermode. Ein Meilenstein dieser Entwicklung ist die Londoner Pelzmesse von 1851, auf der ein stattliches Persianer-Angebot anzeigt, dass diese Lammfelle dabei waren, Eingang in den weltweiten Pelzhandel zu finden. Ein weiterer Schub erfolgte 1885, als man in Paris eine Persianerjacke vorführte, die der neuen Pelzmode entsprechend mit der Fellseite nach außen getragen wurde. In dem Maße, in dem die Persianermode immer breitere Schichten erfasste, zog die Nachfrage stetig an.

Zweitens erlebte Buchara, das noch um 1860 für Russen fast so unerreichbar wie Lhasa war, eine gewaltsame wirtschaftliche Öffnung, als es unter, wenn auch indirekte, russische Kolonialherrschaft kam. Nach militärischen Niederlagen und Gebietsabtretungen wurde Rest-Buchara 1868 ein Protektorat des Zarenreiches und sein Gebiet auf Druck der neuen Vormacht für Händler russischer Staatsangehörigkeit geöffnet, die sich in kolonialen Vorstädten niederließen.

Drittens forcierte das Zarenreich die Anbindung des Protektorats Buchara an das russische Schienen- und Telegrafennetz. Als die transkaspische Eisenbahnlinie 1888 Buchara-Neustadt erreichte, wurde der Personen- und Güterverkehr zwischen Buchara und Russland billiger und bequemer als im herkömmlichen Karawanenverkehr. Zunehmend fanden sich nun westeuropäische Kaufleute in Buchara ein, darunter auch Vertreter von Firmen aus Leipzig, das sich im 19. Jahrhundert zur Pelzhauptstadt Europas entwickelte.

1833 exportierte Buchara schätzungsweise 200.000 Persianer-Lammfelle, mehr als die Hälfte davon damals noch nach Persien, in das Osmanische Reich und nach China. Seit Mitte des 19. Jahrhunderts führte die anwachsende westeuropäische Nachfrage, gepaart mit der Anbindung Bucharas an das Russische Reich, zu sprunghaften Zuwächsen der jährlichen Persianer-Lieferungen aus Buchara nach Russland bzw. über Russland nach Westeuropa. Noch bis in die 1840er Jahre hinein waren es jährlich etwa 50.– 75.000 Felle, 1879 bereits 500.000, 1903 eine Million und 1912 schließlich zwei Millionen Felle, die Buchara Richtung Russland ausführte. Damals machte der Wert der Persianer-Exporte 40 Prozent der bucharischen Ausfuhren aus und stand somit nur noch der Rohbaumwolle nach, die gleichzeitig eine ebenso stürmische Entwicklung erlebt hatte. Binnen weniger Jahrzehnte hatten die russisch-bucharischen Wirtschaftbeziehungen typische Züge des Kolonialhandels angenommen, in dem die politisch und wirtschaftlich abhängigen Ränder des Weltsystems Rohstoffe gegen Fabrikwaren der dominanten Zentren tauschen, in unserem Fall vorwiegend gegen Textilien, Zucker und Eisengeräte russischer Produktion. Hier wie dort sind Änderungen der Konsummuster, etwa im Bekleidungsstil der Frauen, sichtbarer Ausdruck intensivierter Handelsbeziehungen und Marktverflechtungen.

Während in Europa der Persianermantel in die Alltagskultur einging, verbreiteten sich in Buchara – räumlich ausgehend von den neuen Bahnstationen – Kleider aus billigen bunten russischen Importstoffen, die heimhandwerklich hergestellte lokale Baumwollstoffe verdrängten.

Typen mobiler Schafzucht in Mittelasien und Auswirkungen des Karakul-Booms

Nicht jedes in Buchara gezüchtete Schaf lieferte die auf dem Weltmarkt nachgefragten Persianer-Lammfelle, sondern nur die im Land selbst 'arabisch' genannte Rasse, ein kleines Wollschaf, dessen Zucht traditionell eine Domäne der mittelasiatischen Araber war. Es handelt sich dabei um eine relativ kleine ethnische Gruppe, die als Nachkommen frühislamischer arabischer Eroberer galt und zum Teil noch Arabisch sprach, und die wir hier – wie in Buchara selbst – Arab nennen wollen. Nicht alle Arab waren Viehzüchter; einige betrieben Bewässerungslandwirtschaft, andere waren Handwerker oder Händler. In der Stadt Buchara ansässige Arab beschäftigten sich mit Lammfellhandel und -verarbeitung oder sie waren Schafhändler und -makler. 1820 schätzte ein Gesandter des Zaren die bucharischen Arab auf insgesamt 50.000 Personen. Ihre Siedlungen und Streifgebiete lagen damals vorwiegend im trockenheißen Westen und Süden Bucharas, dessen Sandwüsten und Sandsteppen ganzjährig Futter, wenn auch bei äußerst spärlicher Pflanzendichte, für genügsame Weidetiere bereithalten. Das 'arabische' Schaf gedeiht gut an diesen heißen, trockenen und salzigen Standorten, und verträgt das aus den Ziehbrunnen geschöpfte, oftmals stark salzhaltige Wasser.

Die 'arabischen' Schafherden und Schäfer hielten sich ganzjährig in ein und derselben ökologischen Zone auf und zogen dort in relativ kleinräumigen Bewegungen von Brunnen zu Brunnen. Feste Wanderrouten sind in diesem Typ des nahezu 'stationären' Nomadismus, bei dem die Hirten und ihre Familien jährlich kaum mehr als 50–80 km zurücklegen, nicht auszumachen. Das Schreiben eines bucharischen Herrschers belegt immerhin, dass Arab um 1800 auf ihren jährlichen Wanderungen die Grenze zwischen den Gebieten der Städte Qarshi und Buchara passierten. Ein Kerngebiet dieser Form der Schafzucht war der südwestlich der Stadt Buchara liegende Bezirk Karakul, dem das 'arabische' Schaf seine heute bekanntere Bezeichnung verdankt.

Einen zweiten Typ des Nomadismus im weiteren Umkreis von Buchara repräsentiert die traditionelle Wirtschafts- und Lebensform der Kasachen, die mit ihren Tieren jährlich Entfernungen von bis zu 800 und 1.000 km zurücklegten, und dabei unterschiedliche ökologische Zonen durchquerten und nutzten. Da diese Fernwanderungen ganz überwiegend in Nord-Süd-Richtung erfolgten, spricht man auch vom 'meridionalen' Nomadismus. Kasachische Winterquartiere lagen in Sandwüsten und Flussuferzonen im Norden Bucharas, ihre Sommerweiden in den Gras- und Krautsteppen unweit der sibirischen Waldzone. Das kasachische Schaf ist ein grobwolliges Fettschwanzschaf, deutlich größer als das arabische. Sein ausgeprägter Fettschwanz kann stattliche Energiereserven für lange Wanderungen speichern. Sein Fleisch und Fett wurde in bucharischen Küchen hoch geschätzt.

Einen dritten Typ des Nomadismus finden wir schließlich im Osten Bucharas. Die Nomaden nutzen in saisonalen Bewegungen die unterschiedlichen ökologischen Bedingungen auf diversen Höhenstufen des von 500 auf 4.000 m ansteigenden Geländeprofils der dortigen

Berglandschaft: mit Winterlagern in den Tiefebenen und Hauptstromtälern und Sommerlagern in subalpinen und alpinen Zonen. Dabei wurden Entfernungen von 50–500 km zurückgelegt. Weil es sich dabei typischerweise immer auch um Bewegungen bergauf und bergab handelt, nennt man diesen Typ auch 'vertikalen' Nomadismus. Diese Form der mobilen Weidewirtschaft praktizierten – wenn auch selten ausschließlich, sondern meist in Verbindung mit landwirtschaftlichen Aktivitäten – usbekische Stammesgruppen. Das von ihnen gezüchtete Fettschwanzschaf ist kleiner als das kasachische, und sowohl als Fleisch-, Woll- und Milchlieferant geschätzt.

Die monokulturartige Ausrichtung der Schafzucht des russischen Protektorats Buchara auf den Persianer-Markt konnte nicht ohne Auswirkungen auf das Ensemble der weidewirtschaftlichen Nutzungsformen bleiben. Das Anwachsen der Karakul-Schafherden von etwa 400.000 (1833) auf vier Millionen (1912), das wir grob aus den Jahresexportziffern ableiten können, war nur möglich, weil die Zucht der arabischen Schafe über ihre angestammte ökologische Nische ausgegriffen hat. Sie wurde in Steppenareale verpflanzt, auf denen auch die etwas anspruchsvolleren Fettschwanzschafe geweidet und getränkt werden können, wie etwa in die so genannte Mittelsteppe (Orta-Chul) südöstlich der Stadt Buchara, die einem ungarischen Reisenden (im Sommer 1863) eher als eine mittlere Wiese erscheinen wollte, denn als eine der Sandwüsten, die er im Westen von Buchara durchquert hatte. Diese Mittelsteppe war bereits um 1880 ganz von Karakul-Schafen besetzt. Seit 1890 begann sich die Karakul-Schafzucht noch weiter auszudehnen, hinein in die Berg-Gebiete Ost-Bucharas und des russisch verwalteten Bezirks Samarkand.

Die Karakul-Schafzucht hatte sich also weit über ihre alte Heimat hinaus ausgebreitet. Ähnlich breitete sie sich in der Gesellschaft aus. Zu den Arab, die seit alters auf diesen Wirtschaftszweig spezialisiert waren, gesellten sich neue ethnische und soziale Gruppen, die am lukrativen Karakul-Boom teilhaben wollten. Etwa die Turkmenen, die im Bezirk Karakul und am Ufer des Amu-Darya in unmittelbarer Nachbarschaft zu den Arab lebten. Eine Gruppe von Ersari-Turkmenen war es auch, die um 1895

die Karakul-Schafzucht in Ost-Buchara einführte. Daneben traten zunehmend auch Karakul-Züchter, deren ethnische Zuordnung unbestimmt
oder vage ist. Reiche Städter ohne jeglichen nomadischen Hintergrund
kauften Schafe, erwarben Weiderechte und engagierten Lohnhirten, um
ihre oftmals riesigen Herden zu beaufsichtigen. Am unteren Ende der
sozialen Skala stehen arme Bauern, die sich einige Karakul-Schafe zuleg-
ten, um durch den Verkauf der Lammfelle zu etwas Geld zu kommen.

Fleischmärkte, Viehhandelswege und Thünen'sche Ringe

Das allgemeine Karakul-Fieber ist nur ein Aspekt der Eingliederung der
mittelasiatischen Viehwirtschaft in ein Europa-zentriertes Marktsystem.
Ein zweiter Aspekt ist die Herausbildung eines eurasischen Fleischmarkts,
der sich ebenfalls mit dem russischen Schienennetz räumlich ausdehnte.

Zum einen wurden die Fleischvieh-Überschüsse der kasachischen
Nomaden durch den russischen Fleischmarkt angezapft, als die Eisenbahnlinie 1877 die russische Stadt Orenburg in Süd-Sibirien, einen wichtigen nördlichen Handelsplatz der Kasachen, erreichte. Hatten die Kasachen
in der ersten Hälfte des 19. Jahrhunderts noch jährlich 100.000 Fettschwanzschafe nach Süden, auf die Fleischmärkte von Buchara, verkauft,
so kehrte sich nun die Richtung des Viehhandels um. Schafe als Schlachtvieh wurden nun von Süden nach Norden verkauft. Städte am Sir-Darya,
die den kasachischen Weidegebieten näher als Buchara lagen, wurden aus
bzw. über Buchara mit Lebendvieh versorgt. Mit dem Schienenanschluss
von Buchara (1888), Samarkand (1888) und Taschkent (1905) gingen auch
Schaftransporte aus Mittelasien bis in das europäische Russland. Darüber hinaus wollte auch das russische Militär- und Verwaltungspersonal
von Turkestan, die russischen Pionier- und Händlergemeinden in den
kolonialen Neustädten mit Fleisch versorgt werden. Zugleich hatten aber
der Karakul- und der Baumwoll-Boom auf unterschiedlichen Wegen dazu
beigetragen, dass das für die Fleischproduktion (Fettschwanzschafe) wei-
dewirtschaftlich nutzbare Areal in Buchara so stark schrumpfte, dass dieses kaum seinen eigenen Bedarf decken konnte.

Die Auswirkungen dieser Konstellation sind seit etwa 1880 in zunehmenden Schafimporten aus Nordafghanistan nach Buchara zu beobachten. Regionen, aus denen Fleischviehüberschüsse aus extensiver
Weidewirtschaft (des vertikalen Typs) bis dahin nach Süd-Afghanistan,
in den Raum Kabul, gegangen waren, verkauften nun ihre Fettschwanzschafe Richtung Buchara und Samarkand, wo Schafpreise stark angestiegen waren. Der Amir von Afghanistan versuchte, im Interesse seiner
Residenzstadt Kabul, sich dieser Entwicklung mit allen möglichen Mitteln entgegenzustemmen: mit Versuchen, den Schafhandel zu mono-
polisieren, ihn durch steigende Exportzölle zu drosseln, und schließlich
auch ganz zu verbieten. Um 1900 patrouillierten afghanische Soldaten
an der afghanisch-bucharischen Grenze, die den Befehl hatten, scharf auf
Schafschmuggler zu schießen, und die gelegentlich auch Kabul von Erfolgen in solchen Scharmützeln unterrichteten.

Den Bemühungen Kabuls stand die Kaufkraft der Händler aus
Buchara und Samarkand gegenüber, die in Profit-Partnerschaften mit
usbekischen Schäfern jährlich Hunderttausende von Schafen aus Nordafghanistan schleusten. Ein Schaf wurde um 1890 in der Nordostprovinz
Afghanistans gegen den Wert von eineinhalb Kilo russischer Zuckerraffi-
nade getauscht.

Märkte entfalten, indem sie Warenströme lenken und umlenken,
offenbar Kräfte, die großräumige Beziehungs- und Ordnungsmuster prägen. Der Wirtschaftsgeograph von Thünen entwickelte ein Modell, das die
Ausrichtung des Um- und Hinterlandes auf die Versorgung von Groß-
städten wie London und Paris schematisch erfassen sollte. Wesentliche
Variablen sind dabei die mit Stadtnähe steigenden Boden- und Produk-
tionskosten, sowie die mit der Entfernung steigenden Transportkosten.
Eine Serie konzentrischer Kreise umgibt in diesem Modell die Stadt und
übernimmt jeweils spezifische Versorgungsfunktionen. Während die
Zone der Gemüseversorgung relativ nahe liegt, sind die am Viehhandel
beteiligen Zonen, insbesondere die Zonen der extensiven Viehwirtschaft,
am weitesten abgelegen. Das Wachstum der Städte bewirkte, wie Fern-
and Braudel zeigt, dass Venedig bereits im 15. Jahrhundert das benötigte

Schlachtvieh (Rinder) in Ungarn aufkaufen musste, und Istanbul im 16. Jahrhundert die Schafherden des Balkans verzehrte. Solange das Schlachtvieh nicht verladen werden konnte, mussten seine Marschleistung und die Futterkosten auf dem Weg zu den Fleischmärkten die Entfernung der viehwirtschaftlichen Zone zum Konsumenten-Zentrum begrenzen. Die neuen Bahntrassen erlaubten es nun, wohl kaum vorab geplant, Lebendvieh aus immer weiter entfernten Gegenden zur Versorgung der Städte heranzuziehen.

Es wird sich kaum nachweisen lassen, dass ein am Hindukusch gezüchtetes Schaf um 1900 nach Hunderten von Kilometern Viehtrieb und tausenden von Kilometern Bahnfahrt in einem Moskauer, Warschauer oder Berliner Fleischtopf landete. Klar ist aber, dass ein transkontinentales Fleischpreisgefälle, Schlachtvieh wie in einem großen Saugrüssel in eben diese Richtung aus Mittelasien abzog. Jeder einzelne Abschnitt der langen Strecke ist gut belegt: die Viehtriebe aus Nordafghanistan nach Buchara und Samarkand, die Lebendviehtransporte aus Buchara und Taschkent nach Orenburg und ins europäische Russland, und schließlich auch die Viehtransporte aus Russland nach West-Europa, die um 1890 an dritter Stelle der russischen Ausfuhren nach Westen standen. West-Europa, der Endpunkt der neuen Viehhandelsrouten, glich somit der Großstadt in Thünens noch auf Nationalökonomie zugeschnittenem Modell. Diesem Wirtschaftszentrum ordneten sich um 1900, vermittelt über Russland, letztlich auch Mittelasien und Nordafghanistan als viehwirtschaftliche Versorgungszonen zu.

Mit einer Tuaregkarawane
durch die Sahara

GERD SPITTLER

KHADA und seine Begleiter haben sich seit Wochen auf die Bilma-Karawane vorbereitet. Am 21. September 1980 ist es soweit. Um fünf Uhr morgens stehen wir auf, frühstücken, die Kamele werden gefüttert und beladen. Um sechs Uhr brechen wir auf. Es wird kein einziges Mal gerastet oder angehalten, bis Khada nachts um 23 Uhr, d.h. nach 17 Stunden Marsch, das Leitkamel sich niederlegen lässt und damit das Zeichen zum Anhalten gibt. Zu dieser Karawane, die vom Aïrgebirge durch die Wüste *(tenere)* zu der Salzoase Bilma zieht, gehören zehn Männer und 150 Kamele. Tagsüber muss natürlich gegessen und getrunken werden: im Gehen. Einmal trinken wir sogar einen heißen Tee. Auch hier erfolgen die Zubereitung und das Trinken im Gehen. Ein richtiges Essen gibt es erst nach dem Anhalten in der Nacht. Zuerst müssen aber die Kamele abgeladen und gefüttert werden. Dann wird gekocht, um Mitternacht wird gegessen, und kurz danach sinken wir in den Schlaf. Der dauert aber nicht lange, denn der nächste Tag sieht nicht anders aus als der erste. So geht es sieben Tage lang, bis wir in Dirkou ankommen.

›Es gibt keine Arbeit in der Welt, die so viel Plackerei kennt wie die *taferde* (Bilmakarawane)‹ – so formuliert Khada bündig sein Urteil über die Anstrengungen. Warum wird die Karawane zu einer solchen Eile gezwungen, warum kann sie sich nicht mit kleineren Tagesleistungen zufrieden geben? Es gibt auf der 500 km langen Strecke nur einen Brunnen. Selbst die genügsamen Kamele müssen in dieser heißen Jahreszeit nach fünf Tagen Wüstenmarsch Wasser trinken. Wichtiger noch ist ein anderer Grund: Die Kamele müssen für die dreiwöchige Reise ihr gesamtes Futter mitnehmen.

Khada ist ein *madugu*, ein Karawanenführer. Von allen Männern, die an der Karawane teilnehmen, ist er am stärksten belastet. An den meisten Tagen während des Wüstenmarsches gibt es keine Orientierungspunkte für den richtigen Weg. Der Führer ist darauf angewiesen, tagsüber die Richtung nach seinem eigenen Schatten zu bestimmen (vor allem um die Mittagszeit ein schwieriges Unterfangen), nachts – das ist wesentlich leichter – nach den Sternen. Das Auftauchen des Orion zeigt ihm an, wann es Zeit zum Anhalten ist. Da der Führer immer auf die Orientierung achten muss, kann er nicht wie die anderen tagsüber auf dem Kamel ein kurzes Nickerchen machen. Um dieser Gefahr vorzubeugen, geht er im Gegensatz zu den anderen fast ausschließlich zu Fuß. Der Führer muss immer Ruhe bewahren. Er darf nicht in Angst und Panik verfallen, wie es vielen Tuareg ergeht, wenn sie tagelang bis zum Horizont nichts als eine weite Sandfläche sehen.

Da die Tuareg sehr autoritätsempfindlich sind, wird die Führung einer Karawane zu einem delikaten Problem. Die Autorität des Führers erstreckt sich nur auf die Wüstenstrecke, außerhalb folgt ihm niemand. Er erteilt auch in der Wüste keine Befehle, sondern wirkt durch seine Handlungen als Vorbild. Er gibt zum Beispiel kein Kommando zum Starten oder zum Abladen, sondern er bricht ohne ein Wort auf und hält ebenso an.

Besitzt der Führer außerhalb der Wüstenstrecke keine Autorität, so ist er doch eine respektierte Person. Er wird das ganze Jahr über als *madugu* (Führer) angeredet. Für seine Leistung erhält er keine Bezahlung, nicht einmal ein kleines Geschenk. Er ist daher nicht daran interessiert, eine große Karawane zu führen, deren Schwerfälligkeit hinderlich ist und die die knappen Ressourcen beim Grasschneiden und Tränken fühlbar werden lässt. Seine Strategie ist eher darauf gerichtet, die Karawane klein zu halten, indem er zum Beispiel den Abreisetermin nicht bekannt gibt oder eine Gruppe, die mit dem Grasschneiden noch nicht fertig ist, vor Eintritt in die Wüste zurücklässt.

Karawanenführer wird man, indem man einmal selbstständig eine Karawane durch die Wüste führt und Mensch und Tier lebend zurückbringt. Da andere in einem solchen Fall ungern als Testpersonen dienen, besteht die Karawane hier in der Regel nur aus abhängigen Verwandten und deren Kamelen. Khada war es 1965 passiert, dass er im Aïr zurückgelassen wurde, weil er mit dem Grasschneiden nicht rechtzeitig fertig wurde. Er hatte die Wahl, umzukehren oder es allein mit seinen beiden Schwagern zu riskieren, die Wüste zu durchqueren. Er nahm das Wagnis auf sich, kehrte lebend zurück und war von da an als Führer anerkannt.

Trotz der großen körperlichen Strapazen schleppt sich die Karawane keineswegs still und müde durch die Wüste, allenfalls durch eine Fata Morgana aufgemuntert und dann wieder desillusioniert. Die Karawaniers nehmen die Wüste kaum wahr, weil sie ständig damit beschäftigt sind, zu singen, sich gegenseitig Geschichten und Klatsch zu erzählen und miteinander zu scherzen. Nur in den brütendheißen Nachmittagsstunden hängen sie meist schläfrig auf dem Kamel.

Die Karawane wird auch oft durch laute Zurufe aufgemuntert: ›Das Gehen in der Wüste ist kein Spaß, sondern Arbeit!‹ – ›Die Karawane geht langsam, aber sie schläft weit entfernt!‹ – ›Unser Führer geht nicht in einer Schlangenlinie, sondern wie eine Naht!‹ – ›Morgen wollen wir kürzer treten!‹ Das letztere ist ein dezenter Hinweis an den Führer, dass man jetzt müde ist und er bald anhalten soll.

Der *madugu* geht grundsätzlich an der Spitze der Karawane. Darin drückt sich mehr als eine räumliche Anordnung aus. Es bedeutet, dass er immer alleine und von den anderen getrennt ist. Der *madugu* blickt nie nach hinten, sondern nur nach vorn. Dort sieht er nichts als die Wüste. Er beobachtet tagsüber die Geländeformationen und Schatten, nachts den Stand der Sterne. Er redet nicht mit den anderen, sondern kennt als Gegenüber nur die Wüste. ›Die Wüste versteht keinen Spaß, hier gilt nur die Wahrheit. Man muss immer aufpassen‹, antwortete mir einmal Khada, als ich ihn fragte, warum er sich nie an den Unterhaltungen der anderen beteilige.

Jede Karawane geht allein durch die Wüste, aber sie steht in einem latenten, manchmal auch offenen Wettstreit mit anderen Karawanen. Dies drückt sich u.a. in höhnischen Zurufen aus, wenn man unterwegs einer anderen Karawane begegnet. Befindet man sich auf dem Rückweg von Bilma und trifft eine Karawane, die nach Osten Richtung Bilma geht, dann ruft man ihr zu: ›Die Marschrichtung heißt Westen, nach Osten wendet man sich nur zum Gebet.‹ In der großen Wüste kreuzt man aber selten eine andere Karawane, allenfalls in der Nähe des Brunnens. Doch stößt man immer wieder auf ihre Spuren. Die Tuareg sind leidenschaftliche Spurendeuter. In solchen Spuren lesen sie wie in einem Buch: Wer hier gegangen ist, welche Kamele dabei waren, um welche Tageszeit sie die Stelle passierten, ob sie schnell oder langsam gingen, wer mit wem Tee getrunken hat, wer hier gebetet hat, usw.

Eine Karawane nach Bilma ist primär kein sportlicher Wettbewerb und auch kein Wanderverein, der die Natur genießt. Die Kel Ewey können der Wüste und ihren Dünen nicht wie ein europäischer Tourist ästhetische Reize abgewinnen, sondern drücken immer wieder ihr Entsetzen über den tödlichen Sand aus, der keinerlei Leben zulässt. Die Bilma-Karawane ist für sie harte Arbeit, mit der sie sich ihren Lebensunterhalt verdienen. Sie gehen nach Bilma, um dort Salz und Datteln zu kaufen, aus deren Verkauf in Südniger und Nordnigeria sie dann ihren Lebensunterhalt bestreiten.

Nach ihrer Rückkehr aus Bilma ruhen Männer und Kamele einige Wochen aus und ziehen dann ins Hausaland (Südniger und Nordnigeria). Der Aufbruch findet im Oktober/November statt, die Männer bleiben dann mit ihren Kamelen bis März, manchmal sogar bis Juni im Hausagebiet. Die Kel Ewey ziehen in kleinen Gruppen nach Süden. Die Reise ist an Beschwerlichkeit nicht mit der Bilma-Expedition zu vergleichen. Es gibt überall Weiden und Wasser und man legt täglich nur eine kurze Strecke zurück. Die Entfernung vom Aïr nach Kano in Nigeria beträgt etwa 900 Kilometer.

Was tun die Kel Ewey im Hausaland, und warum halten sie sich so lange dort auf? Eine ganze Reihe von Aktivitäten hält sie fest: Sie weiden ihre Kamele dort. Sie verkaufen auf den Märkten ihr Salz und ihre Datteln. Sie kaufen bei den Hausabauern ihr Grundnahrungsmittel Hirse. Sie kaufen auf den Märkten ihren Jahresbedarf an Kleidung, Sandalen, Tee, Zucker usw. ein.

Die Kanochronik erwähnt die Salztransporte der Tuareg ins Hausaland schon für die Mitte des 15. Jahrhunderts. Aus den Berichten der europäischen Reisenden im 19. Jahrhundert erfahren wir, dass Überfälle häufig waren. Die Razzien wurden von feindlichen Tuareg, von Tubu aus dem Tibesti und von Arabern aus verschiedenen Richtungen ausgeführt. Aus Sicherheitsgründen wurden meist große Karawanen mit militärischer

Eskorte organisiert. Das bot freilich keinen absoluten Schutz. Große Karawanen – sie umfassten häufig mehrere Tausend Kamele – stellten eine fette Beute dar, wobei weniger das Salz, bzw. die Hirse, sondern die Kamele das interessante Beutegut bildeten.

Im Jahre 1900 wurde die französische Kolonie Niger gegründet, zu der auch das Aïr, Bilma und der nördliche Teil des Hausalandes gehörten. Die Karawanen erlebten wechselhafte Zeiten. Anfang des 20. Jahrhunderts wurden immer noch Karawanen von Tubu und Arabern überfallen und in einigen Fällen auf einen Schlag über 1.000 Kamele geraubt. Deshalb wurde aus Sicherheitsgründen eine einzige, militärisch eskortierte Herbstkarawane organisiert. Aus den Zahlen der Kolonialverwaltung geht hervor, dass in manchen Jahren eine einzelne Karawane mit über 20.000 Kamelen nach Bilma aufbrach! Insgesamt war am Ende der Kolonialzeit (1950er Jahre) die Zahl der teilnehmenden Kamele, die in zahlreichen Karawanen nach Bilma gingen, größer als je zuvor. Für die Zeit seit der Unabhängigkeit Nigers (1960) besitzen wir keine entsprechenden Zahlen. Begründete Vermutungen gehen davon aus, dass sie bis in die 1980er Jahre nicht wesentlich unter denen der 1950er Jahre lagen.

Seit Beginn der Kolonialzeit wurde in regelmäßigen Abständen der Tod der Salzkarawanen verkündet. So wurde nach Fertigstellung der Eisenbahn Lagos-Kano im Jahre 1911 mit dem Ende der Karawanen gerechnet, weil jetzt das teure Bilmasalz durch billiges Meersalz verdrängt würde. Seit den 1980er Jahren wird argumentiert, dass Lastwagen den Transport des Bilmasalzes übernehmen würden. Bisher haben sich alle diese Voraussagen als falsch erwiesen. Die Karawanen transportieren auch zu Beginn des 21. Jahrhunderts noch Salz von Bilma ins Hausaland. Die Nachfrage nach Bilmasalz blieb hoch, weil bei wachsenden Viehbeständen mehr Salz benötigt wurde.

Heute wird auch Salz durch Lastwagen aus Bilma abtransportiert, aber die Kosten sind hier so hoch, dass dies nicht zu einer Preissenkung für Bilmasalz und einem Verdrängen der Karawanen geführt hat. Andere Geschäfte sind wesentlich lukrativer. So ist der Militärflugplatz von Dirkou heute ein großer Umschlagplatz für Zigaretten, die von dort aus mit Autos in die nordafrikanischen Länder geschmuggelt werden. Das alles heißt nicht, dass die Karawanen auch in Zukunft weiter bestehen werden. Für Karawaniers mögen sich lukrativere und weniger anstrengende Erwerbsquellen eröffnen: Gartenanbau im Aïr, reine Viehhaltung (Kamele und Ziegen) ohne Karawane, Wanderarbeit in Nordafrika. Wichtig ist auch, dass die Versorgung der Tuareg im Aïr heute nicht mehr allein durch Karawanen gesichert wird. Die Lastwagen der lokalen Kooperativen versorgen heute zahllose Läden in den Oasen mit den begehrten Waren aus dem Süden. Aber gerade in Krisenzeiten bewähren sich wieder die Kamele. Während der Tuaregrebellionen in den 1990er Jahren und erneut seit 2007 kam der zivile Autoverkehr im Aïr zum Erlahmen, während die Karawanen weitgehend unbehelligt blieben.

Die großen, mit der Bilmakarawane verbundenen Anstrengungen sind für die Kel Ewey ein Grund, sie aufzugeben. Anders sehen es zivilisationsmüde Europäer, die ein besonderes Abenteuer suchen. Was zur Zeit der Bilmakarawane des Autors (1980) noch eine Ausnahme war, ist heute immer häufiger zu beobachten: Europäer, Amerikaner oder Japaner, die eine solche Karawane begleiten. In Reisekatalogen werden Begegnungen mit Karawanen versprochen. Liegt die Zukunft der Karawanen im Tourismus? Für die meisten Touristen ist dieses Abenteuer zu anstrengend. Im Übrigen besteht der Reiz des Ethnotourismus im Aïr gerade darin, dass Tuareg bei ihren traditionellen Aktivitäten beobachtet werden können: beim Kamel- und Ziegenhüten, am Brunnen beim Tränken der Tiere, beim Gartenbau, bei der Bilmakarawane. Würden diese Aktivitäten entfallen, dann bliebe ein reiner Wüstentourismus ganz anderer Art übrig.

Suq sumbuq – Geheime Märkte im sudanesischen Bürgerkrieg

GUMA KUNDA KOMEY UND ENRICO ILLE

KRIEG und Frieden im Sudan; seit seiner politischen Unabhängigkeit im Jahre 1956 wechseln diese immer wieder ab. Zwar war meist nicht das ganze Land von Kämpfen betroffen, doch die Sudanesen hatten kaum die Möglichkeit, sich den Sudan ohne Gewaltkonflikte vorzustellen. Erst im Jahr 2005 wurde ein neuer Friedensvertrag zwischen der Regierung und der größten Rebellenbewegung, der »Sudan Peoples' Liberation Army« (SPLA), unterzeichnet – als offizielles Ende eines 22-jährigen Bürgerkriegs. Viele verschiedene Konflikte hatten den Krieg kompliziert. Die Bewohner des Südsudan fühlten sich von der Zentralregierung im Norden benachteiligt und kämpften für mehr Selbstbestimmung oder sogar Unabhängigkeit. Gleichzeitig versuchten mehrere südsudanesische Gruppen jeweils die Oberhand zu gewinnen. Die Zentralregierung bangte um ihre Macht; kämpfte und kämpft auch heute noch gegen Opposition und Rebellen im Norden, Westen, Osten und Süden.

Sesshafte Bauern fühlten sich von Nomaden bedroht, vertrieben und töteten sie. Nomaden fürchteten um ihre Weideflächen und kämpften gegen Bauern mit den Gewehren, welche die Regierung ihnen gab. Schnell füllten sich Häuser von Privatpersonen mit den Waffen, die ganz Afrika überschwemmen, russische Kalaschnikows und deutsche G3-Gewehre. Regierungen und Waffenfirmen aus aller Welt lieferten nach; Nachschub kam aus Saudi-Arabien und Iran, aus Großbritannien und den USA, auch aus europäischen Staaten wie Deutschland und Russland. So vermischten sich Folgen internationaler Interessen immer mehr mit den Konflikten lokaler Gruppen.

Jahrzehnte des Krieges zerstörten vieles, was an Solidarität und friedlichen Konfliktlösungen vorhanden war. Fronten schienen sich mehr und mehr zu verhärten. Dazu kam der Mangel an lebenswichtigen Gütern. Nur unter großen Gefahren konnten Medizin, Nahrungsmittel und Kleidung in die Kriegsgebiete gebracht werden. Besonders schwierig war die Situation in eingekesselten Gebieten wie den Nubabergen im Zentralsudan. Soldaten ernährten sich wochenlang nur von Notrationen wie getrockneten Datteln und waren oft ohne Munition isoliert, schwankend zwischen der Entscheidung, aufzugeben oder weiterzukämpfen. Die lokale Bevölkerung war schlecht versorgt und musste zudem noch unter den Angriffen der verfeindeten Truppen leiden. In dieser katastrophalen Situation entwickelte sich ein merkwürdiges Phänomen, bei dem Nomaden eine entscheidende Rolle spielten.

In einem Interview im Januar 2007 berichtete ein ranghoher Offizier der SPLA von geheimen Märkten im Krieg, genannt *suq sumbuq* (*sumbuq*-Markt). Der Offizier war während der 1990er Jahre in den Nubabergen in Süd-Kordofan tätig, einem der 25 Bundesstaaten des Sudan. Heute ist er politischer Berater des dortigen Gouverneurs. Er erzählte Folgendes:

»Die *sumbuq*-Märkte begannen im Bundesstaat Bahr al-Ghazal [Gazellenfluss] zwischen Missiriyya [einer Nomadengruppe] und der SPLA. Die Idee stammte von einigen Arabern der Humr [eine Untergruppe der Missiriyya], die bereits in die SPLA eingetreten waren. Ein bestimmter SPLA-Offizier der Missiriyya wirkte dabei als Vermittler. Der Plan war es, die Nomaden aus den Gebieten der Zentralregierung als Händler in Märkten der SPLA-Gebiete einzusetzen. Die Missiriyya stimmten diesem Vorhaben zu und schickten über zwanzig Händler und Vertreter ihrer politischen Führer. Es fand ein Treffen mit dem verantwortlichen Kommandanten und mit mir, seinem Stellvertreter, statt. Nachdem wir uns auf die Durchführung geeinigt hatten, wurde ein Komitee unter meinem Vorsitz gebildet. Die Sicherheitsvorkehrungen waren das Wichtigste dabei, da der Weg vom Zentrum und Süden der Nubaberge zu den Gebieten der Missiriyya im Westen gefährlich und lang war. Dabei ging es um zwei Sicherheitsrisiken: die Grenzüberschreitung der Händlergruppen in die Gebiete der SPLA und das mögliche Eindringen von regierungstreuen Elementen. Anfang 1992 gab es einen großen Markt in Buram [im Süden der Nubaberge], zu Beginn unter dem Namen 'Friedensmarkt', nicht *sumbuq*-Markt. Eine erste Händlergruppe mit über zwanzig Kamelen kam an mit Waren aus den Regierungsgebieten. Das war ein historischer Tag für die Menschen in der Gegend! Nicht nur für die Menschen in und um Buram, sondern für alle Menschen in den SPLA-Gebieten. Von überall her kamen die Leute zum Markt, wo sie nach langer Entbehrung die wichtigsten Dinge kaufen konnten: Salz, Seife, Zucker, Kleidung, Medizin und Schuhe. Aber am wichtigsten waren die Lieferungen von Waffen und Munition, da die SPLA in den Nuba Mountains zu dieser Zeit von militärischer Versorgung abgeschnitten war. Die Missiriyya kehrten mit einer großen Zahl an Vieh zurück. Seitdem kamen regelmäßig Händlergruppen mit Waren an. Nach gewisser Zeit entdeckten Regierungsagenten diesen Handel. Sie begannen Verfolgungen, nahmen Verhaftungen vor und toteten einige der Beteiligten. Aber sie konnten den Handel nicht vollständig unterbinden, denn beide beteiligte Seiten hatten großes Interesse daran, den teils lukrativen, teils lebensnotwendigen Austausch aufrecht zu erhalten. Die Nomaden fuhren trotz regelmäßiger Gefechte fort, in kleinen, aber gut bewaffneten Gruppen zu reisen. Sie unterstützten sogar die Truppen der SPLA, als es im Dezember 1993 in Buram zu einer Schlacht kam. Buram fiel den Regierungstruppen zu, aber die SPLA führte alle Missiriyya in sichere Gebiete. So zeigten sich diese Baggara-Araber [Rindernomaden], die eigentlich als Feinde der SPLA betrachtet wurden, als hilfreich in einer schwierigen Zeit des Kampfes der Nuba.«

Einer dieser Baggara-Araber, Muhammad Goja Hassan Ali, bestätigte diese Geschichte:

»Ja, wir haben am *suq sumbuq*-Handel teilgenommen. Einige unserer Leute haben oft einige wichtige Dinge wie Kleidung, Zucker, Salz und Öl von Kadugli [Hauptstadt von Süd-Kordofan] in die SPLA-Gebiete geschmuggelt. Wir benutzten Fahrräder, Esel und Kamele, um das Schmuggelgut in kleinen Gruppen zu transportieren. Diese Waren wurden entweder gegen US-Dollars getauscht oder gegen Vieh oder einige Automatikwaffen. Die US-Dollars wurden dann in el-Obeïd [Hauptstadt von Nord-Kordofan] oder Khartoum [Hauptstadt des Sudan] gegen Landeswährung getauscht. Es war gefährlich und risikoreich, aber es zahlte sich aus. Es war sehr lukrativ. Etwa acht bis zwölf unserer jungen Leute wurden allerdings von der Regierungsarmee und der Sicherheitspolizei erschossen. Tatsächlich war es während dieser Schmuggeltouren sicherer, SPLA-Truppen zu begegnen, als denen der Regierung. Manchmal wurden die *sumbuq*-Teilnehmer bis zur Grenze zu den Regierungsgebieten von der SPLA begleitet.«

Sumbuq oder *sambuq* bedeutet ursprünglich etwas ganz Anderes, es ist die Bezeichnung eines arabischen Segelbootes. Bereits der bekannte arabische Weltreisende Ibn Battuta erwähnte im 14. Jahrhundert diese kleinen Boote, die er an der somalischen Küste beobachtete. Sie wurden sowohl von Händlern als auch für die Patrouillen des Sultans benutzt. Doch auch in Persien, in der berühmten Handelsstadt Basra, traf er auf diesen Bootstyp. In manchen Orten wie Saham und Sur in Oman werden *sumbuq* bis heute hergestellt. Früher diente es dort Perlenfischern, heute werden Güter und Personen damit transportiert.

Auch im Roten Meer wurden derartige Schiffe zum Transport verwendet, doch bekamen sie unter britischer Kolonialherrschaft eine spezielle Bedeutung. C. A. Willis, 1915–1926 Assistenzdirektor des britisch-sudanesischen Sicherheitsdienstes, beschrieb in einem Bericht den illegalen Sklavenhandel nach Saudi-Arabien. Während für den großen Warentransport nach Großbritannien, zum Beispiel von Baumwolle, die großen britischen Schiffe benutzt wurden, fanden für diesen kleineren, verbotenen Verkehr *sumbuq*-Boote Verwendung. So stand das Wort *sumbuq* auch bald für den Schmuggel selbst, für den illegalen, verdeckten Handel.

Ein anderes Detail zeigt ebenfalls die neue Bedeutung des Wortes: Beim Kartenspiel gibt es im sudanesisch-arabischen Dialekt den Ausdruck, dass jemand 'gesumbuqt' ist. Das ist der Fall, wenn im verbreiteten Spiel 'Hearts' (mit ähnlichen Regeln wie das hiesige Computer-Kartenspiel) jemand die Pik-Dame erwischt. Im ebenfalls sehr beliebten 'Whist' ist der Ausdruck noch stärker: Schafft es eine Partei nicht, auch nur einen Stich zu bekommen, verliert sie die ganze Partie mit einem Spiel. In dörflichen Gegenden kann sich das schnell herumsprechen, und die Verlierer werden es schwierig haben, einen neuen Partner zu bekommen, denn sie sind *sumbuq*. Genauso ist die Gefahr des totalen Verlustes beim risikoreichen verdeckten Handel gegeben.

Ein Blick in das allgemeine Verhältnis von Nomaden und Sesshaften in den Nubabergen macht deutlich, wie ein solcher Handel dort entstehen konnte. Handel spielte dort schon sehr lange eine besondere Rolle. Im 19. Jahrhundert lebten die meisten Gruppen in ihren jeweiligen Bergen, während Händler Güter von Hügel zu Hügel transportierten. Über die Jahre heirateten sie lokal, um ihren Stand zu verbessern. Zur gleichen Zeit gab es zahlreiche Übergriffe von Sklavenjägern, teils fanden diese auch zwischen benachbarten Hügelgemeinschaften statt. Regelmäßig waren es jedoch die Rindernomaden, die in den Ebenen zwischen den Bergen lebten, welche für sich selbst und für den Handel nach Sklaven suchten. Doch in der britischen Kolonialzeit war der Sklavenhandel verboten und wurde von der Regierung bekämpft. Darum verstärkte sich die wirtschaftliche und landwirtschaftliche Zusammenarbeit.

Beide Seiten sind aufeinander angewiesen: Bauern brauchen Exkremente der Rinder zur Düngung und Lasttiere zum Transport. Außerdem können sie den Hirten ihre eigenen Tiere zum Hüten mitgeben. Die Nomaden müssen vermeiden, in der Regenzeit im Süden zu sein, da dort die Tsetse-Fliege tödliche Krankheiten auf die Rinder überträgt. Daher bewegen sie sich jedes Jahr von Süden nach Norden und von Norden nach Süden. Dementsprechend sind gute Beziehungen zu den Sesshaften, durch deren Gebiete sie ziehen, wichtig.

Teil dieser Beziehung war es ursprünglich auch, Waren zu Märkten und in die Dörfer zu transportieren. Mit Einführung des Lastwagens entfiel diese Aufgabe mehr und mehr, nur in der Regenzeit waren Kamel und Esel weiterhin die einzigen Fortbewegungsmittel, die nicht ständig im Schlamm stecken blieben. Als nun durch die Kriege jedoch die Lastwagen aufhörten, die gefährdeten Gebiete zu beliefern, nutzten nomadische Gruppen wie Missiriyya ihre Chance.

Denn mittlerweile ist es immer schwieriger geworden, als Nomade zu leben. Seitdem die Briten Anfang des 20. Jahrhunderts den Sudan in ihr Kolonialreich eingegliedert hatten, waren Nomaden Ziele politischer Programme zur Umwandlung in Sesshafte. Auch im politisch unabhängigen Sudan erschien es der Regierung einfacher, nur mit festen Dorf- und Stadtgrenzen und ihren Einwohnern zu tun zu haben. In vielen Entwicklungsprogrammen wurden Nomaden daher schlichtweg ignoriert.

Jedoch auch wirtschaftliche Probleme führten zur Aufgabe des nomadischen Lebensstils. Immer mehr Land wurde registriert, und die

Nomaden mussten mit den Privatbesitzern neue, oft problematische Vereinbarungen über Weiderechte treffen. Kriege führten in den betroffenen Gebieten zum Verlust eines Großteils der Herden und die kämpfenden Truppen verhinderten die Wanderungen. Auch das Verhältnis zwischen Nomaden und Sesshaften verschlechterte sich dramatisch; bis heute reagieren einige sesshafte Bauern mit Misstrauen und Ablehnung auf die damaligen Feinde. Hungersnöte wie die große Dürreperiode Mitte der 1980er Jahre zwangen Nomaden, sich in Städten oder neuen Siedlungen niederzulassen. Große Projekte wie Staudämme oder weitflächige Farmen vertrieben sie aus ihren gewohnten Gebieten. Aber auch der Besuch von staatlichen Schulen, der Einfluss städtischer Kultur und neue Verdienstmöglichkeiten, zum Beispiel in der Industrie, brachten Veränderungen. Infolgedessen begannen die Nomaden selbst das harte Leben als Wanderhirten als unattraktiv zu betrachten.

In den Nubabergen kam hinzu, dass britische Kolonialbeamte die Gegend in erster Linie als Gebiet der sesshaften Nuba auffassten. Nicht nur das, sie betrachteten das Land als eine Art Mosaik von Stämmen, denen jeweils ein bestimmtes Territorium gehört. In dieses Konzept passten Nomaden nicht hinein und veranlassten die Beamten, sie als unerwünscht zu behandeln. Tatsächlich sind etwa 70 Prozent der Bewohner sesshafte Nuba und nur etwa 10 Prozent nomadische Gruppen; meist war ihr Verhältnis von Konkurrenz und Konflikten geprägt. Doch durch Heiraten und Zusammenarbeit in der Landwirtschaft sind beide Seiten seit langem symbiotisch verbunden, teils bildeten sich langjährige Verflechtungen heraus.

Im Krieg blickten die verfeindeten Parteien mehr und mehr auf die trennenden Unterschiede, teils auch aus persönlichem Leid heraus oder auf Grund hetzerischerer Propaganda. Dennoch verfolgten scheinbar verfeindete Gruppen, wie im Beispiel hier Missiriyya und Nuba, weiterhin gemeinsame Interessen. Selbst wenn sie von wirtschaftlichem Eigennutz und bitterer Not angetrieben waren, auf diese Art konnten sie einige Brücken der Solidarität aufrechterhalten. Für den Aufbau eines neuen, friedlichen Zusammenlebens ist das eine wichtige Erfahrung.

Nach der Unterzeichnung eines Friedensvertrages in den Nuba-bergen in 2002 verschwand der *suq sumbuq*. Menschen konnten sich freier bewegen und Waren konnten offen transportiert werden. Mittler-weile hat sich eine neue Art von Markt herausgebildet: *suq umm duwarr-war* (ständig kreisender Markt). Händler verschiedener Herkunft reisen jetzt mit Lastwagen an, oft in großen Gruppen, und bewegen sich von einem Wochenmarkt zum nächsten. Diese Märkte ziehen sich wie eine ewige Kette kreisförmig von Ort zu Ort, Tag für Tag.

Heute jedoch sind es die SPLA-Soldaten, welche darin ein Problem sehen: Was sie militärisch erkämpften, sehen sie jetzt wirtschaftlich ausgebeutet. Mit zahlreichen Kontrollposten versuchen sie, sich über Wegzoll an den neuen Einkünften zu beteiligen. Nach alledem muss sich daher erst zeigen, ob aus dem geheimen, gefährdeten Markt ein offener, geschützter Markt werden kann, und welchen Platz Nomaden darin ein-nehmen werden.

Siedlungswüstungen, Kurgane und Felsbilder – archäologische Feldforschungen im Hochgebirge Tadschikistans

SÖREN STARK

BERGNOMADISMUS stellt eine wichtige Erscheinungsform mobiler pastoraler Lebensformen dar. Insbesondere in den Hochländern Zentralasiens, wie der heutigen Republik Tadschikistan, ist er historisch tief verwurzelt. Dabei entwickelten die Bergnomaden Zentralasiens über die Jahrtausende nicht nur eine sehr spezifische und hochangepasste materielle Kultur, sondern auch vielfältige Beziehungen zu Sesshaften. Beides – bergnomadische Sachkultur und Verflechtungen mit anderen Kulturformen im Turkestan-Gebirge – lässt sich durch archäologische Erkundungen belegen.

Das Turkestan-Gebirge gehört zum Gebirgssystem des Tianshan und erstreckt sich über eine Gesamtlänge von über 250 km zwischen dem südlichen Fergana-Becken im Osten und der Turanischen Senke im Westen. Seine höchsten Erhebungen erreichen im östlichen Abschnitt der Bergkette Höhen von über 5.600 m. Dieser Beitrag behandelt Beispiele aus einem Gebiet, das nördlich des Gebirgskammes liegt und sich in drei selbständige Talsysteme gliedert. Diese verzweigen sich insbesondere in den oberen Abschnitten der Hochgebirgszone in Nebentäler, in denen eine Vielzahl von Schmelz- und Quellbächen entspringt.

Diese Bäche vereinen sich in jedem der drei Talsysteme zu einem Hauptwasserlauf, der hier namensgebend für das jeweilige System sein soll – von West nach Ost fortschreitend sind dies der Aktangi, der Argly und der Dachkat-soy.

Alle drei dieser Hauptbäche bilden nach Austritt aus der Hochgebirgszone im nördlich vorgelagerten Vorgebirge bzw. in der Steppen-Ebene (heute 'Hunger-Steppe', früher 'Prinzen-Steppe' genannt) Mikro-Oasen, die sich wie ein Gürtel zwischen die Steppe im Norden und das Hochgebirge im Süden schieben.

Im Gegensatz zur Südflanke des Turkestan-Gebirges, die steil ins obere Zerafschan-Tal abfällt und deren Berghänge heute weitgehend vegetationslos sind, bildet die Nordflanke der Gebirgskette eine breite, alpine Hochgebirgszone aus, deren Vegetation auf Höhenlagen zwischen circa 2.000–3.200 m durch alpine und subalpine Wiesen sowie durch ausgedehnte Artscha-Bestände (Baumwacholder) dominiert wird.

Insbesondere die oberen Talabschnitte der drei untersuchten Talsysteme sind noch heute durch mobile Kleinviehzucht geprägt. Die Herden setzen sich vorrangig aus Fettschwanzschafen zusammen, außerdem Ziegen und Rindern; Pferde sind dagegen selten. Die Größe der Herden variiert zwischen 100–700 Tieren pro Hirtengruppe von vier bis sechs Hirten. Die Hirten stammen zumeist aus Dörfern in den unteren Bereichen der drei Talsysteme und gehören unterschiedlichen ethnischen Gruppen an: Im Aktangi- und im Argly-System dominiert die Gruppe der Türk, während die Hirten des Dachkat-soy-Systems sich als Tadschik betrachten.

Heutzutage trägt der mobile Pastoralismus in der untersuchten Hochgebirgsregion transhumanten Charakter: Es sind ausschließlich Lohnhirten, welche die Herden in den Sommermonaten auf den Hochgebirgsalmen hüten, während die Herdenbesitzer zumeist aus den lokalen und regionalen Zentren (Schahriston, Urotepa, Ovtschi) stammen. Wie wir jedoch ethnographischen Schilderungen entnehmen können, pflegten noch zu Beginn des 20. Jahrhunderts weite Teile der Bevölkerung im Gebirge einen semi-nomadischen Lebensstil zwischen permanentem Winterlager *(Kischlak)* in der niedrigen Vorgebirgszone und verschiedenen Sommerweiden *(Jajlak)* in den oberen Tallagen.

Nach Auskunft der Hirten vollzieht sich der jährlicher Wanderzyklus heute folgendermaßen: Der Auftrieb in die Hochgebirgszone (über 2.000 m) beginnt etwa in der ersten Maihälfte. In den Folgemonaten erfolgt ein schrittweiser Aufstieg, der etwa Ende Juni/Anfang Juli die alpinen Almwiesen der höchsten Tallagen bis zur Schneegrenze erreicht (circa 2.900–3.500 m). Ab Anfang September setzt dann der allmähliche Abtrieb der Herden ein, Ende September/Anfang Oktober hat die Mehrzahl der Herden die Hochgebirgszone wieder verlassen. Im Herbst gelangt das Schlachtvieh auf die Viehmärkte. Die übrigen Tiere kehren um diese Zeit in die Dörfer der Vorgebirgs- und Steppenzone zurück, wo sie überwintern.

Neben der mobilen Viehzucht erlauben Bodenqualität und vor allem die ausreichende Verfügbarkeit von Wasser, sowohl in Form von Niederschlägen als auch ständigen und periodischen Bachläufen, in weiten

Bereichen der Hochgebirgszone den Ackerbau. Gegenwärtig lässt sich die Anlage von Feldern bis auf eine Höhe von circa 2.800 m beobachten – besonders die unteren Abschnitte der Talsysteme bis etwa 2.300–2.500 m sind heute durch intensiven Bewässerungsfeldbau (hauptsächlich Kartoffeln, daneben auch Weizen und Luzerne) geprägt. Insbesondere im unteren Argly- und Dachkat-soy-System kann man, angesichts der Bevölkerungsdichte und Intensität der Bodennutzung, durchaus von regelrechten Mikro-Oasen sprechen. Im Gegensatz dazu wird in den höheren Tallagen der drei Talsysteme vorrangig Regenfeldbau betrieben. Hier dominieren Gerste, Roggen und Hafer.

Die noch heute reiche Artscha-Bewaldung der Nordflanke des Turkestan-Gebirges schafft zusätzlich die Grundlage für eine intensive Nutzung der Hochgebirgszone durch Brennholzsammler und – in der Vergangenheit – durch Köhler. Beide Wirtschaftszweige waren traditionell für das dörfliche und städtische Handwerk in den Oasen am Fuße der Gebirgskette bis in vorsowjetische Zeit von erheblicher Bedeutung. Eine gewisse Bedeutung für die Subsistenz der Talbewohner dürfte bis in die jüngere Vergangenheit auch die Jagd gespielt haben.

Die so umschriebene Hochgebirgsregion ist Teil der historischen Region Ustruschana, wie die Region zwischen Hungersteppe im Norden und oberem Zerafschan-Tal im Süden, Samarkand im Westen und Fergana im Osten im Mittelalter genannt wurde. Allerdings findet die untersuchte Hochgebirgszone bis ins späte 19. Jahrhundert kaum Erwähnung in schriftlicher Überlieferung. Die 'Berge von Ustruschana' lagen in der Regel außerhalb der Perspektive von Historikern, Geographen und Reisenden früherer Jahrhunderte.

Eine bemerkenswerte Ausnahme bildet in dieser Hinsicht die Autobiographie des berühmten Eroberers Indiens, Zahir al-Din Muhammad Babur: das Babur-name. Dieser wichtigen Quelle verdanken wir immerhin einige knappe Notizen bezüglich der Nordflanke des Turkestan-Gebirges. Kein Wunder, kannte Babur das Gebiet nämlich aus eigener Anschauung: Um die Jahreswende 1501/1502 hat der spätere Begründer der Moguldynastie in Indien im Talsystem des Dachkat-soy überwintert; die unteren Abschnitte des Argly-Systems hat er mehrmals über den Obi-burdon-Paß auf dem Weg in das obere Zerafschan-Tal durchzogen.

Während dieser durchaus nicht freiwilligen Aufenthalte in der Region – der damals politisch und militärisch noch erfolglose Prinz nutzte das Hochgebirge zum Rückzug von seinen Gegnern – vertrieb sich Babur nichtsdestotrotz nach eigener Aussage die Zeit mit ausgedehnten Spaziergängen durch die Hochgebirgstäler. Wohl auch auf diesen Spaziergängen konnte Babur beobachten, dass schon damals die Schafzucht eine wichtige Rolle in der Region spielte. So schätzt er allein die Zahl der Schafe in Dachkat auf 40.000 Tiere. Überhaupt führten die Einwohner dieses Ortes – obwohl eigentlich 'Sarten', das heißt turksprachige Sesshafte – nach seiner Aussage einen Lebensstil wie die 'Türken' – und damit meint Babur turksprachige Nomaden.

Trotzdem lassen auch die Angaben des Babur-name wichtige Fragen offen: Wie äußerte sich in früheren Jahrhunderten der Lebensstil der mobilen Viehzüchter der Region in materieller Hinsicht, wodurch war ihre Vorstellungswelt geprägt? Wie sind bergnomadische Wirtschaftsformen der Hochgebirgszone mit weiteren, teilweise sesshaften Kultur- und Wirtschaftsformen innerhalb der Mikroregion verflochten? Und schließlich: Welche langfristigen historischen Entwicklungen erlebte die fragliche Hochgebirgsregion in Bezug auf die Siedlungs- und Wirtschaftsmuster?

Um solche Fragen für die drei Talsysteme zu beantworten, sind Begehungen des Terrains hilfreich. Jüngst stieß man so und durch Testgrabungen unterstützt, an über 150 Stellen auf vielfältige archäologische Funde: Neben Siedlungswüstungen unterschiedlichen Maßstabs und Charakters, gelegentlich mit zugehörigen Friedhöfen, liegen einfache ehemalige Hirtenstationen und Viehpferche, ehemalige Bergwerksschächte, Feldterrassierungen und Bewässerungsbauten, ferner Hügelgräber und Felsbilder sowie einzelne Lesefunde, wie Keramikfragmente, Steingeräte oder Eisenerzschlacken.

Wichtige Belege für den Lebensstil mobiler Viehzüchter liefern die allenthalben in den Hochlagen der Täler anzutreffenden Hirtenstationen. Dabei handelt es sich um Einfriedungen verschiedener Größe. Ein

Großteil dieser Installationen ist heute weitgehend verfallen und offenbar seit langem nicht mehr genutzt. Allerdings fällt aufgrund fehlender Keramikfunde ihre genaue Datierung schwer.

Prinzipiell ähnliche Einfriedungen werden, auch heute noch von den Hirten auf den höchsten Sommerweiden der Talsysteme genutzt. Daraus lässt sich erschließen, dass die Einfriedungen sowohl als Viehpferche dienten, als auch als Unterstände durch die Hirten selbst genutzt wurden. Aus ethnographischen Schilderungen der 20er Jahre des vergangenen Jahrhunderts geht außerdem hervor, dass insbesondere Hirten, die der Gruppe der Türk angehörten, Jurten als mobile Behausung benutzten. Heute sind diese längst alten Armeezelten sowjetischer Produktion gewichen. Doch die Errichtung von Einfriedungen und Jurten war nicht die einzige Antwort der Hirten auf die in diesen Höhenlagen ausgesprochen harschen und unberechenbaren Witterungsbedingungen, zu denen Schneefälle bis weit in den Juli hinein zählen. Sofern das Gelände die Möglichkeit bot, wurden alle Arten von natürlichen Unterständen und Höhlen als Lagerplätze genutzt. Über ein Dutzend solcher Fundplätze wurde nun registriert. Dabei zeigten bereits die Grabungen des Archäologen V. A. Ranov von 1959–1963 an einem dieser Unterstände, dem so genannten Aktangi-Abri, dass die Nutzung solcher Plätze gelegentlich über Jahrtausende hinweg erfolgte: Die ältesten Besiedlungsspuren des Abri von Aktangi reichen bis in das späte Mesolithikum bzw. frühe Neolithikum und damit etwa 9.000 Jahre zurück.

Wichtige Aussagen zur Kulturweise mobiler Viehzüchter gestatten nicht nur ihre ehemaligen Lagerplätze, sondern auch ihre Bestattungen. Hügelgräber, auch unter der Bezeichnung 'Kurgane' bekannt, sind in weiten Bereichen der Steppen und Hochgebirge Zentralasiens typisch für mobile Viehzüchter seit der mittleren Bronzezeit, vor allem aber von der älteren Eisenzeit bis in das vormuslimische Mittelalter. Sehr wahrscheinlich handelt es sich auch im Falle der Hügelgräber des Argly-Talsystems um Bestattungen mobiler Viehzüchter. Grabbau, Bestattungsritus und Beigaben sprechen für eine ansatzweise Datierung in die Jahrhunderte um die Zeitenwende. Die Tatsache, dass sich die Hügelgräber in bestimmten Flurlagen konzentrieren und sich in unmittelbarer Umgebung ausgezeichneter Sommerweiden befinden, spricht dafür, dass die Kurgane vom Argly Teil regelrechter 'Klan-Friedhöfe' sind, die über längere Zeiträume von Gruppen belegt wurden, welche die benachbarten Weideflächen als Sommerweiden nutzten.

Weitere Einblicke in die Vorstellungswelt der Talbewohner vergangener Zeiten gewährt uns insbesondere eine Felsbildstation auf der höchsten Sommerweide eines Haupt-Nebentales des Argly, des Quellbachs 'Novoli'. Es hat sich gezeigt, dass in den drei Talsystemen nur hier, im oberen Novoli-Tal, Felsbilder angebracht wurden, was wohl auf eine besondere Bedeutung dieser Flurlage für die Erschaffer der Felsbilder hindeuten dürfte. Analogien aus der vormuslimischen Vorstellungswelt der Dard-Völker des südöstlichen Hindukush lassen hier an religiöse Konzepte wie das des heiligen Berges und zugehöriger Hochalmen denken: Diese wurden als Wohnort von Gottheiten, Geistern und Dämonen angesehen, mit spiritueller Reinheit assoziiert und waren Teil mythischer Erzählungen. Dazu passt, dass die Bildwelt der Felsbilder vom oberen Novoli dominiert wird von Capriden-Darstellungen – galten doch den vormuslimischen Darden des Hindukush Steinbock und Wildziege geradezu als Inkarnation des Reinen und Heiligen und wurden nach verbreiteter Vorstellung als Herdentiere von Pari-Feen gedacht. Dass solche Analogien aus vergleichbaren Kontexten durchaus bedenkenswert sind, zeigt sich daran, dass auch im Turkestan-Gebirge Steinböcke und Wildziegen mit der sakralen Sphäre assoziiert wurden und werden. Noch heute sind *mazare*, muslimische Heiligengräber, in der Region mit dem Gehörn von Steinböcken und Wildziegen geschmückt. Wahrscheinlich besaß in vormuslimischer Zeit auch die Jagd auf diese Tiere sakrale Aspekte. Überhaupt mag gerade die Jagd und mit ihr verbundene Vorstellungen und Praktiken die Anfertigung dieser Darstellungen zu Teilen motiviert haben. Hinweise auf kultische Praktiken vor Ort gibt uns im Übrigen eine Adoranten-Darstellung, die sich nur wenige Meter neben der Quelle des Novoli befindet und möglicherweise im Zusammenhang mit einem Quellkult steht. Für die Datierung zumindest eines Teils des Felsbildkomplexes von großer Bedeutung ist die Darstellung eines zweiachsigen Streitwagens mit Speichenrädern, was auf die mittlere bis späte Bronzezeit weist.

Folgt man allein den wenigen verfügbaren historischen und ethnographischen Quellen, so entsteht das Bild einer durchgängig von mobilen Viehzüchtern dominierten Hochgebirgsregion. Doch die archäologischen Daten belegen, dass dies durchaus nicht immer so war: Zumindest im Hochmittelalter, etwa zwischen dem 10. bis Anfang des 13. Jahrhunderts, entstehen in den Talsystemen feste Siedlungspunkte bis auf extreme Höhenlagen von knapp 3.000 m. Diese Siedlungspunkte weisen ganz unterschiedliche Dimensionen auf: Sie reichen von kleinen Einzelgehöften bis hin zu regelrechten Bergdörfern. Ein gut erhaltenes Beispiel solcher Bergdörfer stellt der Fundort Aktangi-2 dar: Noch heute sind an der Oberfläche des ehemals etwa 1,3 Hektar großen Siedlungsareals die Feldsteinfundamente der einzelnen Hauskomplexe klar erkennbar. Diese sind voneinander durch schmale Gassen und kleine Plätze getrennt. Am Rande der Siedlung befinden sich zwei Senken, wahrscheinlich ehemalige Zisternen. Die Siedlung ist teilweise von einer Mauer aus Feldsteinfundamenten umschlossen, die nicht der Verteidigung, sondern wohl eher der Pferchung von Kleinvieh innerhalb der Siedlung diente.

Allen diesen heute wüsten Siedlungspunkten ist gemeinsam, dass in ihrem Umfeld zahlreiche Spuren ehemaliger Feldterrassierungen und ehemaliger Bewässerungskanäle auffindbar sind. Die Vermutung liegt nahe, dass diese Feldterrassen und Bewässerungskanäle in die Zeit der Siedlungswüstungen zu datieren sind, was Rückschlüsse auf die wirtschaftlichen Grundlagen der ehemaligen Siedlungen erlaubt. Danach dürften neben der Viehzucht auch Regen- und Bewässerungsfeldbau eine erhebliche Rolle gespielt haben. Und noch ein drittes wirtschaftliches Standbein konnte archäologisch beobachtet werden – wofür sich auch bereits Hinweise in den Quellen finden: So heißt es bei verschiedenen arabischen und persischen Geographen des 9. bis 12. Jahrhunderts, dass aus den Bergen von Ustruschana Eisenerz stamme. Und tatsächlich fanden sich zum Beispiel innerhalb und im Umfeld der bereits erwähnten Siedlungswüstung Aktangi-2 zahlreiche Eisenerzschlacken und Mauerfragmente ehemaliger Brennöfen. Auch in den oberen Tallagen des Dach-kat-soy-Systems konnten mehrere Eisenerzstollen festgestellt werden. Wahrscheinlich kombinierten die Bewohner von Siedlungen wie Akt-angi-2 mobile, transhumante Viehzucht mit Regen- und Bewässerungs-feldbau und Eisenmetallurgie. Der Gebrauch glasierter Keramik in der Siedlung, die im Zuge unserer Untersuchungen sowohl an der Oberfläche als auch in einer Testgrabung zahlreich zu Tage kam, deutet außerdem auf eine Anbindung an die lokalen städtischen Märkte. Und hier ist mög-licherweise auch einer der Gründe für die bemerkenswerte Wandlung der Ressourcennutzung der Hochgebirgszone zu suchen: Es ist bekannt, dass in den nördlich vorgelagerten Flussoasen vom 9. bis Anfang des 12. Jahr-hunderts mehrere städtische Zentren erblühten. Möglicherweise war es ihr gestiegener Bedarf an Produkten aus der Hochgebirgszone – Eisenerz, Brennmaterial und Erzeugnisse der Viehzucht – die zur Aufsiedlung der Talschaften anregte. Für diese Erklärung spricht im Übrigen auch, dass zeitgleich mit dem Untergang der Oasenzentren während des Mongo-lensturms (ab 1220) auch die Siedlungspunkte in den Hochgebirgstälern verlassen werden. Danach herrscht offenbar wieder die Nutzung durch mobile Hirten vor.

So setzt sich durch archäologische Feldforschung allmählich ein Bild unterschiedlicher Besiedlungs- und Nutzungsphasen der Hochgebirgs-region zusammen: Perioden, in denen die Talschaften der Nordflanke der Turkestan-Kette durch mobile Viehzüchter dominiert waren – die hier ihre Toten in flachen Kurganen bestatteten – wechseln mit solchen sesshaft-komplexwirtschaftlicher Aufsiedlung in festen Gehöften, Wei-lern und Dörfern. Auf diese Weise erhalten wir Einblicke nicht allein in die Sachkultur und Geisteswelt von Hochgebirgsnomaden, sondern auch in komplexe, wirtschaftliche Nutzungsmuster – und das in geographischen Bereichen fernab der historischen Zentren und für weit zurückliegende Zeiträume.

Nebenerwerbsnomaden und Raupenpilzökonomie – Pastorale Existenzsicherung in Osttibet

ANDREAS GRUSCHKE

»Im Sommer bleiben wir mit unseren Yaks auf den Hochweiden.
Nach den Frühjahrsregen ist das Grasland saftig geworden. Wir
haben hier in Aduo gute Weiden. Darum brauchen wir nur zweimal
im Jahr umzuziehen, zwischen Sommer- und Winterweiden. Früher
verbrachte die Familie die ganze Zeit gemeinsam hier, doch die
sind jetzt alle *mbu* graben gegangen. Die Kleinsten haben sic hier
bei mir gelassen, und Ngawang, der Zweitälteste ist für diese Zeit
aus dem Kloster hergekommen. Er hilft mit den Tieren.«

– Tsering Dölma, Nomadenfrau (72 Jahre), Aduo (Zadoi/Qinghai), Juni 2006

FREMDE, die sich früher einem Nomadenzelt näherten, konfrontierte
der wild bellende und an seiner Kette reißende Wachhund immer sehr
schnell mit der darin lebenden Hirtenfamilie. Im Nu standen alle vor dem
Eingang versammelt.

Seit einigen Jahren hat sich dies allerdings geändert, vor allem in
der Zeit von Mai bis Juli. Häufig sind dann neben den Allerkleinsten nur
wenige Erwachsene, insbesondere die Alten vorzufinden. Die wenigen
Gemeindezentren und Dörfer, die es gibt, wirken dann zuweilen wie aus-
gestorben, und man fragt sich, wo die vielen Menschen hin sind. Und
dann, urplötzlich, in bestimmten Tälern zwischen 4.000 und 5.000 m
Höhe, wo sich in feuchten Hanglagen kleinere Sträucher aus den Matten
erheben, sind auf einmal gewaltige Ansammlungen von weißen Zelten
zu sehen.

Es sind ganze Zeltstädte, die in ihrer Ausdehnung viele der festen
Siedlungen in Yushus Nomadengebieten an Größe übertreffen. Dazwi-
schen reihen sich zahllose Motorräder auf, Hirten lehnen sich über
Billardtische, Kochdunst strömt aus Großzelten, die als Restaurants
eingerichtet wurden. Dies ist eine der typischen temporären Siedlungen der Neuzeit, in welchen sich die Nomaden von Yushu versammeln,
um auf die Raupenjagd zu gehen – ein Phänomen, von dem im Westen
nur wenig wahrgenommen wird und das für tibetische Nomaden doch

zu einem zentralen Teil ihrer Ökonomie geworden ist. Warum und wie eine neu zu bewertende alte Ressource sich so wesentlich auf die Möglichkeiten und Risiken nomadischer Existenzsicherung auswirkt, wollen wir hier betrachten.

Die Situation der Nomaden in Osttibet

Wie überall, sind auch Nomaden in Tibet von weitreichenden Transformationsprozessen betroffen. Bevölkerungswachstum und globale Erwärmung, Einflüsse des Marktes und der Politik, neuer Reichtum und wachsende Verwundbarkeit – all diese Probleme machen vor Hirtengesellschaften auf dem Dach der Welt nicht Halt. Durch neue Kommunikations-, Konsum- und Vermarktungsmöglichkeiten hat das Leben an Farbe gewonnen, doch gleichzeitig hat sich die Sicherung des Lebensunterhalts kompliziert und ein Leben in traditionellen Bahnen ist schwieriger geworden. Nach der kommunistischen Machtübernahme in China in der zweiten Hälfte des 20. Jahrhunderts wurden Nomaden in tibetischen Regionen mehrfach Transformationsprozessen unterworfen, die sozioökonomischen Wandel zunächst erzwangen und mit der Privatisierung der Herden in den 1980er Jahren eine Renomadisierung nach sich zogen. Politisch wurde gefördert, dass sich die Nomaden mit ihren viehwirtschaftlichen Produkten stärker zum Markt hin orientieren, doch um die Jahrtausendwende war dieses Ziel noch weniger erreicht als ein Jahrzehnt zuvor.

Dem stehen vor allen Dingen zwei Gründe entgegen: Erstens limitiert die Größe der jedem Haushalt zur Verfügung stehenden Weideflächen die nachhaltige Nutzung mit einer ausreichenden Zahl von Herdentieren und damit die Möglichkeit, den Lebensunterhalt dauerhaft über die mobile Weidewirtschaft allein zu sichern. Zum andern ist mit der nachlassenden Fähigkeit zur Sicherung der Subsistenz die Bedeutung der Geldwirtschaft gewachsen; die nomadischen Haushalte sind daher zunehmend gezwungen, sich neue Einkommensquellen zu erschließen.

Das Untersuchungsgebiet Yushu

Als ein adäquates Beispiel für die Entwicklung in tibetischen Nomadengebieten kann die Region Yushu gelten, ein Tibetischer Autonomer Bezirk
im Süden der chinesischen Provinz Qinghai. Er setzt sich aus sechs Land-
kreisen zusammen, die in ihrer Größe erheblich variieren: Mit 80.000
km² erreicht Zhidoi die Größe Österreichs, während Nangqên als kleinster
Kreis 12.700 km² umfasst. Alle erstrecken sich in einer mittleren Höhen-
lage von 4.200 bis 4.500 m und sind daher fast ausschließlich Nomaden-
land, das sich in den zentralen Steppen des Tibetischen Plateaus erstreckt.
Diese zeichnen sich durch welliges Hügelland aus, das durch zerklüftete
Bergketten entlang der Oberläufe von Mekong und Yangzi und deren
Zuflüsse gegliedert wird. In den tiefen Lagen (3.500–3.900 m) besitzt eine
begrenzte Zahl von Bauern und Halbnomaden Felder und Gehöfte, wäh-
rend Winterweiden und -häuser auf bis zu 4.900 m Höhe zu finden sind.
    Die Ökonomie der Nomaden im osttibetischen Yushu gründete bis
Mitte des 20. Jahrhunderts auf einer auf Selbstversorgung ausgerich-
teten Wanderweidewirtschaft – mit Yaks und Schafen als wichtigsten
Herdentieren. Den Getreidebedarf deckten die Hirten im Austausch mit
Bewohnern fester Siedlungen, vor allem der örtlichen Märkte in Gyêgu,
Nangqên und Chindu. Dem Handel kam schon deshalb eine zentrale
Rolle zu. Viehhalter mussten Überschüsse erwirtschaften, damit sie not-
wendige Güter wie Getreide, Öl, Salz usw. eintauschen konnten. Zwischen
1950 und 1980 bot dies noch keine Schwierigkeiten, da der Herdenbestand damals noch groß genug war, Überschüsse für den Tauschhandel
zu erwirtschaften. Mit dem Wachstum der Bevölkerung änderte sich dies
jedoch, da das Herdenwachstum bei begrenzter Weidenverfügbarkeit auf
Dauer nicht Schritt halten konnte.

Schwindende ökonomische Basis der Viehhalter

Die Renomadisierung hat in Yushu ihren Höhepunkt lange überschritten.
Dies liegt weniger an politischen Maßnahmen als an der schrumpfenden

Ressourcenbasis der nomadischen Haushalte. Die Landbevölkerung in Yushu hat sich seit 1950 mehr als verdoppelt, nicht aber die Zahl der Herdentiere. Der gleichwohl zunehmende Druck auf die Weideressourcen ließ in den 1980er Jahren die Konflikte um Weideland ansteigen. Hinzu kommen ökologische Probleme wie Austrocknung, Häufung von Schneekatastrophen und Weidedegradation. So verwundert es wenig, dass der immer dramatischer werdende Mangel an Weideflächen von allen Hirten als Kernproblem ihrer Viehhaltung genannt wird.

Die disproportionale Veränderung von Viehbestand und Hirtenhaushalten verdeutlicht, wie die Lebensgrundlage der Nomaden in Yushu schwindet. Deren Wandel lässt sich mit Hilfe der so genannten *sheep unit* (SU) bemessen, einem Vergleichsmaß für ungleich zusammengesetzten Viehbestand.

Basis einer SU ist ein erwachsenes Schaf, das am Tag vier Kilogramm Heu frisst. Analog werden für ein Yak fünf SU und für ein Pferd sechs SU angesetzt. Um seine Existenzbedürfnisse erfüllen zu können, benötigt ein Nomadenhaushalt mindestens fünf Yaks bzw. 25 SU pro Person. Mit weniger gilt die Armutsgrenze als unterschritten. 1950 kamen in den ländlichen Haushalten Yushus durchschnittlich 49 SU auf eine Person, selbst für die Gesamtbevölkerung des Distrikts lag die Rate noch bei 42 SU. Noch 1989 lag der Wert – trotz gestiegener Bevölkerungszahl und zweier schwerer Schneekatastrophen in den 1980ern – mit 52 SU über dem Doppelten der Armutsgrenze. Nur ein Jahrzehnt und zwei weitere Schneekatastrophen später war er auf 29 SU/Person gefallen. Inzwischen stehen der Landbevölkerung im Durchschnitt nur noch 25 SU/Person zur Verfügung, auf alle Einwohner Yushus umgerechnet ist die Armutsgrenze unterschritten.

Gleichzeitig wird das Grasland der Region stärker als früher beansprucht, ist doch der Herdenbestand von 5,14 Mill. SU (1950) auf 6,49 Mill. SU (2005) gestiegen. Damit müssten die Weiden 25 Prozent mehr Gras hervorbringen, obwohl der Pro-Kopf-Viehbestand um fast die Hälfte und die Weideflächen gleichzeitig um ein Viertel zurückgegangen sind.

Wandel der wirtschaftlichen Orientierung

Den natürlich schrumpfenden Weiden stehen Menschen gegenüber, für deren Überleben nicht nur eine größere Zahl von Herdentieren nötig wäre, sondern deren Wohlstandsansprüche ebenfalls wachsen. Die Einflüsse auf den Alltag tibetischer Nomaden sind vielfältiger geworden, seit Kommunikation und Verkehr neue Eindrücke und Images in ehemals kaum zugängliche Gebiete tragen. Wo vor wenigen Jahren die schlichten schwarzbraunen Nomadenzelte und berittene Hirten zu sehen waren, stehen nun Motorräder, Kleinwagen oder sogar LKWs vor Zelten und Häusern. Vielerorts sind Mobiltelefone für Hirten eine Selbstverständlichkeit geworden – als Kommunikationsmittel und Statussymbol.

Die stabilen Häuser, die jede Familie in den Wintercamps besitzt, werden nach Möglichkeit aufs angenehmste ausgestattet – mit gusseisernem Herd, Fernseher und DVD-Spieler, gelegentlich gar einem Kühlschrank. Das lässt danach fragen, woher die Einnahmen für den Erwerb solcher Güter eigentlich kommen, wenn der deutlich niedrigere Viehbestand die Nomadenhaushalte durchschnittlich an die Armutsgrenze bringt.

Die Umgestaltung der Herden für eine bessere Marktintegration nomadischer Produkte, wie es die staatliche Politik wünschte, kann in Yushu als misslungen betrachtet werden. Das Verkaufsvolumen von Fleisch, Wolle und Milchprodukten hat abgenommen. Beim Fleisch ist die Kombination aus sinkender Bestandsquote und den Ernährungsgewohnheiten tibetischer Nomaden maßgeblich. Anders als beispielsweise marokkanische Viehhalter sind sie nicht bereit, Einkommensverluste durch Verzicht auf Fleisch, das mit Milchprodukten den Hauptteil ihres Speisezettels ausmacht, auszugleichen. Die hohe lokale Nachfrage vereitelt eine überregionale Vermarktung. Dass sich die Nomaden dies leisten können, liegt an einer einzigartigen Ressource im tibetischen Hochland: dem Raupenpilz.

Ökonomische Strategien stützen sich auf den Raupenpilz

Yaks und Schafe werden von den meisten Nomaden in Yushu zur Deckung ihres Eigenbedarfs gehalten. Für andere Bedürfnisse steht die Geldwirtschaft an zentraler Stelle. Verantwortlich dafür ist der Raupenpilz (engl. *caterpillar fungus*), *Cordyceps sinensis*. Es handelt sich um einen Schlauchpilz, der als Parasit die Larven einer Faltergattung mit dem Namen Thitarodes befällt und der sich in Höhen um 3.500 – 5.000 m findet. Seine tibetische Bezeichnung *yartsa gumbu* – meist nur kurz *mbu* genannt – bedeutet sinnigerweise 'im Winter Wurm, im Sommer Gras'.

Als Heil- und Stärkungsmittel hat er insbesondere in der chinesischen Medizin ein großes Prestige. Die Herausbildung einer begüterten Mittelschicht in China hat in den letzten Jahrzehnten die Nachfrage und damit die Preise rasant ansteigen lassen: von 900 Yuan pro Pfund im Jahr 1998 auf 5.000 Yuan (2002) und 70.000 Yuan im Sommer 2007. Dadurch ist in den Nomadengebieten Tibets, in denen *mbu* zu finden ist, das Sammeln von *Cordyceps sinensis* zur wichtigsten wirtschaftlichen Aktivität und Einkommensquelle geworden.

In weiten Teilen Yushus ist dies der Fall. Die Einnahmen sind mancherorts so hoch, dass Veränderungen im Lebensstandard offensichtlich werden: Hausbau, Fahrzeugkauf; sogar städtische Kleidung wird unter Hirten zur Mode. Die aus dieser Ressource erzielten Einkommen zu ermitteln, gestaltet sich als sehr schwierig, da Wohlstandsunterschiede, Konflikte und Misstrauen verhindern, dass darüber offen gesprochen wird. Stichproben und standardisierte Erhebungen in Yushu, Zadoi und Nangqên lassen es jedoch realistisch erscheinen, dass heutzutage über 90 Prozent des Barverdienstes nomadischer Haushalte in Yushu aus dieser Quelle stammen.

Einer offiziellen Quelle nach werden in Qinghai jährlich 20–50 Tonnen Raupenpilze umgeschlagen. Dies entspricht Einnahmen in der Höhe von 1–2,5 Milliarden Yuan, die in Nomadengebieten Qinghais generiert werden – und somit dem Doppelten bis Fünffachen des gesamten öffentlichen Haushalts des Distrikts Yushu.

Da Nomadengebiete in Tibet generell als arm gelten, wird der lokale Raupenpilz-Umsatz nicht besteuert. Für ärmere Nomadenfamilien bietet der Zugang zu dieser Ressource eine Möglichkeit, die Defizite ihrer Viehwirtschaft auszugleichen. Für viele Haushalte stellt das Sammeln von Raupenpilz daher eine Überlebensnotwendigkeit dar; für andere ist es Grundlage ihres Wohlstands.

Die meisten der Raupenpilz-Fundgebiete Qinghais liegen in den Distrikten Golog und Yushu, wo sie sich in feuchteren Berggebieten konzentrieren. In Anbetracht der Bedeutung der Ressource ist es nicht verwunderlich, dass sich lokale Konflikte zunehmend um den Raupenpilz drehen. Wurde Ortsfremden bis 2005 gegen Zahlung einer Gebühr Zugang zu den Fundgebieten gewährt, so fand dies nach einem mehrere Tage dauernden Konflikt in Zadoi ein abruptes Ende. Seit der Raupenpilz-Saison 2006 verhindern Checkpoints die freie Durchfahrt – außer für Bewohner desselben Landkreises.

Die Konsequenz aus dem oben Geschilderten ist, dass sich nomadische Haushalte in Tibet, wo immer möglich, auf den Raupenpilz konzentrieren. Zwar lassen sich verschiedene Haushaltstypen durchaus auf der Grundlage ihres Tierbestandes unterscheiden. Hauptmerkmal ökonomischer Differenzierung jedoch ist, ob und wie sie Zugang zu Raupenpilz-Fundgebieten welcher Qualität haben.

Andere Strategien zur Existenzsicherung sind dementsprechend oft kaum noch von Bedeutung, allenfalls das Ausmaß der Einbindung in das Marktgeschehen. Dieses erscheint den Nomaden berechenbar, da seit Beginn des Booms die Preise alljährlich gestiegen sind. Daher sind die Verkaufserlöse überwiegend in den Lebensunterhalt und den Konsum eingegangen. Dennoch ist das Marktgeschehen auf Dauer als problematisch zu betrachten. Momentaner Wohlstand überdeckt leicht die Verwundbarkeit einer großen Zahl von Nomadenhaushalten, die von ihren Viehherden allein kaum noch eine Chance auf eine dauerhafte Existenzsicherung ableiten können.

Gesellschaftliche Auswirkungen des Raupenpilzes

Die subsistenzorientierte traditionelle Viehwirtschaft in Yushu steht vor dem Hintergrund der parallelen 'Raupenpilzökonomie' in einem völlig neuen Licht. In Anbetracht der großen Rolle, die diese Ressource für Unterhaltssicherung und Finanzaufkommen in Nomadenhaushalten spielt, lassen sich leicht massive Auswirkungen sozioökonomischer und gesellschaftlicher Art erahnen. Der positivste Umstand ist sicher, dass der Raupenpilz einer rasanten Verarmung nomadischer Haushalte entgegenwirkt. Aufgrund der natürlichen und demographischen Prozesse der letzten Jahrzehnte ist es vielen Nomadenfamilien Yushus nicht mehr möglich, von der Viehwirtschaft zu leben. Ohne neue Einkommen wäre eine massive Abwanderung aus dem ländlichen Raum – die ohnehin schon stärker ist, als gemeinhin angenommen – unvermeidlich.

Doch sowohl Land-Stadt-Migration als auch der Verbleib in den Weidegebieten sind an den Raupenpilz geknüpft. Einerseits sind Hirten imstande, ihre habituelle Lebensweise als Viehhalter weiterzuführen, weil ihre defizitäre Viehwirtschaft durch Einkommen aus der Raupen(pilz)jagd ausgeglichen wird. So ermöglicht dieser den Fortbestand von Gemeinden mit einigermaßen intakten Sozialgefügen auf dem Land. Andererseits gehört die Mehrheit derer, die sich in den Städten niedergelassen haben, nicht zu den Mittellosen, obschon sich gestrandete Pastoralisten auch unter ihnen finden. Häufig sind es junge Nomaden oder solche im mittleren Alter, die ihr Raupenpilz-Einkommen nutzen, um sich neue ökonomische Handlungsräume zu erschließen, aber auch einen neuen Lebensstil. Dazu gehört nicht selten der Wunsch nach besserer Schulausbildung für ihre Kinder – ein Motiv, das von Yushu-Nomaden noch vor zwei Jahrzehnten als völlig irrelevant abgetan wurde.

Der Raupenpilz-Handel zieht allerdings eine weitere gesellschaftliche Differenzierung der Nomadengesellschaft nach sich. Zum einen hat nicht jede Familie in Yushu tatsächlich Zugang oder leichten Zugang zu Weiden, auf denen *mbu* zu finden ist; zum anderen sind die Vorkommen sehr unterschiedlich verteilt. Der Augenschein im Feld legte jedoch nahe, dass diese sozioökonomische Differenzierung auch ohne Raupenpilz und bei ausreichender Herdentierzahl nicht ausbleibt. Selbst wenn es zweifelhaft ist, ob die Ressource Ungleichheit in den Nomadengemeinden eher hemmt oder befördert, lässt sich dennoch deutlich absehen, dass die Raupenpilzökonomie verhindert, dass die sozioökonomische Schere zwischen Hirten auf dem Land und den jungen urbanen Räumen Yushus zu weit aufgeht.

Die Entwicklung verläuft andererseits nicht konfliktfrei, wobei sich neue Konfliktlinien aufgetan haben. Während es in den 1980er Jahren vorwiegend Dispute über Weideland waren, sind sie seit einigen Jahren vornehmlich mit der Jagd nach dem Raupenpilz verknüpft. Dies trifft besonders auf Gemeinden zu, wo *mbu* in guter Qualität und Menge vorkommt, weil der Zustrom von Ortsfremden, die – gleich einem Goldrausch – ebenfalls ihr Glück suchen, groß ist. Nicht zuletzt deshalb wird der Raupenpilz auch 'Gold des Graslands' genannt.

Die Profite des Raupenpilz-Business lassen Erwartungen weit über die Region hinaus entstehen. Neid und Gewinnsucht treten auch innerhalb der Region vermehrt auf – offensichtlich eine unvermeidliche Begleiterscheinung kapitalistischen Wirtschaftens. Misstrauen und daraus resultierende Verschlossenheit sind Kennzeichen, die den Menschen in Yushu eher nicht eigen waren, und gehören mit der Zunahme des Alkoholismus auf eine unvollständige Liste von Verhaltensformen, die eher in Gemeinden auftreten, die durch gute *mbu*-Vorkommen einen finanziellen Schub erfahren haben, als dort, wo die Haushalte nur die Defizite einer kümmerlichen Viehwirtschaft ausgleichen. Die gesellschaftliche Harmonie erscheint besser dort gewahrt zu sein, wo das gewohnte Nomadenleben durch das Geschäft mit dem Raupenpilz weniger beeinflusst wird.

Um die regionale Ökonomie in ihrem Sinne zu entwickeln, müssten die Yushu-Tibeter vermehrt in andere Wirtschaftszweige investieren, was sie bislang vernachlässigen. Die Untersuchungen in Yushu machten vielmehr deutlich, dass ländliche Haushalte in den besten Raupenpilz-Gebieten von Zadoi beispielsweise relativ hohe Einkommen hauptsächlich dem Konsum widmen. Dasselbe ist von der Nachbarregion Golog bekannt. Die

Sachverhalte lassen eine allgemeine Haltung vieler tibetischer Nomaden erkennen: Bei stetig steigenden Preisen für den Raupenpilz können sie sich ein Versiegen dieser Einnahmequelle nicht mehr vorstellen und gehen mit dem erwirtschafteten Einkommen daher wenig produktiv um.

Ausblick

Heutzutage engagieren sich mehr (ehemalige) Nomaden jenseits weidewirtschaftlicher Tätigkeiten, als aus Statistiken herauszulesen ist. Der Grund dafür ist, dass die meisten Hirtenhaushalte Osttibets nicht mehr auf der Basis von Viehhaltung überleben können. So nutzen sie mit dem Raupenpilz eine alte Ressource, die in der Moderne durch überregionale Verflechtungen einen ungeahnten und nie da gewesenen Wert erlangt hat. Die Nachfrage in Chinas bevölkerungsreichen Gebieten hat auf diese Weise Einkommensoptionen in der ökonomischen Peripherie des Staates erzeugt. Mit der verbesserten Infrastruktur, der wachsenden Bedeutung der Geldwirtschaft und damit des Handels ist in Yushu ein stärkeres gegenseitiges Durchdringen der Lebenssphären von Nomaden und Sesshaften spürbar. Die neuen Einkommen sind geeignet, Wandel in vielerlei Bereichen hervorzurufen, wenngleich die Hirten Beständigkeit in ihrer Lebensweise anstreben.

Die Zunahme des Konsums ist eine augenfällige Art von Wandel, aber auch Spiegelbild dafür, dass Arm und Reich sich nach neuen Prinzipien gliedern. Maßnahmen zur Verbesserung der Existenzsicherung nomadischer Gruppen in Osttibet müssen daher ganz wesentlich diese, die Erträge der Weidewirtschaft weit übertreffende, Ressource, den Raupenpilz, einbeziehen. Für osttibetische Hirtenhaushalte ist das Sammeln von *Cordyceps sinensis* und dessen Verkauf ein selbstverständlicher Teil ihrer Ökonomie geworden, der eher zum Nomadendasein gerechnet wird, als Migration in heimatferne Gebiete. Man ist daher geneigt, ihr Wirtschaften als Raupenpilzökonomie zu bezeichnen, und sie selbst in ihrem Dasein als Viehhirten eher als Nebenerwerbsnomaden.

Nomaden, Sesshafte und Umwelt – Fallbeispiele aus Lappland und Nordafrika

MICHAEL ZIERDT

LEBEN und Überleben kann jedes Lebewesen nur dann, wenn es seine Umwelt nutzt: Pflanzen brauchen die Mineralien des Bodens, das Licht der Sonne, Wasser und das Kohlendioxid der Atmosphäre zum Leben, Tiere brauchen Pflanzen oder andere Tiere für ihre Nahrung. Je nach Dargebot an Licht, Wasser, Wärme und Nährstoffen und der Anpassung von Pflanzen und Tieren an diese Gegebenheiten entstehen Landschaften, die unterschiedlich ausgestattet sind.

Diese unterschiedliche Ausstattung der Landschaft wird vom Menschen, je nachdem, wie er seinen Lebensunterhalt erwirtschaftet, auch unterschiedlich und auswählend genutzt. Das bedeutet, dass nicht jede Wirtschaftsform all das nutzt, was die Landschaft zu bieten hat, sondern nur ganz bestimmte und ausgewählte Elemente oder Gegebenheiten einer Landschaft, andere hingegen nicht in sein Tun einbezieht, keine Beziehung zu ihnen eingeht. So kann es durchaus geschehen, dass in der gleichen Landschaft Bevölkerungsgruppen zusammenleben, die ganz unterschiedliche Elemente der Landschaft nutzen und somit zusammenleben können, ohne einander die Lebensgrundlage streitig zu machen.

Umweltnutzung heißt auch immer Einwirkung auf die Umwelt und damit Änderung der Umwelt. Heben die Änderungen, die von den einzelnen Nutzern hervorgebracht werden, einander wieder auf, sprechen wir von einem Gleichgewicht und einer Stabilität der Umwelt. Ist eine Einwirkung und damit Änderung besonders stark und dominierend, folgt eine Entwicklung der Umwelt in eine bestimmte Richtung. Das hat Auswirkungen auf alle Nutzer der Landschaft; das Bild der Landschaft wird sich ändern. Doch mit dem Bild ändern sich auch die Kreisläufe in der Landschaft, sie funktioniert nun anders, alte Funktionen fehlen, neue kommen hinzu. Im Folgenden soll an zwei Landschaften, wie sie geographisch unterschiedlicher kaum sein können, gezeigt werden, wie sesshaftes und nomadisches Wirtschaften sich in die Landschaft fügt oder aber sie auch verändert.

Umweltnutzung durch sesshafte und nomadische Rentierzüchter

Die traditionelle Rentierzucht in Lappland eignet sich gut für eine Betrachtung der Umweltnutzung durch Weidewirtschaft. Während nämlich bei pastoralem Nomadismus Örtlichkeiten aufgesucht werden, die möglichst identisch, nur eben zeitlich versetzt, funktionieren, so werden bei der Rentierzucht bewusst nicht identische Geosysteme aufgesucht. Die Rentierzucht als solche ist relativ jung und hat sich aller Wahrscheinlichkeit nach aus der Rentierjagd heraus entwickelt.

Rentiere müssen nicht von der Sommer- zur Winterweide getrieben werden, sie gehen diesen Weg von selbst, wie auch die riesigen Säugerherden in Afrika dem Regen folgen. Lange Zeit noch mögen Jagd und Zucht des Rentieres nebeneinander funktioniert haben und so hat sich der Mensch angewöhnt, dem Rentier zu folgen. Die Rentierwanderungen werden, wenn es ihm möglich ist, vom Ren selber ausgelöst; den Winter verbringt es in der nördlichen Taiga, den Sommer in der Tundra.

Das Ren unternimmt diese Wanderungen, weil die Räume unterschiedlich ausgestattet sind. Im Winter ist es weiter südlich zwar um einige Grade kälter (ein Paradoxon Skandinaviens und der Halbinsel Kola wegen des warmen Golfstromes), trotzdem konnte sich wegen der längeren Beleuchtung Wald entwickeln. Dieser Wald vermindert die Windgeschwindigkeit, dadurch ist die gefühlte Temperatur höher als in den nördlichen Bereichen. Zudem bleibt der Schnee auf den Nadelbäumen (Fichte und Kiefer) besser liegen als auf den wenigen Laubbäumen (Birke und Weide) der Tundra. Das bedeutet, dass weniger Schnee bis zum Boden gelangt und dadurch Flechten und Sträucher für das weidende Ren besser erreichbar bleiben. Im Sommer hingegen sind die ungehindert wehenden Winde im Norden oder in der Gebirgstundra ein willkommener Vertreiber der Mücken- und anderer Insektenschwärme. Wer den Norden kennt, kann nachfühlen, wie erquickend ein Wind sein kann. Die Kraut und Strauchschicht kann sich außerdem besonders gut entwickeln, weil keine Bäume Schatten werfen und so die Tage mit Licht und Sonne besonders effektiv ausgenutzt werden können.

Das Rentier (und mit ihm der ihm folgende Nomade oder Züchter) nutzt also gezielt Nachbarschaften unterschiedlich funktionierender Räume aus – einen Sommerraum und einen Winterraum explizit wegen ihrer Unterschiedlichkeit. Das letztendliche Ziel der Nutzung, die eigentliche Beziehung, besteht aber darin, das Ren mit Nahrung zu versorgen. Die unterschiedlich ausgestatteten Räume werden also in der gleichen Beziehung genutzt, es wird an der gleichen Stelle in das Wirkungsgefüge des Raume eingegriffen (Biomasseproduktion) bzw. das Ren hat die gleiche Position im Wirkungsgefüge der unterschiedlichen Räume.

Seit den 1950er und 1960er Jahren gehen die skandinavischen Rentierzüchter jedoch immer mehr dazu über (vor allem in Schweden und Finnland), die Rene ortstreu, das heißt in riesigen Waldgehegen, zu halten. Dies geschieht in Regionen der nördlichen Taiga, die klimatisch für die Forstwirtschaft nicht mehr geeignet sind, aber dennoch ursprünglich von Nadelwald bestanden waren.

Auf diese Landschaften nimmt nun der Druck durch die Rentiere zu, da sie jetzt nicht mehr nur im Winter, sondern das ganze Jahr über im Wald leben. Die Flechtenvegetation wird so stark dezimiert, dass der Jungwuchs der Bäume immer mehr als Nahrungsgrundlage dient. Damit wird eine Entwicklung des Waldes (der klimatisch ja sowieso an seiner Grenze existiert) stark beeinträchtigt und somit die nadelbaumfreie Tundra nach Süden in das ursprüngliche Taigagebiet verlagert.

Es ist davon auszugehen, dass der Wald zunächst abgeholzt, also forstwirtschaftlich genutzt wurde. Die Landschaftsveränderung oder besser der Erhalt der nun nadelbaumlosen Landschaft ist sicher darauf zurückzuführen, dass der Weidedruck vor allem auch die Kiefer nicht wieder aufkommen lässt, weil sie das ganze Jahr über als Futterpflanze zur Verfügung steht. Der aufkeimende Jungwuchs kann schon mit Einsetzen der Vegetationsperiode abgeweidet werden. Sind hingegen die Rentiere den Sommer über nicht im Wald und kehren erst nach den ersten Schneefällen zurück, haben viele Bäumchen zumindest bis zu einer Höhe von 150 cm einen gewissen Schutz vor dem Gefressenwerden, da sie von Schnee bedeckt sind. Die Birke hingegen ist als Futterpflanze nur in der

Vegetationsperiode von Bedeutung, kein Ren wird nach den blattlosen trockenen Zweigen dieser laubwerfenden Baumart im Winter suchen. Da die Landschaft nun doppelt stark genutzt wird, die ehemalige nomadische Nutzung zu einer sesshaften geworden ist, verarmt die Nadelwaldlandschaft und geht folgerichtig in die ärmeren, klimatisch ungünstiger gelegenen Birkenwälder der Tundrenzone über. Somit gilt auch für den hohen Norden, was für die südlicher gelegenen Steppen und Grasländer unter nomadischer Weidenutzung gegeben gilt: Nomadische Weidewirtschaft nutzt das Potential der Weideräume nur soweit, dass eine natürliche Regeneration der genutzten Gebiete möglich ist, sesshafte Weidewirtschaft hingegen ändert die Landschaft und lässt sie verarmen.

Die Nutzung der Halbwüste durch sesshafte Bauern und nomadische Viehzüchter

Das hier betrachtete Gebiet liegt im Nordwesten Ägyptens in der als Marmarika bekannten Landschaft zwischen Sahara und Mittelmeer. Von den Luftdruckverhältnissen her liegt die Marmarika noch unter dem Einfluss der randtropisch-suptropischen Hochdruckzelle, die natürlich im unmittelbaren Küstenbereich, auch durch die relative Kühle des Meeres zur angrenzenden Landmasse, stark gemildert wird. Die Frage ist, ob die Marmarika noch zu den wintermilden Steppen gehört oder ob die (küstenbedingte) Mittelmeervegetation unmittelbar in die Halbwüste übergeht. Das Untersuchungsgebiet kann noch zu den winterfeuchten Gras- und Strauchsteppen gezählt werden. Die Steppe gliedert sich mit zunehmender Trockenheit von der Gras- über die Federgras- zur Wermuthsteppe, die dann zur Halbwüste überleitet. Doch nicht einmal eine Wermuthsteppe – die trockenste Steppenvegetation – kann sich heute hier ausbilden, die Vegetation ist stark geschrumpft, was auf eine Halbwüste hinweist.

Eine kontrahierte Verteilung der Vegetation ergibt sich, weil örtliche Niederschläge immer seltener für das Pflanzenwachstum ausschlaggebend sind. Dagegen wird die Konzentration von Wasser in bestimmten

Örtlichkeiten, zum Beispiel in Senken oder periodischen/episodischen Wasserläufen, den Wadis, stetig bedeutsamer. Dort wird der Bodenwassergehalt durch Konzentration des Oberflächenabflusses oder Bodenfließen positiv beeinflusst. Eine Steuerungsgröße für den Wasserhaushalt und das Pflanzenwachstum ist also nicht nur der Regen, sondern die Lage einer Fläche im Gefüge der Landschaft und der resultierende Oberflächenabfluss. Bei geringen Niederschlägen bildet sich Oberflächenabfluss nur dann, wenn das Niederschlagswasser nicht in eine starke Humusschicht infiltrieren kann oder durch eine dichte Pflanzendecke am Fließen gehindert wird. Für den Bewässerungsfeldbau durch Regenflutung kommen also hauptsächlich Halbwüsten in Betracht.

Durch die Landschaft vorgegeben und durch den Menschen weiter konstruiert, sind zwei Landschaftselemente notwendig, um hier Ackerbau oder Plantagenwirtschaft betreiben zu können: ein Gebiet, in dem sich der Oberflächenabfluss bildet und ein anderes Gebiet, in dem dieser Abfluss zum Versickern gebracht werden kann. Es wird also der Niederschlag, der auf viel Fläche fällt, auf wenig Fläche konzentriert, die Nutzung der nachbarschaftlichen Flächen ist zwingend notwendig, um erfolgreich Landwirtschaft betreiben zu können. Um dieses System zu optimieren und um möglichst viel Fläche landwirtschaftlich nutzen zu können, muss der Mensch durch wasserbauliche Maßnahmen in die Natur eingreifen.

Flutbewässerung heißt immer auch Vorratsbewässerung. *Water harvesting*, das bedeutet, dass Wasser solange auf den Feldern gestaut wird, bis der Boden ausreichend mit Wasser versorgt ist, dass es mindestens für das Wachstum einer Pflanzengeneration ausreicht. Von der Idee und der Technologie her ist das *water harvesting* also durchaus ähnlich, wenn nicht gar gleichzusetzen, mit dem Bewässerungsfeldbau am Nil vor der Errichtung von Stauseen bei Assuan. Es müssen also auf den Feldern Dämme oder Mauern errichtet werden, die das Wasser am Weiterfließen hindern und es auf den einzelnen Parzellen stauen. Damit ändert sich natürlich das hydrologische Regime der Wasserführung der Trockentäler oder Wadis erheblich. Es findet auch keine Erosion mehr statt, sondern im Gegenteil werden die von den Plateaus kommenden

Sedimente gespeichert, die Wadis werden zu menschengemachten Akkumulationsgebieten.

Der Nomade nutzt die gleiche Umwelt ganz anders, nämlich durch Weidewirtschaft. Die Trockenzeit spielt dabei die wichtige Rolle des Konservators. Durch die fehlende Feuchtigkeit können die abgestorbenen Pflanzen nicht zersetzt werden und behalten so – ähnlich wie Heu – ihren mineralischen und energetischen Nährwert wie frische grüne Pflanzen. In der Marmarika bietet dabei die Küstenebene ganzjährig eine relativ dichte Vegetation, die im Winter dadurch geschont werden kann, dass die Viehzüchter die weiter südlich gelegenen Weidegebiete aufsuchen.

Um die Nutzung dieser südlichen Weiden zu ermöglichen, muss der Nomade allerdings auch in die natürliche Umwelt eingreifen, er muss für Tränke für seine Herden sorgen. Auch der Nomade nutzt dabei die Tatsache, dass in der Halbwüste Nordafrikas die Niederschläge kurz und heftig ausfallen und so auf den dürren, tonigen Böden leicht Oberflächenabfluss bilden. An den Stellen, wo dieser Abfluss zusammenläuft, werden Zisternen in den Boden gegraben und der Niederschlag so aufgefangen und bewahrt. Das Wasser wird also nicht auf andere Flächen umgeleitet, sondern an Ort und Stelle genutzt; der Eingriff des Nomaden in seine Umwelt fällt also viel geringer aus als der des Bauern in die seine.

Vielleicht lässt es sich, zugegebenermaßen stark vereinfacht, so formulieren: Nomadisches Wirtschaften passt sich der Umwelt an, sesshaftes Wirtschaften passt die Umwelt an sich an. Der Nomade nutzt, was er vorfindet, der Sesshafte gestaltet das Vorgefundene um.

Das bedeutet nicht, dass der Sesshafte in einer zerstörten, und der Nomade in einer intakten Umwelt lebt. Es bedeutet aber sehr wohl, dass die Umwelt des Nomaden intakt bleiben muss, um ihm zu ermöglichen, seine Lebensweise beizubehalten. Nomaden und Sesshafte können dabei sehr wohl, wie das Beispiel der Nordwestküste Ägyptens zeigt, nebeneinander leben. Wird aber der Lebensraum der Nomaden eingeschränkt, kommt es zu einer Übernutzung. Die gleiche Menge an Futter für das Weidevieh muss nun auf einer kleineren Fläche gewonnen werden; das kann zur Überweidung und damit zur Zerstörung des Lebensraumes führen. Eine Sicherung des Überlebens der Menschen ist dann nur durch eine Intensivierung der Biomasseproduktion möglich, dies setzt aber sesshafte Lebensweise voraus. Bei fast allen Menschen hat sich unterdessen das Wissen durchgesetzt, dass die Vielfalt des Lebens nur durch den Erhalt der Vielfalt der Lebensräume möglich ist. Aber auch der Erhalt der Vielfalt der menschlichen Kultur setzt den Erhalt vielfältig nutzbarer Lebensräume voraus.

Bauern, Tierhalter und Migranten: Existenzsicherung im marokkanischen Hohen Atlas

SANDRA CALKINS

»Ich bin Tierhalter und Bauer, genau wie mein Vater vor mir. Etwas anderes
habe ich nicht gelernt, denn ich bin nicht zur Schule gegangen. Schon als
kleiner Junge bin ich mit unserer Herde herumgezogen. In meiner Jugend
brach die goldene Zeit für die Tierhaltung an. So groß wie damals wurde
die Herde nie wieder. Seit der Geburt meines Ältesten 1990 wurde alles
viel schwieriger: Erst die Trockenheit, dann die Absperrung von Weiden
und Wald. Wir mussten ein Tier nach dem anderen verkaufen und unsere
Herde wurde kleiner und kleiner. Nun hat die Herde ihre kleinste Größe
erreicht. Ich besitze gar keine Schafe mehr, nur noch 15 Ziegen, eine Kuh
und einen Esel. Jetzt haben wir kaum etwas zum Verkaufen, wenn wir
Geld brauchen. Mein Bruder ist zwar in die Westsahara emigriert und
arbeitet dort als Bauarbeiter, aber Geld hat er bisher nicht geschickt. Vor
drei Monaten starb mein Vater, er konnte den Verkauf seiner Herde nicht
mit ansehen. [...] Wir besitzen zwei kleine Parzellen Bewässerungsland und
etwas Regenbauland, außerdem einige Obstbäume – Kirschen, Aprikosen
und Äpfel. Viel ist das nicht. Mein Vater lebte noch von der Kartoffel, seit
drei Jahren etwa bauen wir sie immer weniger an. Stattdessen bauen wir
mehr Getreide und andere Futterpflanzen an, denn die Weiden werden
immer knapper. Pro Jahr müssen wir die Herde beispielsweise mindesten
vier Monate lang füttern, weil dann die Hochweiden abgesperrt sind.
Die Konkurrenz auf den anderen Weiden ist zu der Zeit groß. Mobile
Tierhaltung und ein bisschen Landwirtschaft – das ist ein hartes Leben
und lohnt sich bald nicht mehr. Für meine vier Kinder will ich eine
bessere Zukunft, darum schicke ich sie alle in die Schule – aber auch, weil
man heute von Tieren und Feldern alleine kaum mehr leben kann.«

– Ali (53), nomadischer Viehhalter im Dorf Assouara, Frühjahr 2006

»Das waren noch ganz andere Zeiten. [...] Ich war von klein auf bei den
Schafen, da wurde ich eben Hirte. Zur Schule bin ich nicht gegangen, auch
bei meinen beiden Söhnen Hamud und Hussein stellte sich die Frage
gar nicht. Meine Enkelkinder sollen aber alle zur Schule gehen, damit sie
leicht außerhalb des Dorfes Arbeit finden können – vielleicht sogar in
Marrakesch in der Verwaltung. [...] Heute wie früher besitze ich 20 Schafe,
zehn Ziegen, zwei Kühe und ein Maultier. Ich habe viel Land und darum
genug Einnahmen vom Verkauf meiner Feldfrüchte. Ich bewirtschafte

ein Stück bewässertes Land und ein Stück mit Regenbewässerung. Darauf baue ich Kartoffeln, Zwiebeln, Mais und Getreide an – für den Verkauf auf dem Markt und unsere eigene Familie. Als es daher vor ein paar Jahren auf der Weide eng wurde, konnte ich Einbußen gut verkraften und musste keine Tiere verkaufen. Außerdem stelle ich mein eigenes Tierfutter her und muss es nicht teuer auf dem Markt kaufen. [...] Wir kommen gut über die Runden. Das liegt aber vor allem auch daran, dass meine beiden Söhne drei Monate im Jahr nach Ifni gehen und dort als Maurer 70 Dirham pro Tag verdienen. Auf das Geld kann unsere Familie nicht mehr verzichten.«

– Hamad (70), Viehhalter und Landwirt in Assouara, Frühjahr 2006

RACHIKS Familie ist die wohlhabendste in seinem Dorf: Sie ist die einzige Familie mit fließendem Wasser. Das Wasser stammt aus einer selbstinstallierten Tonne auf dem Dach, mit einer Leitung in die Küche und einer ins Bad. Um die Tonne zu füllen, wird sie per Schlauch mit einem naheliegenden offenen Bewässerungskanal verbunden. Außerdem besitzt die Familie als erste und einzige im Dorf zwei Mobiltelefone, eine Toilette, einen Schwarz-Weiß-Fernseher, ein Fahrrad, einen Mixer und einen Kühlschrank. Rachik erzählt:

»Nach dem Tod meines Vaters entschied ich mich, etwas Neues anzufangen. Ich wollte nicht mehr so wie meine Vorfahren leben. Ein Leben im Nomadenzelt ist voller Entbehrungen. Außerdem gab es ständig neue Probleme, etwa zu viele Tiere auf den Weiden, abgesperrte Weiden und Wälder, immer neue Vorschriften, Konkurrenz der Hirten um die besten Weideplätze. Das wurde mir einfach zu viel. Darum habe ich die ganze Herde verkauft und unsere Felder gleich dazu. Das war 1989. Dann habe ich das Dorf verlassen und an so unterschiedlichen Orten wie Marrakesch, Casablanca und der Westsahara und in unterschiedlichen Berufen, zum Beispiel als Kellner, Bauarbeiter, Maurer und Schreiner, gearbeitet. Seit 1995 arbeite ich als selbstständiger Maler in Marrakesch, meine Frau und Tochter besuche ich nur am Wochenende. [...] Seit 2003 betreiben meine Frau und ich bei uns im Dorf eine kleine Herberge für Touristen. Vor allem europäische Rucksacktouristen kommen, um

Bergtouren zu machen. Ich werbe dafür in Marrakesch und mit einer
Website. Im Durchschnitt kommen etwa 25 Touristen im Jahr und bleiben
ein paar Tage. Ich bin froh, dass ich den Mut hatte, mein Heimatdorf zu
verlassen. Die Situation für Tierhalter hat sich weiter verschlechtert: Wer
damals blieb, nagt jetzt oft am Hungertuch.«

– Rachik (ca. 35), ehemaliger Herdenbesitzer im Dorf Tessoua, Frühjahr 2006

Die drei Haushaltsvorstände, Ali, Hamad und Rachik, zählen sich zum
Stamm der Ait Oucheg und leben in zwei kleinen, benachbarten Dörfern im marokkanischen Hohen Atlas, die bisher nur zu Fuß erreichbar
sind. Die Bergdörfer gehören zur Kommune Setti Fatma, die unterhalb
im Ourika-Tal liegt. Die Entfernung Setti Fatmas von Marrakesch beträgt
etwas weniger als 100 km. In den 1960er Jahren wurde in das abgelegene
Tal eine Asphaltstraße gelegt. Heute ist das Ourika-Tal die Sommerfrische
Marrakeschs. Kleine Hotels, Ferienwohnungen, Cafés und Souvenirshops
mit Teppichen, bunt bemaltem Geschirr und Schmuck säumen beide Seiten der Asphaltstraße.

Die Gebirgsdörfer hingegen scheinen immer noch in einem unbe-
rührten, von außen abgeschnittenen Fleckchen Erde zu liegen. Doch der
Eindruck trügt: Seit Jahrzehnten sind die Bergdörfer mit der Außenwelt
eng verflochten, was zu zahlreichen Brüchen in der Lebensweise und dem
traditionellen, pastoralen System führte. Die Beispiele Alis, Hamads und
Rachiks verdeutlichen einige der Wandelprozesse und veranschaulichen,
welche Strategien einzelne Haushalte entwerfen, um unter den neuen
Rahmenbedingungen zu überleben. Markante externe Einflüsse stellen
beispielsweise nationale Aufforstungsprogramme, die Zunahme des
Wandertourismus und die neuen Verdienstmöglichkeiten durch Arbeitsmigration dar.

Die natürliche Beschaffenheit des Gebietes war ein entscheiden-
der Faktor bei der Herausbildung des komplexen pastoralen Systems
im Hohen Atlas. Die Weidemöglichkeiten waren traditionell vielfältig,
aber von sehr unterschiedlicher Qualität. Die Tierhalter kombinierten
daher Futter unterschiedlicher Quellen: Waldflächen auf den Abhängen,

Brachen auf bewässerten Terrassen und Regenfeldbauflächen, teilweise kultivierte Futterpflanzen, Wiesen in den Tälern und vor allem die reiche Vegetation der Hochweiden. Auf der Basis dieses natürlichen Potentials, bildete sich ein System mobiler Viehhaltung mit Weideauf- und -abstiegen heraus. Dabei gab es drei große saisonale Herdenbewegungen: den Aufstieg zu den Frühlingsweiden, den weiteren Aufstieg im Sommer auf die Hochweiden, und den Abstieg und die Überwinterung in der Ebene. Innerhalb weniger Fußstunden konnten Angehörige aus den Dörfern die umherziehenden, nomadischen Hirten auf dem zentralen Gebiet des pastoralen Lebens erreichen – dem Hochplateau des Yagour.

Der Yagour bildete die kollektive Weide für zahlreiche Stammesfraktionen der Region. Seit alters her kam es dort wiederholt zu Weidekonflikten und Konkurrenz zwischen den Nomaden. Welche Gruppen die Hochweiden wann nutzen durften, war noch gegen Ende der 1960er Jahre zeitlich und räumlich genau reglementiert; zusätzlich war der gesamte Yagour von März bis Juli zur Regeneration abgesperrt. Für die Ait Oucheg waren die Hochweiden die traditionellen Sommerweiden, die sie Ende Juli bestiegen, wenn weiter unten das Gras knapp wurde. Der gesamte Stamm zog zu den nomadischen Hirten auf den Yagour und blieb mindestens einen Monat. Dies war der jährliche Urlaubsmonat, in dem getanzt, gefeiert und gesungen wurde. Ali und Hamad erinnern sich gerne an die vergangene Zeit zurück. ›Meine Kinder kennen das nomadische Leben mit der Herde gar nicht mehr‹, bedauert der 53-jährige Ali. ›Jetzt haben wir ja kaum mehr Tiere.‹ Die Schäfer und ihre Familien übernachteten in so genannten *azibs*, kleinen, überdachten Stein- und Holzverschlägen, von denen jede Dorfgemeinschaft einige auf unterschiedlichen Höhen besitzt. Die Herden wurden über Nacht oft in koppelähnlichen Steinbauten untergebracht, um Diebstählen vorzubeugen.

Die Herde war für die Tierhalter das wichtigste Kapital, das durch Verkauf schnell in Geld umgewandelt werden konnte. Außerdem verband sich mit dem Besitz einer großen Herde ein gewisses Prestige, denn dies war ein sichtbares Zeichen für Wohlstand. Komplementär zur nomadischen Weidewirtschaft betrieben andere Familienmitglieder traditionell

auch Ackerbau auf bewässerten Terrassen rund um die Dörfer und Regenfeldbau auf abgelegeneren Anbauflächen. Der Anbau wurde allerdings
durch das raue Klima, die Höhe, sowie durch Eis und Schnee im Winter
begrenzt.

Wie die drei Fallbeispiele zeigen, unterscheiden sich die Lebensweisen heute stark von dem eben gezeichneten Bild. Staatliche Eingriffe,
wie die bereits genannten Aufforstungsprogramme, beschleunigten und
verstärkten die Umwälzungen. Marokkanische Behörden deklarierten in
Zusammenarbeit mit mehreren ausländischen Nichtregierungsorganisationen zahlreiche Weiden in der Region Setti Fatma zu Naturschutzge-
bieten, bepflanzten sie mit jungen Bäumen und zäunten sie ein. Doch
das zog Folgeprobleme nach sich: Die Afforstungsinitiativen führten zu
einem Verlust vieler niedrig gelegener Weideflächen und Abhänge und
verursachten einen besonders massiven Andrang auf die kollektiven
Hochweiden des Yagours, wo sich die Nutzungskonflikte unterschiedlicher Stammesgruppen verschärften. Hinzu kommt, dass der Yagour im
Frühling und Frühsommer nicht beweidet werden darf. Diese alte Wei-
deregelung zum Schutz der Vegetation wird aber von unterschiedlichen
Schäfern vermehrt überschritten, die wegen mangelnder Weiden unter
Zugzwang stehen. Zunehmend widersetzen sich die Viehzüchter den Verordnungen und durchbrechen mit ihren Herden die Absperrungen auch
an anderen Wiesen und Wäldern. Doch dies ist ein riskantes Spiel. Einige
Tierhalter, denen der Rechtsbruch nachgewiesen werden konnte, wurden von den staatlichen Behörden vor Gericht gestellt und sanktioniert.
Insgesamt resultierten die Aufforstungsprojekte in einer Konzentration
der Tierhalter auf schrumpfende Flächen, denen Überweidung droht. Ein
zäher Wettlauf um das vorhandene Gras entbrannte – ein Wettbewerb,
der Rachik bald zu hart wurde. Er gab auf.

Eine weitere externe Dynamik, die auf die Hochweiden und das dortige nomadische Viehhaltungssystem einwirkt, ist jüngst die Zunahme
des Tourismus. Wanderungen auf dem Yagour werden stetig beliebter bei
Touristen, die im Hohen Atlas das ursprüngliche pastorale Marokko ent-
decken wollen. Der Yagour wird dabei nicht als umstrittene Weidefläche

wahrgenommen, sondern als idyllische, von Nomaden bewohnte Landschaft inmitten einer traumhaften Bergkulisse. Im Ourika-Tal siedelten sich einige Touristen- und Bergführer an und eröffneten dort kleine Reisebüros, wo sie Touristen begleitete Ausflüge in die Berge und auf den Yagour anbieten. Die meisten angereisten Gäste übernachten im Tal und einige wenige in Zelten auf den Weiden.

Wie Rachiks Familie versuchen auch andere Dorfbewohner vermehrt, Besucher in ihre Häuser zu locken und ihnen gegen ein Entgelt Unterkunft zu gewähren. Jedoch nicht nur die Anzahl meist europäischer Wandertouristen wächst, sondern auch deren Erkundungstouren auf Esel- oder Maultierrücken steigen stetig an. Dies führt zur Konkurrenz zwischen Tierhaltung und Tourismus. Esel und Maultiere, welche Bergführer und Touristen mieten, fehlen zum Transport von Gütern und als Arbeitstiere in der Landwirtschaft. Kritisch ist dies vor allem, wenn schwere landwirtschaftliche Arbeiten, wie das Pflügen, anstehen und die Maultiere nicht verfügbar sind, weil sie für die rentableren touristischen Bergausflüge genutzt werden. Zumal, da viele Dorfbewohner keinen eigenen Esel oder Maultier besitzen und diese für die schwere Arbeit mieten müssen, können sie mit den Preisen der Touristen nicht mithalten und ziehen im Konkurrenzfall den Kürzeren.

Viele Menschen in den Bergdörfern über dem Ourika-Tal sind immer noch mittellos, aber die Unterschiede in der Kapitalausstattung einzelner Haushalte vergrößern sich und produzieren neue soziale Polarisierungen innerhalb der Dörfer. Die drei Fallbeispiele zeigen, dass gerade die Familien, welche sich neben der traditionellen Tierhaltung und Terrassenwirtschaft noch andere Einkommensquellen erschließen konnten, heute erfolgreicher und wohlhabender sind. Rachik ist ein Beispiel für die Generation junger Männer, die zum Arbeiten in die Städte migrieren und mit Geld in die Dörfer zurückkehren. Dabei ist er ein Extremfall, da er die traditionelle Wirtschaftsweise komplett aufgab, sowie alle Tiere und Felder verkaufte. Wie wichtig das Einkommen aus der Arbeitsmigration ist, zeigen auch die Beispiele Hamads und Alis. Hamads Söhne verdienen in Ifni Geld dazu, das in die Herde investiert werden kann. Ali, der den Großteil seiner Herde verkaufen musste, lebt noch allein von Landwirtschaft und Tierhaltung, aber er wartet auf den Lohn seines emigrierten Bruders. Alle drei Haushalte bedienen sich also der weit verbreiteten Arbeitsmigration als Strategie.

Die Abwanderung der jungen Männer begann kurz nach dem Grünen Marsch im Jahre 1975 und verstärkte sich den 1990er Jahren. Seit dieser Zeit setzte eine Welle der Migration aus den Bergdörfern in die Westsahara ein, wo Familienväter und Söhne zunächst im Bausektor arbeiteten. Später differenzierten sich die Berufe mehr aus: Einige Gebirgsbewohner wurden auch Fischer, Händler, Kellner, Schreiner, Maler oder landwirtschaftliche Hilfsarbeiter. Einen Großteil ihres Verdienstes schickten die Migranten an ihre Familie in den Hohen Atlas, womit diese die Viehhaltung und die Landwirtschaft subventionierten, oder das Haus renovierten. Viele der Abgewanderten kehrten nach einigen Jahren wieder in die Heimat zurück, andere blieben und holten ihre Familie nach. Die Fallbeispiele zeigen auch, dass die Dorfbewohner – wie Hamad und Ali – der Schulbildung mehr Bedeutung beimessen. Sie wird als Schlüssel zur Arbeitsmigration in die Städte und somit auch zu einem lukrativen Einkommen im Handel oder der Verwaltung verstanden. Mittlerweile verfügen viele Bergdörfer über Grundschulen für die ansässigen Kinder.

Die Lebensgeschichten von Ali, Hamad und Rachik zeigen eines damit deutlich: Die Dorfbewohner können heute nicht mehr ausschließlich von Tierhaltung und Landwirtschaft leben. Sie mussten bereits andere Überlebensstrategien entwickeln. Die wirtschaftliche Situation der Familie im ersten Fallbeispiel hat sich verschlechtert, was sich im allmählichen Verlust der Herde niederschlägt. Der Haushalt hat jedoch begonnen, sich neue Einkommensquellen zu erschließen. Eine langfristige Strategie ist die Förderung der Schulbildung der Kinder, verbunden mit der Hoffnung, dass die Kinder künftig ein regelmäßiges Einkommen verdienen werden. Der zweite Haushalt hat es geschafft, sein Lebensniveau zu halten. Dies gelang ihm einerseits durch den sehr großen Landbesitz, andererseits auch durch das zusätzliche Einkommen der beiden saisonal migrierenden Söhne. Der letzte Haushalt bildet die Ausnahme:

die Familie verbesserte ihre wirtschaftliche Situation erheblich durch Arbeitsmigration sowie Tourismus, und entsagte im Gegenzug dem Hirtenleben.

Insgesamt verliert die nomadische Tierhaltung Stück für Stück ihre einst zentrale Stellung für das Überleben der Haushalte im Hohen Atlas. Meist ist sie nur noch eine Einkommensquelle neben anderen. Das Dorf lebt aus den Einnahmen, die an Orten wie Marrakesch, Casablanca oder der Westsahara erzielt werden. Kleine Dörfer im Hohen Atlas sind somit mit wachsender Migration zunehmend stark außenverflochten und trotz mangelnder infrastruktureller Erschließung keineswegs isoliert.

Vergessene Nomaden auf dem Dach der Welt: Die Kirgisen Afghanistans im weltpolitischen Spannungsfeld

HERMANN KREUTZMANN

»Als die Rote Armee bei uns war, ging es uns besser denn je. Alles war im
Überfluss vorhanden. Mit den sowjetischen Soldaten ließ sich reger Handel
treiben. Sie bezahlten hohe Preise für unsere Fettschwanzschafe. Wir erhielten dringend benötigte Nahrungsmittel auf kurzem Wege. Alle Güter
waren auf dem Pamir verfügbar. Kleidung und viele andere Waren konnten
wir eintauschen. Ärzte versorgten uns kostenlos. Seither ist alles schlechter
geworden. Heute sind wir selbst auf Nahrungsmittelhilfe angewiesen.«

– Abdurrashid Khan in Kara Jilga, Juni 2000

KIRGISEN des Kleinen Pamir gerieten in den Zeiten des Kalten Krieges
und besonders vor drei Jahrzehnten im Umfeld der sowjetischen Invasion
nach Afghanistan ins internationale Blickfeld. Ihre spektakuläre Flucht
nach Pakistan und die anschließende Übersiedlung ins türkische Exil ließ
den Eindruck aufkommen, dass der afghanische Pamir entvölkert wurde.
Menschenrechtsorganisationen und Kalten Kriegern aus dem Westen
dienten die Kirgisen als Opfer und Entwurzelte. Der Tatsache, dass nicht
alle Kirgisen des Kleinen und Großen Pamir sich dem Exodus anschlos-
sen, wurde in Zeiten der ideologischen Polarisation kaum Rechnung
getragen. Die aus Pakistan nach Afghanistan zurückgekehrten Nomaden
wurden als Kollaborateure eines verhassten Regimes missachtet und
gerieten zunehmend in Vergessenheit. Erst vor einigen Jahren gelang es,
mehr über das im Pamir Geschehene zu erfahren und die Erlebnisse der
Pamir-Kirgisen nachzuvollziehen. Im Rahmen einer humanitären Aktion
öffneten sich im Jahre 2000 kurzzeitig die früher hermetisch verriegel-
ten und scharf kontrollierten Grenzen. Der folgende Bericht vermittelt
dabei gewonnene Erkenntnisse.

Langsam schleichen die mit Weizenmehl beladenen Lastwagen rus-
sischer Bauart die Piste über den Ost-Pamir entlang. Die tadschikischen
Grenztruppen und der KGB-Kommandant in Murghab haben grünes
Licht für die Verteilung von humanitären Gütern an die Kirgisen des
Kleinen Pamir in Afghanistan gegeben. Die Fahrzeugkolonne bewegt
sich aus der vor 110 Jahren als Pamirski Post gegründeten russischen

Festungssiedlung hinaus und rollt entlang eines endlos lang erscheinenden Metallzaunes, der das 'Sistema' begrenzt, zum letzten Kontrollposten Kizil Robat vor der afghanischen Grenze. Von den weit ins Hochgebirge vorgeschobenen Posten werden die Außengrenzen der ehemaligen Sowjetunion weiterhin auf Grundlage eines 'Unterstützungsabkommens' von russischen und tadschikischen Soldaten gegen Infiltrationen aus Afghanistan gemeinsam 'gesichert'. Russische Offiziere begleiten uns in das 'Sistema', das eine demilitarisierte Zone zwischen China und Tadschikistan darstellt und eine Reminiszenz an die Grenzstreitigkeiten zwischen der Sowjetunion und der Volksrepublik China ist. Hier im äußersten Zipfel des Wakhan-Korridors treffen vier Staaten aufeinander, die im Kalten Krieg miteinander konfrontiert waren: neben den beiden verfeindeten kommunistischen Supermächten China und Sowjetunion, das zum Westen tendierende Pakistan und das Pufferland Afghanistan. Auch hier im entlegensten Zipfel Hochasiens haben weltpolitische Ereignisse tiefe Wunden gerissen. Die humanitäre Versorgungsmission ist notwendig geworden, weil sich die kirgisischen Nomaden des Kleinen und Großen Pamir mit Hilfsgesuchen an die Nachbarn in Tadschikistan gewandt haben, um eine drohende Versorgungskrise abzufedern. Zunächst ohne zählbaren Erfolg: Das arme Tadschikistan ist selbst nicht in der Lage, die eigene Bevölkerung ohne fremde Hilfe zu ernähren. Ein regelmäßig im Grenzgebiet abgehaltener Markt bringt nur geringe Umsätze auf beiden Seiten. Seit drei Jahren versorgt nun Focus International – eine an das Aga Khan Development Network (AKDN) assoziierte Organisation – ein- bis zweimal jährlich die Nomaden mit dem Nötigsten.

Die afghanische Grenze ist kaum erkennbar durch einen Pfahl markiert, und der 'inoffizielle' Übergang besitzt keinen Schlagbaum und wird von keinem Posten überwacht. In Ghundjibhoi unweit der Grenze wartet eine Delegation der Kirgisen unter ihrem Stammesführer Abdurrashid Khan zum vereinbarten Zeitpunkt auf das Eintreffen der Kolonne. Mitarbeiter von Focus haben im Vorfeld Erhebungen zur Feststellung der bedürftigen Personen durchgeführt, so dass Focus nach eigenen Einschätzungen genaue Angaben und Listen über die Empfangsberechtigten besitzt. In den nächsten zwei Tagen kommen aus allen Nomadenlagern der Pamirregion Reiter mit Yaks im Schlepptau, um die vorgesehenen Rationen für ihre Jurtengemeinschaften in Empfang zu nehmen.

Die Verteilung erfolgt in 4.000 m Höhe, bis hierhin konnten die Lastwagen fahren, weiter in den Pamir zu den Weideplätzen der Kirgisen geht es nur per Pferd oder Yak, da Flüsse zu queren und sumpfige Passagen zu meistern sind. Abdurrashid Khan ist voll des Dankes für die internationale Hilfe aus amerikanischem Weizenmehl und bestätigt, dass seit Einsetzen der Hilfslieferungen die ärgste Not gebannt sei: 35 kg Mehl pro Person wurden im Jahr 1999 ausgegeben. Eine ähnliche Größenordnung wurde auch für die Folgezeit angestrebt.

Früher gehörten die kirgisischen Nomaden zu den wohlhabendsten Einwohnern Hochasiens. Ihr legendärer Khan Rahman Qul zierte mit seinem Konterfei und seiner reich dekorierten Jurte in den 1970er Jahren zahlreiche Berichte von Jagd-Expeditionen auf der Suche nach den hier verbreiteten Marco-Polo-Schafen. Mit seinen mehr als 16.000 Stück Vieh gehörte er zu den reichen Stammesführern Afghanistans. M. Nafiz Shahrani widmete ihm und den Kirgisen des Pamir eine ausführliche Untersuchung, die eine herausragende Vergleichsquelle darstellt.

Rahman Qul unterhielt beste Beziehungen zum Königshaus und wurde für die Grenzsicherung im Nordosten des Landes als 'Wächter des Pamir' (pasbani Pamir) zusätzlich belohnt. Sein persönliches Unglück brach mit der April-Revolution 1978 herein, als der *chalq*-Flügel der kommunistischen Partei die Macht in Kabul übernahm. Noch vor der sowjetischen Invasion im Folgejahr führte Rahman Qul die 250 Jurtengemeinschaften aus dem Pamir ins pakistanische Exil nach Imit im Ishkoman-Tal.

Die Rote Armee besetzte das verlassene Hochland und baute Stützpunkte im Wakhan-Streifen zur Kontrolle der Grenzpässe auf. Von Bozai Gumbaz ließen sich die Routen nach China und Pakistan mühelos überwachen. An diesem heiligen Ort − Schrein des Gumbaz − finden sich noch heute Ruinen der Barracken und verrostende Stacheldrahtverhaue. Hinweise auf die dort in zeitgenössischen Presseberichten und der

ALLTAG UND EXISTENZSICHERUNG

(westlichen) Freiheit verpflichteten Radiosendern vermutete Startrampe der SS-20-Raketen gibt es jedoch nicht.

Vom pakistanischen Exil aus verhandelte Rahman Qul mit der US-amerikanischen Regierung über die Aufnahme der Kirgisen und die Möglichkeiten, in Alaska Viehzucht zu betreiben. Alle Verhandlungen blieben ergebnislos. Lediglich die Türkei bot den Kirgisen Asyl an, ebenso wie es anderen turksprachigen Gruppen zuvor zuteil geworden war. Rahman Qul beschloss für seine Gruppe die Umsiedlung ins ostanatolische Hochland unweit des Van-Sees. Über diese Entscheidung kam es zur Spaltung der Kirgisen nach vier Jahren Exil im ungeliebten Pakistan.

Die 'Dissidenten' wurden von Abdurrashid Khan angeführt. Er unterhielt schon seit einiger Zeit Beziehungen zur Sowjetarmee im Pamir und weigerte sich zusammen mit 50 weiteren Jurtengemeinschaften, Rahman Qul in die Türkei in eine ungewisse Zukunft zu folgen. Der damalige pakistanische Präsident Zia-ul Haq erlaubte 1982 die Rückkehr der Gruppe um Abdurrashid Khan, die in der Folge alle zuvor verlassenen Weidegründe im Kleinen und Großen Pamir in Besitz nahm. Für diese Kirgisen begann in ihrer Erinnerung die beste Zeit mit potenten ökonomischen Tauschpartnern vor Ort. Bis zum Abzug der 1.300 Soldaten der Roten Armee 1983 aus ihrem Stützpunkt in Bozai Gumbaz soll es Kleidung, Nahrung, Zigaretten und medizinische Versorgung in hinreichendem Maße gegeben haben.

Die gegenwärtige Situation erscheint dagegen desolat: Die 1.200 kirgisischen Nomaden in 237 Jurten besitzen insgesamt nur 1.400 Yaks sowie 9.000 Schafe und Ziegen. Es gibt kaum Warentausch, keine Krankenstation und keine Schule. Geldwirtschaft ist unbekannt, niemand ist des Lesens und Schreibens mächtig. Die sporadische Korrespondenz erledigt Niyoz Ali Patuwani, ein Wakhi aus Khandut, der nach Najibullahs Fall fliehen musste und Abdurrashid Khan als Sekretär zur Seite steht. Den Kirgisen fehlen ihre traditionellen Märkte, die sie früher im Winter mit hoch geschätztem Vieh aus dem Pamir versorgten. Die alljährlichen Karawanen nach Kabul zum Absatz der Fettschwanzschafe gibt es schon lange nicht mehr. Auch dringend benötigte Waren kommen nicht mehr von dort. Ein geringer Tauschhandel existiert seit acht Jahren mit den pakistanischen Nachbarn im Hunza-Tal. Schafe und Yaks werden gegen Mehl, Tee, Streichhölzer, Kleidung und Schuhe eingetauscht. Aus Badakhshan kommen Opiumhändler in die Pamirweiden, um die leichtgewichtige Droge gegen schwere Fettschwanzschafe einzutauschen. Lokale Kommandanten der Anti-Taliban-Bewegung kontrollieren diesen Handel und erheben nach archaischem Vorbild Wegezoll und erpressen Abgaben. Sie finanzieren ihren Kampf ebenso durch Opium wie ihre Gegner. Für die Kirgisen bedeutet das, dass seit einigen Jahren die Abhängigkeit von Opium auf ein hohes Maß angestiegen ist. Opium ist Arznei und Genussmittel in den harten Wintermonaten zugleich, nach Schätzungen konsumieren 90 Prozent der Kirgisen das Rauschmittel.

Trotz ihrer nomadischen Lebensweise in einer abgeschirmten Weltregion ist die kirgisische, auf Viehzucht basierende Ökonomie von den regionalen Entwicklungen stark betroffen. Als 1982 die Gruppe um Rahman Qul in die Türkei emigrierte, hieß ein Beitrag darüber: 'Die letzte Wanderung der Kirgisen.' Es sollte nicht die letzte Migration bleiben. Mittlerweile studieren einige Enkel des 1990 verstorbenen Rahman Qul in der Republik Kyrgyzstan; Gerüchte halten sich über eine beabsichtigte Übersiedlung dorthin. Zwei seiner Söhne – Malik und Akbar – sind in der Türkei als Kunstdozenten für Bildhauerei und Malerei an der Universität Van beschäftigt. Ihre Kinder und Neffen und Nichten nehmen die Bildungsangebote in verschiedenen Städten der Türkei wahr. Der jüngere Sohn Aref, der heute eine Führungsfunktion in der Familie eingenommen hat, besuchte 2005 den Kleinen Pamir. Einige der Gefolgsleute von Abdurrashid Khan versicherten ihm, dass sie noch immer Vieh, das sein Vater in ihre Obhut gegeben hätte, für ihn hüteten. Aref war sehr begeistert von der Aussicht, an frühere Glanzzeiten anknüpfen zu können und wieder die Weite des Pamir zu spüren. Sein Sohn, den er auf dem Pamir verheiraten wollte, rollt allerdings nur mit den Augen, wenn er die nostalgischen Erzählungen der alten auf dem Pamir Geborenen anhören muss.

Ein handfester Generationenkonflikt existiert im Exil. Die Dokumente der ins Exil gegangenen weisen alle als Geburtsort den Pamir und als Datum den 1. Juli auf. Die Geburtsjahre unterscheiden sich jedoch in den amtlichen Unterlagen. Die in der Türkei Geborenen und dort in Ulupamir Köyü (1.800 m) aufgewachsenen verstehen kaum, dass in den Höhen des Pamir mit seinen eisigen Wintern in über 4.000 m Höhe, ohne Laden, Schule und Gesundheitsversorgung, ja ohne Strom und Geld alles besser sein soll. Mobil sind die jungen Kirgisen schon, jedoch meistens innerhalb der Türkei und außerhalb der Viehzucht, da die mageren Ressourcen von Ulupamir Köyü längst ausgereizt sind, viele Beschäftigung in der Miliz oder der nahe gelegenen Zuckerfabrik suchen.

Auf dem Pamir lotet ihr Gegenspieler Abdurrashid Khan auch alle sich bietenden Optionen aus. Bei akuten Krankheiten bietet die tadschikische Verwaltung des Ost-Pamir Unterstützung an. Seit Jahren wird darüber beraten, ob Schülerinnen und Schülern aus dem afghanischen Pamir der Schulbesuch in Tadschikistan gestattet werden soll. Die Regierung Kyrgyzstans war in den letzten Jahren mehrfach bereit, die afghanischen Kirgisen unweit der Grenze zu Tadschikistan im Sary Tash-Gebiet anzusiedeln. Bislang beschlossen jedoch die Notabeln der kirgisischen Nomaden im Pamir, sich nicht nach den Plänen ihres Anführers zu richten und verweigerten die Gefolgschaft in ein ihnen vollkommen unbekanntes Land. Nach übereinstimmenden Aussagen möchten sie nicht das wenige, was ihr Eigen ist – die Weiden des Kleinen und Großen Pamir – für eine ungewisse Zukunft in Kyrgyzstan eintauschen. Trotz der ärmlichen Bedingungen bleibt ein Rest Hoffnung auf eine Besserung in der nahen Zukunft.

Die Lastwagen haben den Pamir verlassen, aber die Mitarbeiter von Focus haben vor Beginn des langen Winters erneut Nahrungsmittel und warme Kleidung verteilt. Außerdem machten sich einige Viehzüchter auf, um im 150 km entfernten nächstgelegenen Laden in Hunza im Oktober fette Schafe und Yaks gegen Mehl einzutauschen, das die Jurtengemeinschaften über die acht Monate während harte Winterzeit bringen soll. Der hier seit Mitte der 1980er Jahre herrschende Alltag – wenn auch auf niedrigstem Niveau – wurde mehrfach getrübt, als Taliban-Kämpfer versuchten, von Chitral (NW-Pakistan) aus die östliche Flanke der

Nordallianz zu attackieren. Den Kirgisen und Wakhi gelang es, mit Hilfe ihrer geringen Bewaffnung und beistehenden Truppen des Kommandanten von Ost-Badakhshan Sador, die Angriffe jeweils abzuschütteln. Im Frühherbst einbrechender Schneefall schließt die Bergpässe bis weit ins Frühjahr.

In den Jahren nach dem Fall der Taliban hat es lange gedauert, bis von dem reichlich über Afghanistan ausgeschütteten Geldsegen einige Tropfen im Pamir niedergingen. Die zentralistisch gesteuerte Verteilung erreicht den Pamir kaum. So sind die Kirgisen weiterhin auf Eigenverantwortung angewiesen, haben ihren Viehtausch mit dringend benötigten Gütern und den kleinen Grenzverkehr nach Pakistan und Tadschikistan intensiviert. Viel geändert hat sich nicht. Das Leben auf dem Pamir bleibt hart.

Eselstötungen als Ausdruck von Vertragsabschlüssen im Königreich von Mari

BRIT KÄRGER

MARI – ein fast 4.000 Jahre alter Keilschriftbrief aus der heute in Syrien gelegenen Stadt lautet auszugsweise wie folgt:

»Komm, ich will dich in Sidqum treffen! Nicht die am Djebel Sinjar (gelegene) Stadt namens Sidqum, (sondern die Stadt) zwischen der Grenzregion der Numha (bei) Karana und (der Grenzregion) der oberen Yamut-baal. [...] In Sidqum trafen sie alle aufeinander und begannen, die Angelegenheiten untereinander zu besprechen. Und sie [schlossen] (miteinander) einen Vertrag (wörtl.: [töteten] einen E[sel]). Vor dem Vertragsschluss (wörtl.: dem Töten des Esels), in ihrer Diskussion, fuhr [Atamrum] angesichts des Babyloniers, des Eschnunnäers, des Turukkäers (und) der sieben Könige, die ihm unterstehen, und in Anwesenheit aller Hilfstruppen fort und sprach (mit diesen) Worten so, folgendermaßen: ›Außer Zimri-Lim, unserem Vater (und) unserem großen Bruder und unserem Anführer, gibt es keinen anderen König.‹ ... Mit ihren Worten und (in) ihren Verträgen (wörtl.: Eseln) legten sie meinen Herrn als ihren Vater und ihren Anführer fest. Bevor der Vertrag geschlossen wurde (wörtl.: der Esel getötet wurde), rief Atamrum den Aschkur-Haddu und sprach zu ihm so, folgendermaßen: ›Du bist mein Sohn. Bleibe so! Mit Aqba-Hammu und den Ältesten der Numha will ich sprechen.‹ Aqba-Hammu und die Ältesten der Numha rief er und ergriff ihnen gegenüber das Wort so, folgendermaßen: ›Bevor die Verträge geschlossen werden (wörtl.: der Esel getötet wird) und ein Gotteseid festgesetzt wird, wartet und sagt mir, was bei euch vorhanden (sein soll), und ich will (es) gehen lassen.‹ ... Außer diesem Feld gab es keine andere Streitigkeit zwischen ihnen. Durch ihre Verträge (wörtl.: Esel) und ihre Worte ist der König des Landes gänzlich gebunden. [Ham]mu-rapi, den König von Kurda, ist aus [ihren] vertragen (wörtl.: Eseln) ausgeschlossen. Atamrum sprach zu Aschkur-H[addu] folgendermaßen: ›Ich fürchte mit Mitteln der Lüge und falscher Behauptung wird Hammu-rapi deinen Besitz, der bei ihm vorhanden ist, für dich freilassen, mit ihm wirst du Frieden schließen [und] ich werde mit dir verfeindet sein.‹ Und Aschkur-Haddu sprach so zu ihm, folgendermaßen: ›Und ich fürchte, dass er für dich deinen Besitz, der bei ihm vorhanden ist, freilässt und du mit ihm Frieden schließt und ich mit dir verfeindet bin. Bis unser Vater, Zimri-

Lim, hoch kommt, sind Feindschaft und Frieden zugleich (vorhanden).‹
Dieses Wort antwortete Aschkur-Haddu dem Atamrum. Nachdem sie
ihre Absichten ausgetauscht hatten und sie das Bündnis bekräftigt
hatten, wurde der Vertrag geschlossen (wörtl.: der Esel getötet). Der
Bruder ließ den Bruder einen Gotteseid schwören. Sie setzten sich, um zu
trinken. Nachdem sie gegangen waren und den Trank getrunken hatten,
brachte der Bruder dem Bruder ein Geschenk und Aschkur-Haddu brach
in sein Land auf. Und Atamrum brach in das Innere von Andarig auf.

– Archives Royales de Mari 26/2, 404: 5–65

Vor ungefähr 3.800 Jahren etablierte sich am mittleren Euphrat ein
Königreich mit seiner Hauptstadt Mari. Dieses Königreich sollte aufgrund
eines Namenselementes der Herrscher als so genannte Lim-Dynastie in
die Geschichte eingehen. Nur zeitweilig wurde die Linie der Lim-Herr-
scher durch ein assyrisches Interregnum unterbrochen, als der assyrische
König Schamschi-Adad seinen Sohn Yasmah-Haddu nach der Eroberung
Maris als Regenten in dieser Stadt einsetzte. Dieser konnte sich jedoch
nach dem Tod des Schamschi-Adad nicht mehr in Mari halten und wurde
von Zimri-Lim, einem Sohn des früheren Herrschers Yahdun-Lim, vertrieben oder getötet; die schriftlichen Überlieferungen sind diesbezüglich
nicht ausführlich. Die Blütezeit Maris währte nur kurz, denn Hammu-
rapi von Babylon eroberte und zerstörte Mari nur circa 70 Jahre nach dem
Aufstieg Maris zur Reichsmetropole. Während dieser Zeit entstand unter
anderem die in heutiger Größe erhaltene Palastanlage von Mari, die nach
einem Zufallsfund im Jahre 1932 in verschiedenen Kampagnen freigelegt
wurde. Innerhalb des Palastes (daher auch der Name Palastarchiv) wurden zahlreiche Keilschrifttexte – Königsinschriften, private und internationale Korrespondenzen und Verträge, Verwaltungstexte und Urkunden
– entdeckt, welche innen- und außenpolitische Ereignisse, aber auch ganz
private Angelegenheiten festhalten.

Die Stadt Mari und das gesamte Königreich, welches sich entlang des
mittleren Euphrats und seiner Nebenflüsse Habur und Balih erstreckte,

befinden sich in einer Zone, die gemeinhin als dimorph bezeichnet wird, das heißt zweigestaltig in der Ökonomie (hauptsächlich Ackerbau und Kleinviehzucht) und in den Bevölkerungsstrukturen (Nomaden und Sesshafte). Aufgrund fehlender Niederschläge ist sicherer Regenfeldbau in dieser Region nicht möglich. Landwirtschaft konnte in der Antike nur in flussnahen Gebieten betrieben werden und die Kleinviehzucht – hauptsächlich Schafe und Ziegen – konnte nur durch Weidewanderungen während der Wintermonate in die Steppengebiete und während der Sommermonate in die Flussauen sichergestellt werden. Bedingt durch diese von klimatischen Faktoren stark beeinflussten ökonomischen Aktivitäten war wenigstens ein Teil der Bevölkerung nomadisch und folgte mit dem Vieh Wasser und Weide, indessen ein anderer Teil, der für die Versorgung der Felder zuständig war, sesshaft war. Die Bevölkerung im Königreich von Mari war keinesfalls homogen im Sinne eines einheitlichen 'Volkes', sondern bestand aus verschiedenen Stammeskonföderationen, die ihrerseits je nachdem miteinander alliiert oder (traditionell) verfeindet waren. Während letzteres in diesem Beitrag keine Rolle spielen soll, wurden unter anderem bei der Bildung von Allianzen Verträge geschlossen, die mehrheitlich mit dem Terminus 'Eselstötung '(akkadisch: *harum qatalum*) umschrieben werden.

Einige Briefe aus Mari beinhalten Berichte über Verträge (mit ausdrücklicher Nennung eines oder mehrerer amurritischer Stämme) mit Friedensabkommen, Allianzen zur gegenseitigen Anerkennung, aber auch Pakte mit dem Ziel zur Durchführung gemeinsamer Feldzüge; also Verträge mit einem konkreten politischen Bezug. Neben diesen brieflichen Belegen existieren zwar auch Verträge in Form von Urkunden, diese halten aber wirtschaftliche und rechtliche (Privat)Angelegenheiten fest, auf die an dieser Stelle nicht ausdrücklich eingegangen werden soll, da sie den Terminus der Eselstötung nicht enthalten. Ebenso wie der Zweck der zuerst genannten Verträge variieren auch die Vertragspartner: Verträge zwischen verschiedenen Stämmen, zwischen verschiedenen Clans eines Stammes, zwischen einem Stamm und einem mariotischen Vasallen oder einem Stamm und einem Königreich (Mari u. a.) sind gut bezeugt.

Als ein Beispiel ist zu Beginn dieses Beitrags ein Brief über einen Vertragsabschluss zwischen zwei amurritischen Stämmen (repräsentiert durch
ihre Könige), den Numha und den Yamut-baal, angeführt. Unter den
relevanten Textbelegen gibt dieser Brief am ausführlichsten den Ablauf
der Vertragsverhandlungen, beginnend mit der Bestimmung des Ver-
handlungsortes über die eigentlichen Verhandlungen einschließlich der
Beilegung von Streitigkeiten und gegenseitiger Loyalitätsbekundungen
bis hin zum Vertragsabschluss, wieder. Grundsätzlich aber ist allen politischen Verträgen gemein, dass der tatsächliche Vertragsabschluss mittels
der Opferung eines oder mehrerer Esel erfolgte, wobei die Anzahl der Esel
möglicherweise auf die Zahl der abgeschlossenen Verträge anspielt (bei
mehreren Vertragsparteien).

Es wäre jedoch falsch, vorab zu urteilen, dass bei jedem Vertragsabschluss Esel getötet wurden. Einige Schriftquellen belegen, dass zumindest
die Möglichkeit der Tötung von Welpen, Ziegen und/oder Zuchtstieren
in Erwägung gezogen wurde, welche aber wegen der (befürchteten) Missbilligung des Herrschers abgelehnt wurde. Diese Tatsache beweist allerdings, dass durchaus auch andere Tiere geopfert wurden, um Verträge
abzuschließen. Bedauerlicherweise lassen auch die typisch formelhaften
Urkunden, in denen, wenn überhaupt, nur der Gotteseid und/oder der
Eid bei dem König genannt wird, und die in dieser Hinsicht dem üblichen
akkadischen Formular entsprechen, keine Aussagen darüber zu. Aus dem
zu Beginn des Beitrags zitierten Brief geht immerhin hervor, dass Tieropfer und Gotteseid eng miteinander verknüpft sind. Vielleicht dürfen
wir also die Praxis des Schwurs bei einer Gottheit mit der Darbringung
eines Opfers für ebendiese Gottheit als regelhaft annehmen. Die Anwesenheit der Vertragsparteien vor einer Gottheit in einem Tempel wird
allerdings nur selten explizit erwähnt und scheint dementsprechend
nicht zwingend notwendig gewesen zu sein. Diesbezüglich besonders
interessant sind die Funde so genannter *favissae* ('Gruben') aus dem im
Negev gelegenen Tel Haror, welche – in der Nähe eines Tempelkomplexes
gelegen – zahlreiche Knochen geschlachteter Tiere, darunter Welpen und
Vögel, aber auch Esel in einer separaten Grube enthielten.

Bislang sind allerdings keine vergleichbaren Funde im Raum des mittleren Euphrats nachzuweisen; deren (bisheriges) Fehlen ist aber auch kein Beweis für ihre Nicht-Existenz.

Es stellt sich nun die Frage: Warum werden Esel für offensichtlich bedeutende politische Vertragsabschlüsse geopfert? Den Esel gemeinhin als nobles und wertvolles Tier insbesondere für die amurritischen Nomaden zu bezeichnen, ist sicherlich zu banal. Dennoch war der Esel ohne Zweifel das wichtigste Pack-, Transport- und Reittier vor der Domestizierung des Kamels und natürlich auch lange vor dem Beginn des technisierten Zeitalters. Dass der Esel gegenüber anderen Tieren (Ziege, Rind, Welpe) als vergleichsweise wertvoll angesehen wurde, geht aus der bereits genannten Missbilligung des Herrschers gegenüber dem Vorschlag, andere Tiere zu opfern, hervor. Demzufolge ist tatsächlich eine Abhängigkeit der Wahl des Opfertieres von der Art des Vertrages zu verzeichnen. Die Bedeutung des Esels im antiken Mari wird auch durch eine Aussage des Präfekten von Mari hervorgehoben, welcher dem König Zimri-Lim rät, er solle nicht auf Pferden, die in dieser Zeit in der Regel nur als Luxusgut anzutreffen sind, sondern in traditioneller Weise auf Eseln reiten. Dies ist ganz offensichtlich ein Bezug zur Herkunft des Königs, der – wie anderen Textzeugnissen zu entnehmen ist – den Sim´al, einem amurritischen Stamm, angehört.

Wie auch immer letztlich die Eselstötung erfolgte, so lässt sich resümierend feststellen, dass dieser Terminus synonym für den Abschluss von Verträgen und Allianzen gebraucht wird. Die Verwendung dieses Ausdrucks ausschließlich in einer von Nomaden und Sesshaften gleichermaßen geprägten Welt am mittleren Euphrat zeigt seine feste Verankerung in der amurritischen Gesellschaft und hebt seine Einzigartigkeit im Vorderen Orient besonders hervor.

Konflikt im Venedig der Wüste

STEFAN HAUSER

»Im Monat Peritios des Jahres 443 nach der seleukidischen Zählung [d.h.

Februar des Jahres 132 nach Christus]: Dem Schoadu, Sohn des Bolyada,

Sohn des Schoadu, dem Gottesfürchtigen und Vaterlandsliebenden,

der bei vielen und wichtigen Gelegenheiten eifrig den Kaufleuten und

seinen Mitbürgern in der Stadt Vologesias geholfen hat, der immer

sein Leben und sein Vermögen für die Interessen seines Vaterlandes

aufs Spiel setzte, und der deshalb durch Verordnungen und Beschlüsse

und durch Standbilder im Namen des Rates und des Volkes und

auf Anordnung des hervorragenden Herrn, des Statthalters Publius

Marcellus, geehrt wurde, ihm werden vier Statuen errichtet durch die

Karawanenführer [...], weil er kürzlich eine aus Vologesias kommende

Karawane aus großer Gefahr, die sie bedrohte, gerettet hat.«

PALMYRA, die alte Oasenstadt mit ihren weitläufigen Ruinen wird jeder Tourist, der Syrien besucht, als einen Höhepunkt alles bisher Gesehenen in Erinnerung behalten. Die antike Stadt, die nicht umsonst auf der UNESCO-Liste des Weltkulturerbes steht, beeindruckt und bezaubert heute durch den Anblick ihrer kilometerlangen Säulenstraßen und mächtigen Tempelkomplexe inmitten weitläufiger Dattelpalmenhaine. Für die Karawanen und Nomaden, die sich der schon eine Tagesreise weit sichtbaren Oase aus der Steppe näherten, muss der Eindruck vor knapp 2.000 Jahren überwältigend gewesen sein. Zum Zeitpunkt der eingangs zitierten Inschrift beherrschten Palmyras Kaufleute einen Großteil des Handels zwischen Indien und dem Mittelmeer.

Über Palmyra kamen Seiden aus China und Gewürze aus Indien in das römische Reich. Große Karawanen zogen aus Mesopotamien kommend durch die Wüste wie Schiffe über das Meer. Ernest Will nannte Palmyra deshalb einmal das ›Venedig der Wüste‹. Doch die Stellung Palmyras im internationalen Fernhandel, vor allem von Luxusgütern, war keine Selbstverständlichkeit, sondern ebenso das Ergebnis einer besonderen großpolitischen Konstellation wie einer engen Kooperation von Nomaden und Sesshaften im Hinterland der Stadt.

Palmyra ist schon seit dem frühen 2. Jahrtausend v. Chr. unter seinem noch heute gebräuchlichen einheimischen Namen Tadmor in Textquellen belegt. Schon damals muss es eine besondere Rolle in der von Nomaden besiedelten Steppe eingenommen haben. Eine ergiebige Quelle ermöglichte den Anbau von Datteln, Oliven und Gemüse. Außerdem liegt die Stadt an einem Salzsee, aus dem dieses lebenswichtige Mineral leicht gewonnen werden konnte. Auf diese Weise von der Natur begünstigt, entwickelte sich die Stadt zu einem Treffpunkt von Nomaden der weiteren Region, die in den Winter- und Frühlingsmonaten dort ein Auskommen für ihre Herden fanden und dabei den dortigen Markt und Tempel besuchen konnten. Teile der Stämme ließen sich dauerhaft in der Oase nieder, wo sie Landwirtschaft und Handel betrieben. Doch ihre Berühmtheit und besondere Stellung als Zentrum des Fernhandels erlangte sie erst im 1. Jahrhundert v. Chr. Damals lag die syrische Steppe zwischen den Großreichen jener Zeit, dem Römischen Reich, das das Mittelmeer umspannte, und dem Arsakidenreich (Partherreich), das sich vom heute syrischen Euphrat bis nach Pakistan erstreckte. Weder zum einen noch zum anderen Reich gehörten die unfruchtbaren Wüsten- und Steppengebiete, die den Großteil der Arabischen Halbinsel ausmachen und bis nach Syrien und in den Irak hinaufreichen. Beide Großmächte waren sich darüber im Klaren, dass der Aufwand, die Steppengebiete mit ihrer nomadischen Bevölkerung zu kontrollieren, zu hohe Kosten verursachen würde. Dies nutzten die in Palmyra ansässigen Kaufleute, die Waren aus Indien an den Häfen am Persischen Golf, im heutigen Südirak, annahmen und quer durch die Wüstensteppe über Palmyra an die Küste des Mittelmeers, vor allem nach Antiochia, brachten.

Der Handelserfolg ließ einerseits die Stadt erblühen und die Einwohnerzahl der Oase immer weiter steigen. Zu ihrer Versorgung wurden Brunnen gebohrt, Wasser gesammelt und Felder im Hinterland der Stadt angelegt. Der Erfolg führte aber andererseits zu einem neuen Selbstverständnis. Während die Bewohner der Stadt sich lange vor allem als Mitglieder bestimmter, meist nomadischer Stämme betrachtet hatten, entwickelte sich im 1. Jahrhundert n. Chr. eine Identität als Palmyrener.

Sichtbarer Ausdruck ist die Bildung einer neuen Verfassung der Stadt, die einen Rat und eine Volksversammlung vorsah, deren Befugnisse allerdings jenseits der Genehmigung des Aufstellens von Ehrenstatuen auf kleinen Podesten an Säulen in Tempelhöfen und öffentlichen Straßen weitgehend unbekannt sind. Das neue Identitätsgefühl spiegelt sich in den Inschriften, die die Statuen begleiteten, wie im Beispiel der zitierten Inschrift für Schoadu. Sie wurden zweisprachig in Griechisch und der damaligen lokalen Sprache, einem aramäischen Dialekt, den man heute palmyrenisch nennt, verfasst. Und während die palmyrenischen Texte statt des Stadtnamens Tadmor teilweise noch Stammesnamen aufführen, ist in den griechischen Inschriften ab dem frühen 1. Jahrhundert n. Chr. nur von Palmyrenern die Rede. Fassbar werden Reichtum und städtische Identität vor allem in dem Haupteiligtum der Stadt, dem Tempel des Bel ('Herr'). Mit 210 x 205 m Größe ist dessen Tempelhof einer der größten erhaltenen Tempelkomplexe der Antike. Die Säulen des Tempels selbst waren mit etwa 1,5 m hohen Kapitellen aus vergoldeter Bronze geschmückt, Sinnbild des großen Reichtums, den die Stadt sich vor allem durch den Karawanenhandel erwarb.

In ihren Interessen als Händler und Bewohner einer reichen und selbstbewussten Stadt konnten die palmyrenischen Räte durchaus Entscheidungen fällen, die den Nomaden der Region, die nach unserer Kenntnis denselben Stämmen angehörten, nicht nur gefallen konnten. War die Stadt weiterhin der zentrale Markt der Nomaden, die dort ihre tierischen Produkte verkauften, so griffen die Städter immer stärker in die nomadische Ökonomie ein. Zum einen erhoben sie Steuern auf alle Produkte, die in Palmyra verkauft werden sollten. Bezeugt wird dies von dem Text des Steuergesetzes Palmyras, das im 19. Jahrhundert in einem Nebenraum des öffentlichen Marktplatzes der Stadt aufgefunden wurde. Darin wird unter anderem bestimmt, dass Tiere von außerhalb des Umlandes – außer wenn sie nur zur Schur kommen – zu besteuern seien. Zum anderen werden Abgaben für Weiderechte in der Palmyrene, dem von Palmyra beanspruchten Territorium, erhoben. Solch ein Anspruch hatte massive Auswirkungen auf die Bewegungsfreiheit der Nomaden.

Dass dieser Anspruch nicht nur nominell bestand, zeigen archäologische Untersuchungen im weiteren Umland der Stadt. Sie belegen, dass die Palmyrener erst die Ebenen nahe der Stadt für den Ackerbau in Anspruch nahmen, und dann immer stärker auf die Ressourcen der weiteren Umgebung zurückgriffen. Über lange Aquädukte wurde zum einen Wasser in die Stadt geführt. Zum anderen wurde das rare Wasser wo immer möglich gestaut. Beispielhaft für diese Entwicklung ist der Staudamm von Kharbaqa, der 68 km Luftlinie südwestlich von Palmyra, etwa an der damaligen Territorialgrenze zu dem Einflussgebiet des römischen Emesa (heute die Stadt Homs) lag. Mit einer Länge von 365 m und einer Höhe von über 20 m war er bis 1973 der mächtigste Staudamm Syriens. Hinter ihm stand ein 1,5 km langes Staubecken zur Verfügung, das sich heute zu großen Teilen mit Schwemmsand gefüllt hat. Sein Wasser diente der Urbarmachung der Steppe zum Zweck des Ackerbaus. Sowohl in der Steppe als auch auf den Bergplateaus der nahe gelegenen Gebirge, wo zuvor keine Siedlungen existiert hatten, entstanden vor allem im 2. Jahrhundert n. Chr. zahlreiche Dörfer und Gehöfte. Zusätzlich begannen die Palmyrener, immer weitere Räume der Steppe und Wirtschaftszweige zu kontrollieren. So wurden nicht nur Steuern erhoben, sondern auch der Abbau des Salzes in dem an die Oase grenzenden Salzsee stark reglementiert.

Der Zugriff Palmyras auf die Steppe reichte also weit und resultierte in einer deutlichen Veränderung der Raumnutzung. Spätestens Ende des 2. Jahrhunderts n. Chr. hatte Palmyra sich von einer reinen Oasenstadt in eine Territorialmacht verwandelt. Ohne eine besondere Verbindung mit den Nomaden der Umgebung ist dies kaum denkbar. Die Besonderheit liegt darin, dass die Bewohner der Stadt wohl denselben Stämmen entstammten wie die wandernden Viehzüchter. Beteiligungen der Nomaden am Schutz und Gewinn der Karawanen sowie der Aufbau von Dörfern und Wasserbaumaßnahmen wurden so vermutlich abgestimmt. Sie sind Zeugnis für eine selbst in der Geschichte dieser Region außergewöhnlich intensive Integration sesshafter und nomadischer Lebensweise. Doch führte der Besitzanspruch Palmyras an Ressourcen wie Wasser und Land auch zum Konflikt mit nicht-integrierten nomadischen Gruppen.

Besonders gravierende Auswirkungen für die Nomaden muss der Versuch gehabt haben, Weidegebiete nur für ausgesuchte, loyale, integrierte Gruppen zu öffnen. Das Ausgreifen Palmyras in die Steppe sorgte daher für eine Trennung in solche Stämme, die mit der Stadt verbunden waren, und andere, nicht in die Struktur integrierte Nomaden. Während die einen die Weiden der Umgebung nutzen und ihre Produkte in der Stadt verkaufen konnten, mussten die anderen auf beides hohe Abgaben leisten, wenn sie überhaupt zugelassen wurden. Dies muss zu großen Konflikten in der Steppe geführt haben.

Ausdruck davon sind diverse Kastelle, die inmitten der Steppe an Stellen errichtet wurden, wo entweder Wasserstellen und Brunnen vorhanden waren, oder wo sich Wasser nach den seltenen Regenfällen sammeln ließ. Sie dienten als Kontrollposten und als Quartier berittener Schutztruppen, die als eine Art Wüstenpolizei die Bewegungen nomadischer Gruppen beobachten sollten. Die Kastelle, kleinere Wachtürme und Plattformen, auf denen vermutlich Signalfeuer angezündet werden konnten, finden sich in erster Linie entlang der Handelsroute zwischen Palmyra und dem heute irakischen, damals arsakidischen Euphrat. Über 400 km führte die Route von der Oasenstadt quer durch die Steppe, bis sie bei der heutigen Ortschaft Hit auf den Euphrat traf. Noch heute lässt sich diese Trasse über lange Strecken gut auf Satellitenbildern verfolgen. Die Karawanen werden sich auf ihr unter großem Schutzaufgebot bewegt haben, denn die transportierten Güter waren kostbar.

Dass die Schutzmaßnahmen nötig und möglicherweise dennoch nicht immer erfolgreich waren, zeigt der eingangs zitierte Text. Er ist einer von etwa zwei Dutzend ähnlicher Inschriften, die zeigen, dass Karawanen aus Dankbarkeit für die Hilfe ihren Karawanenführer oder derjenigen, die für die Sicherheit in der Steppe verantwortlich waren, Statuen im Bel-Tempel, in den anderen großen Tempeln der Stadt, auf dem Marktplatz oder an den Säulen der langen Hauptstraße aufstellten. In einem Fall wird interessanterweise einem römischen Zenturio gedankt, welcher der Karawane zur Hilfe kam. Das kann durchaus schon westlich von Palmyra geschehen sein, denn Überfälle auf wertvolle Karawanen waren auch im römischen Reich keine Seltenheit. Dieser Text zeigt aber auch, wie intensiv die Palmyrener mit den römischen Amtsträgern zusammenarbeiteten.

Nicht umsonst wird in der Ehreninschrift für Schoadu erwähnt, dass der römische Statthalter von Syrien ihn geehrt hatte. Dass der Statthalter als 'unser Herr' angesprochen wird, ist wiederum ein Hinweis darauf, dass Palmyra seine Unabhängigkeit verloren hatte und zunehmend in das römische Reich integriert wurde. Spätestens mit dem Ende des 2. Jahrhunderts n. Chr. war Palmyra Teil der römischen Provinzverwaltung. Dabei behielten die Palmyrener einen Sonderstatus, denn weiterhin kontrollierten sie mit eigenen Truppen die östlichen Steppengebiete.

Als dann in der Mitte des 3. Jahrhunderts n. Chr. das Römische Reich in eine Schwächephase geriet, war es der palmyrenische Oberbefehlshaber Odainath, der es erfolgreich gegen Angriffe aus dem Osten verteidigte. Die neu gewonnene Machtposition baute seine Witwe Zenobia, eine der berühmtesten Frauengestalten der Antike, nach seiner Ermordung aus. Für eine kurze Zeit beherrschte sie von Palmyra aus Syrien, Ägypten und einen Großteil der heutigen Türkei. Aus der Oasenniederlassung von Nomaden wurde für wenige Jahre die inoffizielle Hauptstadt des Ostteils des Römischen Reiches. Im Jahr 272 n. Chr. wurde Zenobia vom römischen Kaiser Aurelian besiegt und die Stadt erobert. Ihre Sonderrolle in der Beziehung zu Rom fand ein Ende.

Der Fernhandel, der seit Jahrzehnten durch einen Regierungswechsel in Mesopotamien und zunehmende nomadische Aktivitäten in den östlichen Steppen behindert war, brach mit dem Niedergang Palmyras zusammen. Die Kastelle, sichtbarer Anspruch Palmyras auf die Kontrolle über die Steppe, mussten aufgegeben werden. Neue Nomadenstämme übernahmen die Herrschaft über die Steppe im Osten. Die Siedlungen im Umland wurden aufgegeben. Am Ende des 3. Jahrhunderts wurde Palmyra Teil der römischen Abwehrbefestigungen gegen die unruhigen Nomaden der Steppe. Diese Grenzverteidigungen gegen Nomaden zeigen, dass den römischen Verwaltern nicht möglich war, was den Palmyrenern durch ihre Verankerung in den nomadischen Stämmen gelungen war. An die Stelle der Integration von Stadt und Nomaden trat der Konflikt.

Palmyras einstige Größe und der Reichtum der Oasenstadt aber blieben ein bekanntes Motiv in der arabischen Literatur, wo sie mit dem Namen Zenobias verbunden wurden. Ihr sagenhafter Reichtum und die Tatsache der Herrschaft einer Frau ließen sie auch in Europa ab dem 14. Jahrhundert zum Thema zahlreicher Dichtungen, Historiengemälde und Opern werden, in denen Palmyra nur als verfremdeter Hintergrund auftaucht. Für muslimische Geographen, die zumindest auf Augenzeugenberichte zurückgreifen konnten, zählte die Oasenstadt seit dem Mittelalter – wie heute für die UNESCO – zu den bedeutendsten, von Menschen geschaffenen Wundern der Welt. Dabei hält die Perspektive der arabischen Autoren nicht nur die Erinnerung an Zenobia wach, sondern auch an den Konflikt der Stadt mit den Nomaden der Steppe. Denn die arabische Tradition schreibt den Sieg gegen Zenobia und die Zerstörung Palmyras nicht dem römischen Kaiser Aurelian, sondern Amr ben Adi vom Stamm der Tanukh zu. Folgen wir dieser Interpretation der Geschichte der Stadt, so spiegeln sich in der Ehreninschrift für Schoadu, der eine Karawane für Nomaden rettete, schon die Konflikte wider, die später zum Untergang des palmyrenischen Territorialreichs führten. Der Versuch, die Steppe von der Oase aus zu beherrschen und über ihre Ressourcen zu bestimmen, hat nur eine Chance, wenn die Integration zwischen Staaten, Städtern und Nomaden eine ausgewogene Verteilung des Nutzens ermöglicht. Gegen die Nomaden lässt sich die Steppe auf Dauer nicht kontrollieren und in Ackerland verwandeln.

Staatliche Anbindung von Nomaden im römischen Nordafrika

ALEXANDER WEISS

»Dem Titus Flavius Macer, Sohn des Titus, eingeschrieben in den
römischen Stadtbezirk Quirina, dem Bürgermeister und Priester auf
Lebenszeit in Ammaedara, dem Präfekten des Stammes der Musulamier,
dem vom vergöttlichten Kaiser Nerva ernannten Kurator im Amt für
die Getreideversorgung der Stadt Rom, dem kaiserlichen Prokurator
der Güter und Ländereien in den Regionen Hippo und Theveste, dem
Prokurator der Provinz Sizilien, haben die Freigelassenen und Sklaven
aus der Kultgemeinschaft um die Laren unseres Kaisers sowie die
Pächter aus der Region um Hippo diese Ehrenstatue errichtet.«

HIPPO REGIUS, eine Stadt in der antiken römischen Provinz Afrika, ist
der Ort im Nordosten des heutigen Algerien, wo – in etwas freier Übersetzung – dieser Text einer lateinischen Inschrift gefunden wurde. Der
Text beschreibt in typischer Manier die Karriere eines Amtsträgers der
römischen Staatsverwaltung zu Beginn des zweiten nachchristlichen
Jahrhunderts. Titus Flavius Macer stammte aus einer nicht unbedeu-
tenden Stadt der Provinz Afrika, Ammaedara, das heutige Haïdra, gelegen auf einer trockenen Hochebene im Westen des heutigen Tunesiens.
Dort hat er die höchsten städtischen Ämter bekleidet, ehe er eine Laufbahn in der Reichsverwaltung einschlug. Hier fungierte er zunächst als
Präfekt des Stammes der Musulamier. Sein weiterer Weg führte ihn dann
zu hochrangigen Posten in Rom, Afrika und Sizilien. Dass er ein ordentlicher Verwalter gewesen zu sein scheint, lässt sich daran ablesen, dass
ihm in Hippo die Angehörigen seines Verwaltungsapparates sowie die
Pächter auf den kaiserlichen Gütern die Ehrenstatue mit dem vorliegen-
den Text auf dem Sockel errichtet haben. Eine weitere Ehrenstatue mit
einer ähnlichen Inschrift ließen ihm die Bürger von Calama errichten,
einer etwas weiter westlich gelegenen Stadt.

Das Amt, mit dem Titus Flavius Macer seine Laufbahn in der Reichsverwaltung antrat, lautet im lateinischen Original *praefectus gentis
musulamiorum*. Dieser Amtstitel, verbunden mit dem persönlichen
Hintergrund Macers geben uns Aufschluss über die Beziehungen des

römischen Imperiums zu den Nomaden Nordafrikas. Das römische Reich stieß ja mit der Eroberung Nordafrikas verstärkt auf nomadische Gruppen, die ohne dauerhafte Siedlungen und sonstige Zeichen von Urbanisation lebten. Einige dieser Gruppen widersetzten sich zu Beginn des 1. Jahrhunderts nach Christus der römischen Okkupationsmacht unter Führung des Musulamiers Tacfarinas. Es dauerte einige Jahre, ehe Rom den zähen Gegner bezwingen konnte.

Zur Mitte des 1. Jahrhunderts war die römische Provinz Afrika, die etwa den Nordteil des heutigen Tunesien und den Küstenstreifen Libyens umfasste, so weit befriedet, dass die administrative Durchdringung der Region vorangetrieben werden konnte. Das gewöhnliche römische Muster hierfür war, Verwaltungsbezirke zu schaffen, die eine mittelgroße Stadt als Kern und ihr dazu gehöriges Umland umfassten. Das hatte zur Voraussetzung, dass jeder Einwohner dieses Gebietes einen festen Wohnsitz hatte. Wie aber sollte man mobile Lebensformen in dieses System integrieren, die nicht an einem bestimmten Ort dingfest zu machen waren und deren Aufenthaltsorte sich möglicherweise über weitere Regionen erstreckten?

Die römische Verwaltung erwies sich in dieser Frage als durchaus kreativ: Sie schuf ein neues Amt, das des *praefectus gentis*, das so nur in Nordafrika und sonst nirgends im Imperium bezeugt ist. Dieses Amt wurde zur Kontrolle nomadischer Gruppen erfunden. Wir kennen es allein durch solche Laufbahninschriften wie die des Titus Flavius Macer. Einer der ersten Amtsträger, der uns überliefert ist, trug am Ende des 1. Jahrhunderts nach Christus noch den Titel eines *praefectus gentium* in Afrika, war also möglicherweise ganz allgemein für die Nomaden Nordafrikas zuständig, die nicht dauerhaft an eine Stadt angeschlossen waren.

Im Laufe der Zeit differenzierte sich das Amt dann und es wurden Präfekten für einzelne nomadische Gruppen eingesetzt, so wie Macer, dem Präfekten des Stammes der Musulamier. Man hat lange vermutet, diese Präfekten wären aus den Stämmen, für die sie zuständig waren, rekrutiert worden, und außerdem angenommen, sie hätten gleichzeitig einen Offiziersposten in der römischen Armee inne. Gerade die Person des Titus Flavius Macer, der durchaus repräsentativ für die nordafrikanischen Stammespräfekten ist, zeigt uns jedoch ein ganz anderes Bild. Titus Flavius Macer besaß wie auch sein Vater ('Sohn des Titus') das römische Bürgerrecht. Das allein ist noch kein vollständiger Beweis, dass er kein Nomade gewesen sein kann, doch weiß man, dass das römische Bürgerrecht auch noch im 2. Jahrhundert nur äußerst selten an nomadische Einwohner Nordafrikas verliehen worden ist. Hinzu kommt nun, dass Macer die höchsten und bedeutendsten Ämter in der Stadt Ammaedara innehatte. Der Aufstieg in städtische Führungsämter war aber nahezu unmöglich für eine Person, die keiner der alteingesessenen, führenden Familien der jeweiligen Stadt entsprang. Macer war also kein Nomade, sondern entstammte der urbanen, romanisierten Oberschicht Nordafrikas, die seit Beginn des 2. Jahrhunderts in die hohen Ämter der Reichsverwaltung drängte. Seine regionale Herkunft war dennoch nicht völlig ohne Bedeutung. Das Gebiet, das den Musulamiern zugewiesen worden war, grenzte eng an das Territorium von Ammaedara. Seine Vertrautheit mit der Region empfahl Macer wahrscheinlich für das Amt des *praefectus gentis musulamiorum*. Dieses Auswahlkriterium scheint öfter angewandt worden zu sein, denn wir besitzen einige weitere Zeugnisse für Präfekten der Musulamier, die aus Ammaedara stammen. Ein Präfekt der Cinithier, deren Gebiet im Westen Tunesiens lag, kam ebenfalls aus einer angrenzenden Stadt.

Die Karriere des Titus Flavius Macer verdeutlicht weiterhin, dass die *praefecti gentis* nicht notwendig über militärische Expertise verfügen mussten. Macer hatte vor seinem Einsatz als Präfekt der Musulamier ausschließlich zivile Ämter bekleidet. Zwar hatten einige seiner Kollegen vor dem Amt des Stammespräfekten als Offiziere der römischen Armee gedient. Doch war dies eine von vielen Möglichkeiten, eine Karriere in der römischen Reichsverwaltung zu beginnen, und keine Bedingung vor der Bekleidung des Amtes des *praefectus gentis*. Die nomadischen Gruppen Nordafrikas scheinen also nicht zwangsläufig die aufrührerischen Elemente gewesen zu sein, die Rom nur mit militärischer Gewalt niederhalten konnte. Das ist gerade vor dem Hintergrund von Bedeutung, dass zu

Beginn des 1. Jahrhunderts nach Christus die Musulamier unter Tacfarinas die treibende Kraft gegen die römische Fremdherrschaft gewesen zu sein scheinen. Hier ist bis zum 2. Jahrhundert ein Befriedungsprozess zu verzeichnen, der auch für andere nomadische Stämme Nordafrikas gilt. Die Musulamier stellten seit dem späten 1. Jahrhundert sogar Hilfstruppenkontingente in der römischen Armee, ebenso wie die Gaetuler, eine andere große nomadische Konföderation, die zum Teil einem *praefectus gentis* unterstanden.

Was hatten diese Präfekten nun genau zu tun? Wir wissen kaum etwas darüber, aber einige Charakteristika und Aufgaben des Amtes lassen sich doch erkennen. Der römische *praefectus gentis* ersetzte nicht die Stammesspitze. Er war auch kein Agent des Stammes, der die Angelegenheiten der Nomaden gegenüber der römischen Herrschaft vertrat – zumindest nicht im 1.–3. Jahrhundert; in der Spätantike mag sich das geändert haben. Dies unterscheidet das Amt jedenfalls zunächst von ähnlichen Ämtern aus der jüngeren Kolonialgeschichte der europäischen Staaten. Der verwaltete Stamm blieb in seinen Strukturen erhalten und wurde auch nicht zur Sesshaftwerdung gezwungen. Das Amt des *praefectus gentis* ist somit ein rein römisches Amt, eine Funktion der Reichsverwaltung, eingebunden in den römischen Apparat. Unter die Zuständigkeiten fiel wohl die Auswahl der Soldaten, welche die nomadischen Stämme für die römischen Hilfstruppen zu stellen hatten. Des Weiteren dürfte der Präfekt die Besteuerung durchgeführt und darauf geachtet haben, dass die nomadischen Gruppen sich in den ihnen zugewiesenen Territorien aufhielten. Konkrete Zeugnisse hierfür besitzen wir leider nicht. Allerdings kennen wir viele Konflikte um territoriale Grenzen innerhalb des römischen Reiches und es wäre verwunderlich, wenn die nomadischen Gebiete auf dem Boden des Imperiums hiervon ausgenommen wären.

Die Langlebigkeit und Verbreitung des Amtes des *praefectus gentis* in Nordafrika sprechen für den Erfolg dieser römischen Erfindung. Ihr Ende bzw. ihre Umgestaltung brachten erst generelle Veränderungen der römischen Reichsverwaltung im 3. und 4. Jahrhundert.

Byzanz und die Nomaden

OLIVER SCHMITT

GESCHICHTE und Kultur des oströmischen bzw. byzantinischen Reiches (330–1453) stoßen hierzulande nur selten auf Interesse, weshalb auch geschichtskundige Leser damit kaum mehr verbinden als die Trias 'Kaiser, Kirche und Eunuchen' sowie das Klischee vom 'tausendjährigen Niedergang'. Der erste Aspekt greift viel zu kurz, der zweite geht an der Realität vorbei. Aber nicht um diese umfassenden Problemkreise soll es in diesem Beitrag gehen, sondern um einen speziellen Ausschnitt der byzantinischen Geschichte, nämlich die Beziehungen des Reiches zu den Nomaden, sowohl an seinen Grenzen als auch innerhalb derselben.

Auf den ersten Blick erscheint das Nomadenproblem als die Überlebensfrage des Reiches schlechthin: Im 7. Jahrhundert gingen ihm große Teile des Vorderen Orients an die Araber verloren, und seit der Mitte des 11. Jahrhunderts sah es sich in Kleinasien mit den Türken konfrontiert, denen es im Jahre 1453 endgültig erlag. Dieser Eindruck täuscht jedoch. Weder bei der islamisch-arabischen Expansion noch bei der Entstehung des Osmanischen Reiches seit dem frühen 14. Jahrhundert handelt es sich um von Nomaden ausgelöste oder wenigstens maßgeblich angestoßene Phänomene, obwohl nomadische Gruppen in beiden Fällen eine Rolle spielten.

Im Laufe ihrer Geschichte bekamen es die Byzantiner mit zwei verschiedenen Typen des Nomaden zu tun: mit Dromedarnomaden aus der arabischen Wüste und Reiternomaden zentralasiatischer Herkunft. Bei ersteren bildet die Zucht von Dromedaren die wirtschaftliche Existenzgrundlage, bei letzteren die von Pferden, wobei diese Tiere nicht nur als Fortbewegungsmittel, sondern auch als Milch- und Fleischlieferanten dienen. Daneben spielen bei beiden Typen Schafe und Ziegen, seltener Rinder eine gewisse Rolle. Landbau und Fischfang werden nur zur Ergänzung betrieben, sofern es die ökologischen Verhältnisse gestatten. Die Schwierigkeiten mit Dromedarnomaden verloren im 7. Jahrhundert mit dem Verlust Syriens und Palästinas für das Reich an Aktualität und gewannen erst im 10. und 11. Jahrhundert erneut Relevanz, als sich Byzanz noch einmal Nordsyriens bemächtigen konnte. Die Reiternomaden wurden seit dem ausgehenden 4. Jahrhundert zu einem ernsthaften Problem, als die Hunnen in den nördlichen Donauraum vorstießen. Ihnen folgten später die Awaren, Protobulgaren, Ungarn, Petschenegen, Uzen und Kumanen nach. Im 11. Jahrhundert drangen die seldschukischen Türken ins östliche und zentrale Kleinasien ein, wo sie sich dauerhaft etablieren konnten und den nach Westkleinasien abgedrängten Byzantinern fortan mit Raubzügen zusetzten. Während die Dromedarnomaden fast immer politisch zersplittert und in Klein- und Kleinst-Verbände aufgeteilt blieben, gelang den Reiternomaden gelegentlich die Bildung mächtiger und bisweilen dauerhafter Reiche: Attila der Hunnenkönig ist in diesem Zusammenhang zu nennen, obwohl sein Reich nach seinem Tode verfiel.

Mehr Erfolg hatten in dieser Hinsicht Awaren, Bulgaren, Ungarn und seldschukische Türken, deren Gründungen Jahrhunderte fortbestanden. Bulgaren wie Seldschuken vermochten dem byzantinischen Staat sogar umfangreiche Gebiete zu entreißen, auf denen sie sich dann niederließen. Den Petschenegen ist dergleichen nur sehr vorübergehend gelungen. Mit der Bildung stabiler politischer Gebilde ging allerdings der nomadische Charakter der meisten Völker verloren. Das lässt sich exemplarisch an den Bulgaren belegen, die seit der Gründung ihres Reiches im Jahre 681 einem tiefgehenden Sedentarisierungs- und Slawisierungsprozess unterlagen und das orthodoxe Christentum der Byzantiner übernahmen. Aber auch die seldschukischen Türken nahmen in den von ihnen begründeten Sultanaten und Emiraten rasch eine sesshafte Lebensweise an. Ihre dem Nomadismus verhaftet gebliebenen Volksgenossen, die sich nur mehr in den ihnen ökologisch günstigen Landstrichen zwischen West- und Zentralkleinasien behaupten konnten, nahmen sie jetzt selbst als ein lästiges Phänomen wahr.

Mit der Entstehung solcher dauerhafter Reiche verlor das eigentliche Nomadenproblem für die Byzantiner häufig an Virulenz. So hat die Gründung des Bulgarenreiches zwischen Donau und Balkangebirge maßgeblich dazu beigetragen, das verbliebene Reichsgebiet gegen nomadische Einfälle, namentlich gegen solche der Ungarn und Petschenegen, abzuschirmen. Erst als die Byzantiner seit 970 wieder zur Donau vordrangen und das Bulgarenreich annektierten, wurden sie dort wieder zu unmittelbaren Grenznachbarn von Nomaden, nämlich der Petschenegen, mit allen daraus resultierenden Schwierigkeiten.

Zweifellos war das Verhältnis der Byzantiner zu den nomadischen Völkern vielfach von Konfrontationen geprägt und in sehr vielen Fällen erwiesen sich die Nomaden als die Angreifer. Über ihre Motive muss im Folgenden kurz gesprochen werden.

Ursache des nomadischen Druckes auf die Reichsgrenzen waren immer wieder Wanderbewegungen namentlich reiternomadischer Völker, die sich keineswegs freiwillig auf den Weg gemacht hatten. So wurden die Awaren von den Türken und Chazaren in den Donauraum gedrängt, die Ungarn von den Petschenegen, diese wiederum von den Uzen und Kumanen, welche im 13. Jahrhundert wiederum seitens der Mongolen unter Druck gerieten. Es war also mitunter existentielle Not, die nomadische Völker zum Überschreiten der Reichsgrenze trieb, wie im Falle der Petschenegen im Jahre 1046:

»Diese Leute, durch den Lauf des Donauflusses vom römischen Herrschaftsgebiet geschieden, brachen plötzlich auf und zogen nach unserem Territorium hin. Die Ursache ihrer Wanderung war, dass ihnen die Uzen, ihre (östlichen) Grenznachbarn, durch Raubzüge zusetzten und sie ausplünderten und sie solcherart zu einem Wechsel ihrer Wohnsitze zwangen.«

– Michael Psellos, 11. Jahrhundert

In den meisten Fällen wurden die nomadischen Einfälle jedoch durch Beutegier veranlasst. Ein Chronist überliefert für das Jahr 1036 lapidar:

»Die Petschenegen überschritten die Donau und plünderten ganz Mysien (Bulgarien) bis nach Thessalonike (Saloniki) hin aus.«

– Ioannes Skylitzes, frühes 12. Jahrhundert

Das bei weitem höhere Niveau der materiellen Kultur im byzantinischen Reich stellte für die nomadischen Völker eine starke Versuchung dar, sich

Güter, die ihnen aufgrund ihrer materiellen Armut – Viehwirtschaft warf keine großen Gewinne ab – auf dem Handelswege nicht zugänglich waren, durch Raubzüge zu verschaffen. Während solche Razzien für die Angreifer – den Erfolg vorausgesetzt – eine lohnende Beschäftigung darstellten, war ihre Abwehr für die Byzantiner mühsam. Die Reiternomaden konnten sich aufgrund ihrer Mobilität dem Zugriff der oströmischen Truppen leicht entziehen, darüber hinaus bedienten sie sich, wenn es zum Kampf kam, als berittene Bogenschützen einer einfachen, aber wirkungsvollen Taktik, die auf Überraschungsangriffen, Scheinfluchten und plötzlichen Gegenstößen beruhte. Diese Kampfweise wurde byzantinischen Heeren wiederholt zum Verhängnis, wenn sie sich nicht entsprechend vorsahen. Lassen wir noch einmal unseren Chronisten zu Wort kommen:

>>In diesem Jahr (1028) unternahmen die Petschenegen einen Einfall nach Bulgarien und metzelten ein starkes Heer samt Feldherrn und Offizieren nieder oder nahmen sie gefangen.<<

Gegenangriffe auf nomadisches Gebiet nördlich der Donau waren für die Byzantiner risikobehaftete, aufwändige und darüber hinaus wenig einträgliche Unternehmen. Selbst wenn die Feldzüge erfolgreich verliefen, gab es nicht viel zu holen. Kosten und Nutzen standen also in einem sehr ungünstigen Verhältnis. Es verwundert daher nicht, dass die Kaiser es bevorzugten, sich auf diplomatischem Wege mit den Nomaden zu verständigen. Dem standen aber spezifische Schwierigkeiten entgegen, die in den sozialen und politischen Strukturen der nomadischen Völker wurzelten. Eine um das Jahr 600 entstandene Quelle stellt nüchtern fest:

>>Die Zahl der Überläufer bereitet ihnen (den reiternomadischen Völkern) Probleme. Sie sind von unsteter Gesinnung, habgierig, und weil sie aus vielen Stämmen zusammengesetzt sind, kümmern sie sich keinen Deut um ihre Volksgenossen und um die Eintracht untereinander.<<

– Strategikon des Kaisers Maurikios

Die nomadischen Völker wiesen als segmentäre Gesellschaften eine tribale Struktur auf: Sie verstanden sich als Abstammungsgemeinschaften, gegliedert in Familie, Sippe, Clan, Stamm und Konföderation, wobei sich die einzelnen Segmente als untereinander durchaus gleichwertig betrachteten. Zwar gab es Oberhäupter, die oft über ein abstammungsbedingtes Sozialprestige verfügten, doch stellten diese Stammesfürsten keineswegs uneingeschränkte Herrscher dar, sie besaßen eher die Stellung eines *primus inter pares*, dessen Aufgabe es war, Konflikte zu moderieren und einen größtmöglichen innertribalen Konsens herzustellen. Um dieser Aufgabe gerecht zu werden, mussten sie über Überzeugungskraft, Freigebigkeit und kriegerische Fähigkeiten verfügen. Ein dramatischer Auftritt aus dem Winter 523/24 mag dies verdeutlichen. Al-Mundir, das angesehene und erfolgreiche Oberhaupt der von den Persern unterstützten lakhmidischen Konföderation, wird von einem seiner Scheiche in aller Öffentlichkeit scharf kritisiert:

»Da wurde Al-Mundir zornig und sprach: ›Du erfrechst dich, so vor mir zu reden?‹ Aber jener sprach: ›Ich rede ohne Furcht ... und niemand soll es mir verwehren. Mein Schwert ist auch nicht kürzer als das der anderen und ich habe keine Scheu, bis zum Tode zu kämpfen.‹ Wegen seines Stammes und weil es ein sehr hochstehender und angesehener Mann war, schwieg al-Mundir.«

– Zacharias Rhetor, 6. Jahrhundert

Trat ein Oberhaupt zu selbstherrlich auf, machte sich sehr schnell die nomadische Eigenart, ›mit den Füßen abzustimmen‹ (R. P. Lindner) bemerkbar: Die Unzufriedenen entzogen sich unter Mitnahme ihres durchweg mobilen Besitzes dem Zugriff des als Tyrann empfundenen Fürsten oder scharten sich gleich um neue Anführer. Es wundert nicht, dass bei dieser Gewohnheit Konföderationen und selbst die Stämme flüchtige, vorübergehende Institutionen blieben. Das lässt sich am Beispiel der Petschenegen demonstrieren.

Betrug die Zahl der petschenegischen Stämme um das Jahr 900 noch acht, so war sie im 11. Jahrhundert auf dreizehn gestiegen. Dem Leser dürfte einsichtig sein, dass es unter solchen Verhältnissen schwierig war, eine dauerhafte Verständigung mit den Nomaden zu erreichen. Ein Fürst mochte in bester Absicht einen Friedensvertrag mit dem Kaiser schließen, doch konnte er nicht garantieren, dass alle seine Untertanen sich daran gebunden fühlten. Diejenigen, die mit dem Frieden unzufrieden waren, würden rasch einen anderen Häuptling finden, der bereit war, sie anzuführen.

Nicht zuletzt aus diesem Grund zahlten die Byzantiner ihren Vertragspartnern Tribute, mit denen sie die materiellen Ansprüche ihrer Gefolgschaft befriedigen sollten, um auf diese Weise zugleich ihre eigene Stellung zu befestigen. Eine solche Vorgehensweise barg allerdings das Risiko, erst recht die Begehrlichkeiten der Nomaden zu wecken, was zu erhöhten Forderungen führen musste, aus deren Verweigerung dann unausweichlich neue Angriffe resultierten. Der Bericht des Oströmers Priscus (5. Jahrhundert) verdeutlicht diese Problematik:

>»Der Barbar (Attila), der sich über die römische Freigebigkeit im Klaren war, welche die Römer aus Vorsicht an den Tag legten, damit der Friedensvertrag nicht gebrochen werde, sandte diejenigen aus seinem Gefolge (als Gesandte) zu ihnen, die er zu bereichern gedachte, indem er immer neue Ausflüchte und Vorwände erfand.«

In diesem Zusammenhang ist anzumerken, dass es Attila kaum frei stand, die materiellen Ansprüche seiner Gefolgsleute unberücksichtigt zu lassen. Obwohl zeitweise als Herrscher eines multiethnischen Reiches durchaus erfolgreich, hat der Hunnenkönig dessen strukturelle Schwächen nie wirklich überwinden können.

Schon wenige Jahre nach seinem Tod zerfiel sein Reich, was für die Byzantiner nicht von Vorteil war, da viele der Attila getreuen Völker nun auf eigene Faust versuchten, im Reich Beute zu machen, was zu jahrzehntelangen Auseinandersetzungen führte.

Im Laufe der Jahrhunderte haben die Byzantiner immer wieder nomadischen Gruppen auf Reichsboden Wohnsitze zugestanden. Eine derartige Politik hatte eine uralte Tradition, die zumindest bis in die frühe römische Kaiserzeit zurückreicht. Die jeweiligen Hintergründe und Motive waren oft ganz unterschiedlicher Natur: Angesiedelt wurden kleine Gruppen nomadischer Überläufer, überlebende Reste besiegter oder geflohener Völker, aber auch in die Tausende gehende Stammesverbände, die zu einem friedlichen Vergleich bereit waren. Im Großen und Ganzen gleich blieb dabei die Vorgehensweise der kaiserlichen Regierung. Als typisch kann gelten, was Ioannes Skylitzes über die Ansiedlung der Petschenegen 1046 mitteilt, einer der wenigen Fälle, über die uns detailliertere Nachrichten vorliegen:

> »Der Militärgouverneur von Bulgarien, Basileios der Mönch, übernahm die Zehntausende der Petschenegen und siedelte sie sämtlich in den Ebenen von Sofia, Nisch und Ovčepolci verstreut an, wobei er aus Sicherheitsgründen all ihre Waffen an sich nahm. Tyrach (das Oberhaupt der Petschenegen) und mit ihm 140 Männer wurden zum Kaiser gebracht. Der nahm sie freundlich auf, ließ sie taufen, zeichnete sie mit bedeutenden Ehrenämtern aus und hielt sie in Gewahrsam, wobei es ihnen an nichts fehlte.«

Hier sind alle zentralen Punkte der byzantinischen Ansiedlungspolitik zusammengefasst: Entwaffnung, zerstreute Ansiedlung unter Zerschlagung der Stammesstrukturen, Christianisierung und Kontrolle der tribalen Eliten bei gleichzeitigem Angebot der Integration in die byzantinische Aristokratie. Für die Nomaden bedeutete eine derartige Ansiedlung den Verzicht auf die gewohnte nomadische Wirtschafts- und Lebensweise, und sei es nur darum, dass das Reichsgebiet die dafür notwendigen ökologischen Voraussetzungen – große Steppen mit entsprechend nährstoffreichen Grassorten – nur in sehr begrenztem Umfang bereitstellte. Der Bruch mit dem Gewohnten mag dennoch für viele Nomaden als nicht ganz so gravierend empfunden worden sein, weil bereits nördlich der Donau vielfach Belege für eine teilsesshafte Lebensweise der nomadischen Völker vorliegen, besonders für eine vermehrte Hinwendung zum Ackerbau auf Kosten der Viehzucht. Die kaiserliche Regierung in Konstantinopel versprach sich von solchen Ansiedlungen vor allem zweierlei: eine Vermehrung der steuerpflichtigen Bevölkerung und eine Vergrößerung des Rekrutenpotentials. Diese Rechnung ging häufig auf, aber nicht in jedem Fall, wie der große Petschenegenaufstand der Jahre 1048–1053 beweist, der den Petschenegen für mehrere Jahrzehnte eine relative Unabhängigkeit südlich der Donau sicherte.

Die maurischen Archonten

DANIEL SYRBE

»Es kamen aber nur wenige Maurusier [= griech. Bezeichnung für die
Mauren], um auf seiner Seite [d.h. auf der des vandalischen Königs
Gelimer] zu kämpfen, und diese waren alle ohne einen Führer. Denn
sämtliche Anführer [griech.: *archontes*] der Maurusier in Mauretanien,
Numidien und Byzakion schickten Gesandte an [den byzantinischen
General] Belisar, erklärten sich als Untertanen des Kaisers und versprachen
ihm Heeresfolge. Einige stellten sogar ihre Kinder als Geiseln und baten
ihn, er möge ihnen nach altem Brauch die Abzeichen der Herrschaft
übersenden. Bei den Maurusiern gilt nämlich das Gesetz, dass niemand,
selbst wenn er mit den Römern verfeindet ist, die Herrschaft ausüben
darf, bevor ihm nicht der römische Kaiser deren Kennzeichen verliehen
hat. Obwohl sie diese bereits von den Vandalen empfangen hatten,
glaubten sie doch nicht, ihrer Herrschaft sicher zu sein. Diese Abzeichen
bestehen aus einem mit Gold überzogenen silbernen Stab, einem
silbernen Hut, der aber nicht das ganze Haupt bedeckt, sondern wie eine
Kopfbinde geformt, auf allen Seiten von silbernen Trägern gehalten
wird, ferner einem weißen Mantel, den nach Art einer thessalischen
Chlamys eine goldene Spange an der rechten Schulter zusammenhält.
Schließlich gehören noch dazu ein buntgesticktes, weißes Untergewand
und vergoldete Schuhe. Belisar überschickte ihnen ebendieses und
beschenkte überdies noch jeden mit viel Geld. Sie kamen aber deswegen
nicht, um nun mit ihm gemeinsam den Kampf zu führen, wagten aber
auch nicht, die Vandalen zu unterstützen, sondern hielten sich beiden
Parteien fern und warteten ab, wie sich das Kriegsglück gestalten werde.«

– Prokop, Bellum Vandalicum I 25, 1–9

PROKOP von Caesarea erzählt in seinem um 540 verfassten Geschichtswerk vom politischen Engagement des byzantinischen Kaisers Justinian I. in Nordafrika. Die zitierte Passage ist die zentrale Quelle, die
Einblick in die Strategien der politischen Anbindung nomadischer
Gruppen an der Peripherie des Imperium Romanum in spätantiker
und frühbyzantinischer Zeit bietet. Justinian (527–565) versuchte in
seinen frühen Regierungsjahren mit einer offensiven Außenpolitik im

westlichen Mittelmeerraum Territorien zurückzugewinnen, die dem Imperium Romanum im 5. Jahrhundert in den Wirren der so genannten 'Völkerwanderungszeit' verlorenen gegangen waren. Der erste Schauplatz dieser Ambitionen wurde Nordafrika. Hier hatten die Vandalen – eine aus Germanen und reiternomadischen Elementen aber auch Provinzialrömern bunt zusammengemischte politisch-militärische Interessengemeinschaft – unter der Führung ihres Königs Geiserich (428–477) eine eigenständige Herrschaft errichtet. Nachdem sie vom Süden der iberischen Halbinsel, wo sie seit Beginn des 5. Jahrhundert gesiedelt hatten, nach Nordafrika übergesetzt waren, besetzten sie im zweiten Viertel des 5. Jahrhunderts etwa im Gebiet des heutigen Nordtunesiens sukzessive römisches Provinzialterritorium.

Unter der Führung des energischen Königs Geiserich stiegen die Vandalen in den folgenden Jahren zu einer dominierenden Macht im Mittelmeerraum auf. Geiserichs politische und militärische Aufmerksamkeit konzentrierte sich auf die beiden römischen Kaiserhöfe – den weströmischen, der seit 402 nicht mehr in Rom, sondern in Ravenna residierte, und den oströmischen bzw. byzantinischen in Konstantinopel – denn gegen diese galt es, die errungene Position zu sichern.

Diese politische Fokussierung gen Norden trug wesentlich dazu bei, dass bereits seit der Mitte und dann vor allem im späten 5. Jahrhundert an der südlichen Peripherie des vandalischen Territoriums maurische Anführer an Einfluss gewannen. Dieser Prozess wurde zusätzlich dadurch begünstigt, dass sich die Präsenz der Vandalen im Gebiet des heutigen Nordtunesiens konzentrierte. In diesem Kernraum übten sie eine wirkungsvolle politische Kontrolle aus, mit zunehmender Entfernung von diesem Zentrum nahm die Präsenz der Vandalen und damit deren Möglichkeit zur Kontrolle des Territoriums ab. Es entstanden herrschaftsferne Räume, in denen maurische Anführer eigene Machtstellungen aufbauen konnten. Diese maurischen Herrschaften wiesen sehr unterschiedliche Institutionalisierungsgrade auf. Das Spektrum reichte von Personenverbänden unter einer mehr oder weniger geschlossenen Führung, welche sich teils nur für gemeinsame Kriegszüge zusammenfanden, teils aber auch eine begrenzte Kontrolle über geographische Räume ausüben konnten, bis hin zu heute nur noch in groben Zügen erkennbaren Formen institutioneller Ordnungen, an deren Spitze mitunter ein Anführer stand, der in Inschriften den lateinischen Titel *rex* (König) führte.

Hatten verschiedene maurische Gruppen bis zum Tod des Königs Geiserich (477) mit den Vandalen politisch und vor allem militärisch kooperiert, verfielen diese guten Beziehungen gegen Ende des 5. Jahrhunderts zusehends. In den Grenzzonen des von den Vandalen kontrollierten Gebietes nahmen militärische Konflikte mit lokalen maurischen Gruppen zu und die Vandalen gerieten zusehends in die Defensive. Eine schwere militärische Niederlage des Vandalenkönigs Hilderich (523–530) gegen den maurischen Anführer Antalas – einer schillernden Figur, die sich in den folgenden Jahrzehnten zu einem der wichtigsten und einflussreichsten Protagonisten auf der politischen Bühne Nordafrikas entwickeln sollte – löste dann einen Prozess aus, der mittelfristig zum Zusammenbruch der Vandalenherrschaft führte. Gelimer – ein Verwandter Hilderichs und 'Thronfolger *in* spe' – nahm diese Niederlage zum Anlass, um den offenbar ohnehin als schwach geltenden und von der vandalischen Oberschicht argwöhnisch beäugten Hilderich abzusetzen und selbst die Königsherrschaft zu übernehmen. Gelimer sollte aber der letzte Herrscher auf dem vandalischen Thron sein (530–533), denn Hilderich hatte in den zurückliegenden Jahren einen politischen Kurs eingeschlagen, der auf eine Annäherung an den byzantinischen Kaiserhof in Konstantinopel abzielte. Die Absetzung Hilderichs zog daher eine zunächst diplomatische Intervention des Kaisers Justinian nach sich. Gelimer zeigte sich unnachgiebig und geriet so direkt in eine militärische Konfrontation mit Konstantinopel. Diese ließ Justinian durch seinen General Belisar eröffnen, der im Spätsommer des Jahres 533 mit einem Expeditionsheer in Nordafrika landete. In Belisars Gefolge befand sich auch der eingangs zitierte Historiker Prokop.

Der byzantinische Angriff traf die Vandalen unvorbereitet. Bereits Ende des Jahres 533 war das vandalische Heer geschlagen und König Gelimer in einer Bergfestung eingeschlossen, die von den ihm verbliebenen maurischen Anhängern verteidigt wurde. Im Frühjahr des Folgejahres kapitulierte Gelimer, er wurde nach Konstantinopel gebracht, wo er sich dem Kaiser Justinian unterwarf. Die byzantinische Herrschaft über Nordafrika schien gesichert – zumindest vorerst. Denn nur wenig später verwickelten nunmehr maurische Gruppen die Byzantiner in heftige Kämpfe, welche sich – wenn auch zeitweise mit geringerer Intensität geführt – über die folgenden 15 Jahre hinzogen. Diese Wendung der Ereignisse war für Konstantinopel nicht unbedingt zu erwarten gewesen, denn noch während der Kampfhandlungen mit den Vandalen hatten ja – wie Prokop in seinem eingangs zitierten Bericht überliefert – mehrere maurische Anführer Kontakt zum byzantinischen General Belisar aufgenommen und um die Übersendung von Herrschaftsinsignien ersucht. Aus byzantinischer Sicht konnte dies nur als eine klare Geste der Unterwerfung unter die kaiserliche Autorität aufgefasst werden.

Prokops Bericht zählt zu den wichtigsten historischen Quellen, die Ansätze und Möglichkeiten einer diplomatischen Anbindung nomadischer Gruppen an Zentralstaaten in römischer und frühbyzantinischer Zeit dokumentieren. Schon in seiner Terminologie differenziert Prokop sehr fein. Während er den vandalischen Herrscher stets als *basileus* (König = lat.: *rex*) bzw. dessen Herrschaft *basileia* (Königsherrschaft) bezeichnet, unterscheidet er die Stellung der maurischen Anführer von diesen konsequent durch die Bezeichnung als *archontes* (Sg. *archon* = Anführer). Dieser Terminus entspricht dem in den etwa zeitgleichen lateinischen Quellen verwendeten *dux* bzw. *ductor* (Anführer) und spiegelt einen im Vergleich zur Königsherrschaft geringeren Institutionalisierungsgrad der herrscherlichen Stellung wider. Die Autorität der maurischen Archonten basierte in erster Linie auf individueller Führungsfähigkeit und Erfolg bei der Herrschaftsausübung. Politischer und militärischer Erfolg konnte die Position eines Archons stabilisieren oder ausbauen.

Umgekehrt konnte dessen Stellung aber durch Misserfolge auch nachhaltig erschüttert werden, wie das Beispiel des maurischen Heerführers Bruten zeigt. Nach einer Niederlage versuchte dieser vor dem versammelten Heer seine angezweifelte Stellung wieder zu festigen, jedoch wurde er von den maurischen Kämpfern einfach niedergeschrien und statt seiner ein neuer Kommandant erhoben. Die Stellung maurischer Anführer war nicht selten sehr fragil.

In Prokops Bericht scheint die politische Heterogenität der Mauren durch. Denn vor dem byzantinischen Feldherrn Belisar erschienen gleich mehrere Archonten mit demselben Anliegen und diese wurden vom General dann auch als gleichrangig behandelt. Neben den an Belisar herantretenden Archonten gab es aber auch Mauren, die sich nicht durch diese Anführer repräsentiert sahen und weiterhin auf vandalischer Seite standen. Zu diesen sind neben den von Prokop erwähnten Kämpfern im Heer der Vandalen auch die Verteidiger der Bergfestung, in die sich der geschlagene Vandalenkönig Gelimer zurückgezogen hatte, zu zählen. Die politische Heterogenität der Mauren dokumentiert Prokop in seinem Geschichtswerk mehrfach; am deutlichsten wird sie am Beispiel des Archons Jaudas, der ein Gebiet im Aurèsgebirge im heutigen Nordwestalgerien kontrollierte. Gegen Jaudas versuchten zwei andere Archonten namens Massonas und Ortaias römische Unterstützung zu gewinnen,

»und zwar aus persönlicher Feindschaft; Massonas, weil Jaudas seinen Vater Mephanias, dessen Schwiegersohn er [Jaudas] war, hinterlistig getötet hatte, der andere [Ortaias], weil er zusammen mit Mastinas, dem Führer der Barbaren in Mauretanien, ihn [Jaudas] und seine maurischen Untertanen aus ihren alten Wohnsitzen zu vertreiben beabsichtigte.«

– Prokop, Bellum Vandalicum II 13, 19

Rache und Konkurrenz um ökonomische Ressourcen waren die Motive der Konflikte zwischen den Archonten. Hier konnte der Hebel der erfahrenen byzantinischen Diplomatie angesetzt werden.

Versuche der Anbindung der Mauren konzentrierten sich grundsätzlich auf die führenden Personen der jeweiligen Gruppen. Die Anführer garantierten dann durch ihre Autorität unter ihren Anhängern die Loyalität der gesamten Gruppe. Diesen Mechanismus versuchten um die Mitte des 5. Jahrhunderts auch schon die vandalischen Könige zu nutzen. Vor allem Geiserich setzte dabei in erster Linie auf gemeinsame militärische Unternehmungen: Vandalen und Mauren kooperierten bei Raubzügen, die zunächst gegen den Westen, später auch gegen den Osten des römischen Imperiums gerichtet waren. Erfolg bei solchen Aktionen steigerte das Prestige der Anführer, reiche Beute machte diese Erfolge im Wortsinne greifbar und, noch wichtiger, verteilbar. Die Anführer des Raubzuges gaben einen Teil der Beute über untergeordnete Anführer einzelner Kontingente an die eigentlichen Kämpfer weiter. Ihre Schlüsselposition in der Verteilungshierarchie gab den Anführern und Unteranführern die Möglichkeit, ihre eigene herausgehobene Stellung zu stabilisieren oder sogar auszubauen. Mit dem Erlahmen der offensiven vandalischen Mittelmeerpolitik nach dem Tod Geiserichs (477) zerbrach dieser eingespielte Mechanismus. Die maurischen Archonten mussten nach neuen Wegen suchen, Prestige und Beute zu erlangen – und die nächstliegende Möglichkeit für die Mauren waren Raubzüge gegen vandalisch kontrolliertes Territorium. Die Bindungskräfte zwischen dem vandalischen König und den maurischen Anführern lösten sich, immer häufiger aufkommende Spannungen entluden sich zunehmend in militärisch ausgetragenen Konflikten.

Der byzantinische Kaiserhof setzte zur Kontrolle der Mauren zwar, wie zuvor schon die Vandalen, ebenfalls bei den Anführern der Gruppen an, versuchte aber, diese in eine hierarchische Ordnung einzugliedern, an deren Spitze der Kaiser stand, der die Stellung der maurischen Archonten legitimierte. Die Verleihung von Herrschaftsinsignien spielte bei diesem Konzept eine zentrale Rolle. Zwar gehörte das Beschenken von Herrschern generell zu den Standards im Repertoire der römischen und byzantinischen Diplomatie, aber ein formalisierter Akt der Verleihung von Herrschaftsinsignien ist erstmals durch Prokop überliefert. Im Rahmen des diplomatischen Schenkens spielten neben Geldgeschenken – wie sie laut Prokop auch Belisar an die maurischen Archonten zusätzlich zu den Insignien verteilte – vor allem wertvolle und seltene Objekte, wie zum Beispiel kunsthandwerkliche Produkte, eine wichtige Rolle. Bereits seit dem späten 2. Jahrhundert v. Chr., als Rom seinen politischen Aktionsradius nach Nordafrika ausdehnte und mit den Anführern indigener nomadischer Gruppen in Kontakt trat, wurden beispielsweise numidische Könige mit Geschenken geehrt. Neben dem materiellen Wert war nicht selten die Exklusivität der Geschenke ausschlaggebend für deren Wirkung, denn beide Faktoren steigerten das Prestige des Empfängers.

Der Akt der Verleihung von Herrschaftsinsignien geht in seiner Wirkung noch einmal deutlich über das diplomatische Schenken hinaus, denn durch die Verleihung durch den byzantischen Kaiser wurde der Herrschaftsanspruch der Empfänger anerkannt und legitimiert. Die maurischen Archonten erbaten Herrschaftsbestätigung und Insignienverleihung, obwohl sie bereits vom vandalischen König vergleichbare Bestätigungen empfangen hatten. Diese Legitimierung hatte zunächst genügt, wurde aber mit dem Auftritt Konstantinopels auf der politischen Bühne Nordafrikas als nicht mehr ausreichend empfunden. Eine erneute Bestätigung durch den byzantinischen Kaiser, der als dem vandalischen König an Macht und Prestige unzweifelhaft überlegen wahrgenommen wurde, versprach dagegen eine deutliche Festigung der Stellung der diese Insignien empfangenden Archonten gegenüber ihren eigenen Anhängern.

Die Insignien machten als *xymbola tes arches* (Abzeichen der Herrschaft) die herausragende Stellung ihrer Träger in besonderer Weise sichtbar. Zwar sind keine bildlichen Darstellungen maurischer Archonten mit den ihnen verliehenen Insignien bekannt, aber Bilder byzantinischer Kaiser, wie beispielsweise das Mosaik in der Kirche San Vitale in Ravenna (Italien), das Kaiser Justinian inmitten hoher Beamter, kirchlicher Würdenträger und Soldaten zeigt, vermitteln zumindest einen ungefähren Eindruck. Ein Vergleich der von Prokop beschriebenen Insignien mit der Darstellung Justinians in San Vitale zeigt, dass die Insignien für die Archonten deutliche Parallelen, aber auch klare Abstufungen zum Ornat eines byzantinischen Kaisers aufwiesen. Der Kaiser trug – wie beispielsweise am in der Bildmitte des Mosaiks dargestellten Justinian zu sehen – seit dem 4. Jahrhundert als Kennzeichen seiner Macht und Würde ein

Diadem, meist ein so genanntes Perlendiadem, einen purpurfarbenen Mantel, der auf der Schulter mit einer prachtvoll mit Edelsteinen verzierten Gewandspange, der so genannten Fibel, geschlossen wurde, sowie purpurfarbene, mit Edelsteinen besetzte Schuhe. Im Vergleich zum Ornat des Kaisers waren die Insignien für die maurischen Archonten deutlich weniger aufwendig gestaltet. Auf Edelsteinbesatz wurde verzichtet. Die vergoldete Gewandspange findet eine Parallele eher in den Modellen, die als Rangkennzeichen an römische Amts- und Würdenträger vergeben wurden und im Mosaik aus San Vitale bei den beiden hohen Beamten zur Rechten des Kaisers zu sehen sind. Die Textilien der maurischen Archonten (Mantel, Untergewand) sind von weißer Farbe und damit augenfällig von den Gewändern des Kaisers unterschieden, dem eine purpurne Färbung exklusiv vorbehalten war.

Die Insignienverleihung an die maurischen Archonten ist kein singulärer Fall, sondern steht zumindest im 6. Jahrhundert eher exemplarisch für die diplomatische Praxis des byzantinischen Kaiserhofes. Die an indigene Herrscher verliehenen Insignien waren somit eine Art verkleinerte Form des kaiserlichen Ornats. Sie wiesen einerseits formale Parallelen auf, zeigten aber auch unverkennbare und beabsichtigte Reduktionen. Die Insignienausstattung der indigenen Herrscher machte einerseits ihren Herrschaftsanspruch wahrnehmbar und hatte im noch einmal deutlich prachtvolleren Ornat des byzantinischen Kaisers einen Referenzpunkt, andererseits wurde in den deutlichen Abstufungen zum kaiserlichen Ornat die hierarchische Unterordnung des indigenen Herrschers unter die Autorität des byzantinischen Kaisers deutlich sichtbar.

Ob es sich nun bei der von Prokop beschriebenen Insignienverleihung an die Archonten tatsächlich um einen bei den Mauren so althergebrachten Brauch oder gar um ein Gesetz (der zweimal von Prokop verwendete griechische Begriff *nomos* meint im Grunde beides) handelte, ist nicht sicher zu entscheiden. Zwar behaupteten die Archonten laut Prokop, dass diese Praxis in die Zeit vor der Errichtung der Vandalenherrschaft zurückreiche, eine konkrete Überlieferung liegt aber mit Prokop erstmals vor.

Konflikte zwischen Mauren und Byzantinern ließen sich aber auch mit der Legitimierung von Herrschaftsansprüchen durch die Insignienverleihung nicht grundsätzlich vermeiden. Prokop weist mit seiner Anmerkung, dass die maurischen Archonten unabhängig von ihrem aktuellen Verhältnis zum byzantinischen Kaiser um die Verleihung der Insignien nachsuchen würden, bereits auf die kommenden Kämpfe voraus. In welchem Maße sich die Beziehungen zu einzelnen Archonten ändern konnten, musste Byzanz am Fall des zu Beginn bereits erwähnten Antalas lernen. Dessen anfangs gutes Verhältnis zum Kaiser zerbrach an persönlichen Zerwürfnissen mit dem Nachfolger des Generals Belisar. In der Gegenrichtung entwickelte sich der Archon Kutzinas infolge von Misstrauen und Konkurrenz zwischen den maurischen Archonten von einem anfangs hartnäckigen Feind der Byzantiner (etwa 534/35) zu deren engstem Verbündeten (etwa Mitte 6. Jh.). Ausschlaggebend für die Stabilität der Beziehungen zwischen Mauren und Byzantinern waren Geschick und Verhalten der Protagonisten und trotz des formalisierten Aktes der Insignienverleihung blieb das gegenseitige Verhältnis letzten Endes das, was es immer war: ein persönlich geprägtes.

Kooperation und Konflikt:
Die Anaza und die Etablierung moderner
Staatlichkeit in der syrischen Steppe

JOHANN BÜSSOW

FÜHRENDE Beamte der osmanischen Regierung in der Provinz Syrien verfassten im Sommer 1848 einen Bericht an ihre Vorgesetzten in der Reichshauptstadt Istanbul. Sie berichteten darin über eine der größten Herausforderungen für die lokale Verwaltung, nämlich den Umgang mit den wehrhaften Kamelnomaden der Anaza und ihren politischen Führern. Besondere Aufmerksamkeit erfuhr in diesem Bericht Mahmud al-Nasir, der Scheich einer Anaza-Untergruppe:

»Mahmud al-Nasir ist der Scheich der Hasana, einer Gruppe von Anaza-Beduinen, die in der Nähe der Städte Hama und Homs umherziehen. Obwohl er Karawanenführer der edlen Pilgerfahrt nach Mekka ist, beträchtliche Summen an so genanntem 'Schutzgeld' (khuwwa) kassiert und ein Abkommen mit der Regierung unterzeichnet hat, hat er seine eigenen Leute und eine Reihe anderer Beduinen zu Gewalttaten angestachelt. Unter seiner Führung haben sie seitdem entlang der Straße zwischen Hama und Homs fast täglich niederträchtige Überfälle auf Reisende und Dorfbewohner verübt [...].«

Die Autoren berichten anschließend über die einzelnen Stationen der aktuellen Krise. So hatte man Scheich Mahmud al-Nasir auf Grund der verstärkten gewaltsamen Übergriffe seiner Gruppe vorübergehend die Erlaubnis verweigert, das erwähnte Schutzgeld einzutreiben und ihn zur Warnung festgenommen und eine Weile in Damaskus unter Arrest stellen lassen. Nachdem man den Scheich aber wieder seiner Wege hatte ziehen lassen, kommunizierte dieser nur noch aus sicherer Distanz mit der Regierung. Die osmanischen Beamten schreiben:

»Da es inzwischen Winter geworden war, zog seine Gemeinschaft [die Hasana] tief in die Wüste. So war es unmöglich, für ihre Disziplinierung und Bestrafung zu sorgen. Obwohl seine Exzellenz [Gouverneur von Damaskus] dem erwähnten Banditen mehrere Ermahnungsschreiben gesandt hat, hat er es, die Ermahnungen missachtend, gewagt, Morde, Plünderungen, andere Verbrechen zu begehen. Gefragt, ob er die Karawanenführerschaft sowie das Schutzgeld verlieren wolle, antwortete der

Erwähnte schließlich, dass er von den ihm neuerlich zur Gewohnheit gewordenen Übergriffen Abstand nehmen wolle.«

Im Gegenzug sollte ein neues Abkommen zwischen Mahmud al-Nasir und dem osmanischen Staat vereinbart werden. Entgegen dieser Abmachungen geriet jedoch die Situation im Sommer 1848 vollends außer Kontrolle. Nicht nur kam es erneut zu bewaffneten Auseinandersetzungen mit der sesshaften Bevölkerung, der Scheich der Hasana und seine Gefolgsleute wurden zudem in eine Fehde mit den Sba'a verstrickt, einer weiteren Anaza-Gruppe, die ihnen Weidegebiete streitig machte. Osmanische Regierungstruppen griffen ein, worauf es in der Region um Hama zu bürgerkriegsähnlichen Zuständen kam, die erst im Verlauf der 1860er Jahre wieder unter Kontrolle gebracht wurden.

Mit diesen Ereignissen erreichte eine lange schwelende Krise ihren Höhepunkt. Seit dem späten 16. Jahrhundert und vor allem seit Mitte des 18. Jahrhunderts waren zahlreiche große Beduinengruppen von der Arabischen Halbinsel nordwärts in die Region Syrien gezogen, was zu vermehrten Spannungen mit bereits etablierten Beduinengruppen und mit der sesshaften Bevölkerung führte. Die Anaza waren Teil dieser allgemeinen Wanderungsbewegung, die die soziale und politische Landschaft des arabischen Vorderen Orients nachhaltig verändern sollte. Dieser Beitrag gibt am Beispiel der Hasana einen Überblick über die wechselvolle Geschichte der Anaza-Beduinen in Syrien und beleuchtet dabei einzelne Faktoren, die zu der eingangs beschriebenen Krise führten. Die zentrale Frage dabei ist, wie sich in der Interaktion zwischen Nomaden und Regierungsvertretern Elemente moderner Staatlichkeit in der syrischen Steppe etabliert haben.

Die Anaza als Teil der wahhabitischen Expansion

Es war vor allem ein Ereignis, das die Anaza unter den nach Syrien zuwandernden Beduinengruppen hervorstechen ließ. Dies war das Auftreten der Wahhabiten, einer islamischen Reformbewegung, die sich ab

Mitte des 18. Jahrhunderts auf der Arabischen Halbinsel ausbreitete. Der Gründer der Bewegung, Muhammad ibn Abd al-Wahhab (1703–92) deklarierte all diejenigen, die seinen strengen Lehren nicht folgen wollten, zu Ungläubigen und erklärte ihnen den Krieg. Es ist fraglich, ob diese äußerst radikale Bewegung langfristig Erfolg gehabt hätte, hätte Muhammad ibn Abd al-Wahhab nicht einen starken Bündnispartner gefunden: Im Jahr 1745 verbündete er sich mit Muhammad ibn Sa'ud, dem Lokalherrscher der nahe dem heutigen Riyad gelegenen Oasenstadt Dir'iyya. Dieser führte nun einen bewaffneten Kampf, mit dem er die Lehren Muhammad Abd al-Wahhabs verbreitete und gleichzeitig seinen eigenen Machtbereich stetig vergrößerte.

Ibn Sa'ud und seine Familie waren durch genealogische Beziehungen mit den Hasana verbunden. Nicht zuletzt deshalb gelang es Ibn Sa'ud, große Teile der Anaza und anderer beduinischer Gruppen zu mobilisieren, die nun gegen die Dörfer und Städte im Fruchtbaren Halbmond in den Krieg zogen. Nicht nur Stammessolidarität, sondern vielmehr eine komplexe Gemengelage von Motivationen, bewegte die beduinischen Gruppen zu Bündnissen mit Ibn Sa'ud und den Wahhabiten. Nicht zuletzt waren es katastrophale Klimaschwankungen und Hungersnöte, die viele Beduinengruppen um die Mitte des 18. Jahrhunderts nach neuen Möglichkeiten suchen ließ, ihren Lebensunterhalt zu sichern. Der entstehende saudische Staat erhob allerdings auch eine islamisch legitimierte 'Almosensteuer' (*zakah*), die bei vielen Beduinen, darunter auch einzelne Anaza-Gruppen, auf scharfe Ablehnung stieß. Auch dies bewegte viele zum Zug Richtung Syrien – in diesem Fall nicht als Vorhut der Wahhabiten, sondern als Flüchtlinge vor Ibn Sa'uds Steuereintreibern.

Die Erfolge der saudisch-wahhabitischen Truppen wurden in Istanbul mit wachsender Besorgnis registriert. 1803 eroberten Ibn Sa'uds Krieger die Hijaz-Region mit den islamischen heiligen Städten Mekka und Medina, und 1810 standen sie vor den Toren von Damaskus, geführt von ortskundigen Anaza-Beduinen. Der osmanische Sultan beauftragte daraufhin Muhammad Ali, den Gouverneur von Ägypten, mit der Bekämpfung der Gefahr. In einer Serie von Militärexpeditionen in den Jahren

1811–1818 gelang es ägyptischen Heeren, den ersten saudischen Staat zu zerschlagen.

Die Anaza als Teil der syrischen Gesellschaft

Die nach Syrien zugewanderten Anaza blieben im Land. Mehr noch: Ihre Zuwanderung hielt das ganze 19. Jahrhundert hindurch an. Während osmanische Dokumente bis in die zweite Hälfte des 18. Jahrhunderts hinein einen durchaus respektvollen Umgang zwischen den Anaza und der Regierung belegen, war das Klima nach 1800 von gegenseitigem Misstrauen geprägt. Nach dem Ende der saudisch-wahhabitischen Bedrohung traten dabei zunehmend die alltäglichen Spannungen zwischen konkurrierenden nomadischen und sesshaften Gemeinschaften in den Vordergrund. Allein die große Zahl der Anaza und ihrer Kamele scheint eine Belastung für das Verhältnis zwischen Bauern und Beduinen gewesen zu sein. Zu Beginn des 20. Jahrhunderts vorgenommene Schätzungen gehen davon aus, dass die etwa 120.000 Mitglieder der Anaza um die 600.000 Kamele besaßen, zusätzlich zu großen Zahlen an Pferden und Kleinvieh.

Im Idealfall ergänzten sich mobile Viehzucht und Landwirtschaft in Syrien. Sobald im Frühjahr die Winterweiden in der Wüstensteppe abgegrast waren, zogen die Beduinen an den Rand des Ackerlandes, wo Wasser und Weiden auch im Sommerhalbjahr zu finden waren. Während der Sommerzeit besuchten die Nomaden die Märkte in der Nähe ihrer Weiden, wo sie sich mit Getreide und Gebrauchsgütern versorgten. Nach Ende der Erntezeit, gewöhnlich Anfang Juni, ließen sie in Absprache mit lokalen Bauern ihre Tiere auf den Stoppelfeldern weiden. Dies bedeutete eine willkommene Nahrungsergänzung für ihre Herden, während die Ausscheidungen der Weidetiere den Bauern kostenlosen Dünger für ihre Felder bescherten. Wurden die Herden allerdings vorzeitig auf die Felder getrieben, war die Ernte verloren.

Die Dörfer am Rande der Steppe schlossen angesichts dieser Gefahr Schutzbündnisse mit einzelnen Beduinengruppen, die für die Sicherheit ihres Besitzes garantierten. Dies bedeutete für gewöhnlich, dass die Dörfer das von den osmanischen Beamten erwähnte Schutzgeld (*khuwwa*) entrichten mussten.

Die beduinische Zuwanderung seit dem 18. Jahrhundert hatte nachhaltigen Einfluss auf Politik und Gesellschaft in der osmanischen Provinz Syrien. So wurden kleinere Dörfer aufgegeben, da die Bevölkerung in größere, besser zu verteidigende Dörfer oder in die Städte abwanderte. Die Steuereinnahmen aus landwirtschaftlicher Produktion gingen zurück. Im Osmanischen Reich des 18. und frühen 19. Jahrhunderts wurde dieser Zustand als Teil einer Realität hingenommen, die man lediglich partiell beeinflussen konnte. Klassische Möglichkeiten zur Einhegung von Beduinengruppen waren militärische Kampagnen, so genannte Disziplinierungsaktionen (osmanisch-türkisch *tedib*), und staatliche Ansiedlungsprojekte. Eine dritte Möglichkeit war die Kooptierung tribaler Führer in den Staatsdienst – sei es als staatlich bestellte Wächter über strategische Straßen oder als Lieferanten von Lasttieren. Die verantwortlichen beduinischen Führer erhielten dafür staatliche Subsidien. Der wichtigste Anlass für solche Zahlungen war die jährliche muslimische Pilgerfahrt nach Mekka und Medina. Anaza-Scheichs wie der eingangs erwähnte Mahmud al-Nasir erhielten dabei das Privileg, große Zahlen an Kamelen sowie militärische Eskorten zu stellen. Im Gegenzug erhielten sie beträchtliche Summen aus einem eigens dafür vorgesehenen Finanzierungstopf, der so genannten 'Reichsschatulle' (arabisch *surra*). Gewissermaßen zahlte also auch der Staat 'Schutzgeld'.

Der eingangs zitierte Bericht von 1848 belegt den ständigen Wechsel zwischen Kooperation und Konflikt, militärischer Bestrafung und administrativer Einbindung von Beduinenscheichs. Obwohl er die Situation aus der Sicht der osmanischen Behörden schildert, wirft der Bericht auch ein Schlaglicht auf die Abhängigkeit der Regierung von der Kooperationsbereitschaft der mächtigen tribalen Führer. Diese Abhängigkeit verschaffte Scheich Mahmud al-Nasir von den Hasana offensichtlich eine starke Verhandlungsposition. Selbst nach zahlreichen militärischen Auseinandersetzungen versuchten die osmanischen Beamten immer noch, den Scheich mit schriftlichen Ermahnungen zu erreichen und signalisierten damit indirekt ihre Gesprächsbereitschaft. Ihre Klage, der Rückzug auf die Winterweiden entziehe die Anaza der staatlichen Disziplinierung, zeigt, wie die mobile Lebensweise den Kamelhaltern weitgehende Autonomie garantierte. So karg das Leben in der Steppe auch sein mochte, für die Beduinen war sie ein Raum, den sie konkurrenzlos beherrschten und der somit die Grundlage ihrer politischen und militärischen Bedeutung bildete.

Forts, Landkarten und Telegraphen: Neue Herrschaftstechniken in der Steppe

Ab 1839 leitete die Regierung in Istanbul unter dem Schlagwort 'Neuordnung' (*Tanzimat*) eine Serie von umfassenden rechtlichen und politischen Reformen ein. In der syrischen Steppe kam von diesen Reformbemühungen lange Zeit kaum etwas an. Die Ziele der osmanischen Regierung blieben hier im Wesentlichen die alten: Ansiedlung möglichst vieler mobiler Gruppen und Verbreiterung der Steuerbasis durch Stärkung der Landwirtschaft. Neu war allenfalls die Einführung einer selektiven Wehrpflicht, der sich aber die Beduinen und anfangs auch viele Bauern entziehen konnten. In den 1860er Jahren begann sich das Machtgleichgewicht in der Steppe jedoch nachhaltig zugunsten der osmanischen Regierung zu verändern. Es war allerdings kein Reformdekret und auch kein großangelegter Feldzug, der diesen Wandel einleitete, sondern eine Reihe von technisch-infrastrukturellen Neuerungen. Diese wirkten im Einzelnen oft unspektakulär, zusammengenommen verschafften sie aber dem osmanischen Staat eine bisher ungekannte Fähigkeit, die Gesellschaft in der syrischen Peripherie zu durchdringen.

Forts, Landkarten und das Telegraphennetz sind gute Beispiele für die Wirkung neuer Technologien und infrastruktureller Macht in Syrien. Forts zum Schutz strategischer Punkte waren eigentlich keine neue Einrichtung. Sie wurden nun allerdings nach einheitlichen Plänen und in großer Zahl errichtet. Ein kleines Fort mit einer Besatzung von nur zwei oder drei mit modernen Feuerwaffen ausgerüsteten Soldaten konnte ausreichen, um strategische Wasserquellen zu besetzen und so den Beduinen den Zugang zu weiten Gebieten zu versperren. Nicht nur die Bewegungsfreiheit der Beduinen wurde beschnitten; die Kombination aus neuen präzisen Landkarten und einem ab den 1860er Jahren zügig ausgebauten Telegraphennetz minderte zunehmend ihren Wissens- und Mobilitätsvorsprung in der Steppe. Nun konnten unerwünschte Bewegungen von Beduinen in Minutenschnelle gemeldet und durch zielgenaue Entsendungen von Soldaten gekontert werden. Beispielsweise wurde 1914 ein Befehl zur militärischen Mobilisierung gegen eine Anaza-Gruppe am oberen Euphrat fast gleichzeitig an Garnisonen nach Urfa in Südostanatolien, nach Mosul im Nordirak und nach Deir ez-Zor in Syrien telegraphiert. Die Anaza wurden damit regelrecht eingekreist.

Die neuen Technologien wurden aber durchaus auch von Mitgliedern der Anaza selbst genutzt. Der Erwerb moderner Waffen relativierte zumindest teilweise den militärischen Vorteil der Regierung, und Beduinenscheichs konnten zudem mittels telegraphischer Nachrichten selbst in direkten Kontakt mit Regierungsstellen in Istanbul treten. Diese Neuerungen verstärkten aber in jedem Fall die Abhängigkeit der Beduinen von ihren Scheichs. Letztere residierten nun oft ganzjährig in den Provinz- und Bezirkshauptstädten des Landes, um dort die Interessen ihrer Gruppe zu vertreten.

Kooptierung und staatlicher Interventionismus

Osmanische Beamte waren bis in die 1860er Jahre hinein von der Erfahrung geprägt, dass ihre Vorstellungen von Sicherheit und Ordnung in der Steppe immer wieder neu durchgesetzt werden mussten. Abkommen mit Beduinenscheichs, wie jenes mit dem Scheich der Hasana, mussten jährlich ausgehandelt werden, und widerständige Gruppen konnten nur durch wiederholte Strafexpeditionen in Schach gehalten werden. Mit anderen Worten: 'Sicherheit' war ein fragiler Zustand, der zyklisch erneuert werden musste. Ab etwa 1870 erlaubte die neugewonnene infrastrukturelle Macht den osmanischen Reformern, sich neue und dauerhafte Ziele zu setzen. Plötzlich schien der Kreislauf aus Aufbau und Verfall staatlicher Autorität durchbrochen, und eine grundlegende Umgestaltung und 'Inwertsetzung' der Steppe im Sinne der Zentralregierung schien machbar.

In osmanischen Regierungskreisen wurden zwei rivalisierende Ansichten dazu vertreten, wie der neugewonnene Handlungsspielraum gegenüber den Nomaden zu nutzen sei. Bis Mitte der 1870er Jahre dominierte die Auffassung, dass nun die Zeit gekommen sei, die Autonomie der Stämme zu beenden und möglichst alle nomadischen Gruppen sesshaft zu machen. Die Vertreter dieser Idee hatten in Bezug auf die Anaza allerdings kaum Erfolge vorzuweisen: Ein 1870 unternommener Versuch, die Anaza unter militärischer Bewachung am Euphrat anzusiedeln, schlug fehl. Die zweite Auffassung wurde vor allem in der Umgebung von Sultan Abdülhamid II. vertreten, der 1876 an die Macht kam. Dieser Ansicht zufolge sollte die relativ friedliche Situation in der Steppe in erster Linie dazu genutzt werden, enge Bindungen zwischen dem Sultanspalast und führenden Beduinenscheichs aufzubauen. Letztere sollten dann als Mittelsmänner der Regierung für Sicherheit und Entwicklung in der Steppe sorgen. Im Rahmen dieser ausgeweiteten Kooptierungspolitik erhielten führende Anaza-Scheichs ausgedehnte Ländereien und wurden somit über Nacht zu Großgrundbesitzern. Ihre Söhne besuchten nun häufig osmanische Schulen und machten Karrieren in Verwaltung und Militär. Die jungtürkische Revolution von 1908 brachte einen erneuten Umschwung zugunsten einer Politik forcierter Sesshaftmachung, die aufgrund des Ausbruchs des Ersten Weltkrieges 1914 jedoch nur in Ansätzen umgesetzt werden konnte.

Nach dem Ende der osmanischen Herrschaft schlug in Syrien das Pendel zunächst wieder in Richtung Kooptierungspolitik aus. Unter der französischen Mandatsregierung integrierten sich die Anaza-Scheichs in die entstehende Elite von Großgrundbesitzern und profitierten von einer weitgehenden Rechtsautonomie für ihre Gruppe. Seit 1935 waren einige von ihnen auch als Abgeordnete im nationalen Parlament vertreten. Die 1960er Jahre brachten jedoch einen erneuten Umschwung hin zu einem interventionistischen Entwicklungskonzept, wie es schon einzelne jungtürkische Politiker vor dem Ersten Weltkrieg favorisiert hatten. Darin wurden Nomaden als Sicherheitsrisiko und als 'rückständige' Lebensform eingestuft, die es zu beseitigen galt. Die seit 1963 regierende Baath-Partei verabschiedete mehrere Entwicklungspläne für die Steppe, in denen nomadische Weidewirtschaft nur noch innerhalb staatlich zugewiesener Territorien geduldet wurde. Die Großgrundbesitzer wurden im Rahmen einer Landreform enteignet. Viele Mitglieder der Anaza sind seither in die Golfstaaten ausgewandert. Durch Stammesbindungen und Heiratsallianzen erhalten die einzelnen Anaza-Gruppen jedoch enge Kontakte über nationale Grenzen hinweg aufrecht.

Die Hasana-Scheichs in der Region Homs haben unter den syrischen Beduinen heute wiederum eine besonders herausgehobene Rolle inne, da sie regelmäßig Besuche von Verwandten aus dem saudischen Königshaus erhalten. Diese Besuche sind Teil einer tribalen Diplomatie, der, obwohl sie sich meist fernab der Medienöffentlichkeit abspielt, im heutigen Syrien immer noch große Bedeutung beigemessen wird. Die Steppe ist ein schwer zu kontrollierender Raum geblieben, und obwohl der Pastoralismus als Lebensweise in Syrien nur noch ein Nischendasein fristet, erweist sich beduinische Identität dort weiterhin als gemeinschaftsstiftend.

Falken der Steppe. Imaginierte Ursprünge und territoriale Ansprüche im Kontext des syrischen Beduinenfestivals

LAILA PRAGER

PALMYRA, die in Syrien gelegene Oasenstadt, ist seit dem 19. Jahrhundert als internationales touristisches Fernziel bekannt, was sie nicht zuletzt den prachtvollen Ruinen aus dem römischen Zeitalter verdankt, aber auch der sagenumwobenen Existenz der Königin Zenobia, die im letzten Viertel des 3. Jahrhunderts nach Christus regiert hat. Weniger bekannt ist jedoch, dass der betreffende Ort, der heute auch unter seinem aramäischen Namen Tadmur – die 'Palmenstadt' – firmiert, seit 2007 zum Schauplatz eines jährlich stattfindenden beduinischen Kulturfestivals avanciert ist.

Mit diesem Kulturfestival 'Palmyra Festival für Kunst und Kultur', welches unter der Schirmherrschaft des katarischen Emirs, Hamad bin Khalifa Al-Thani, und des syrischen Präsidenten, Baschar Al-Assad, steht, deutet sich eine signifikante Trendwende in der Bewertung der heutigen Beduinen in Syrien an. Nach einer Jahrzehnte währenden Periode der Abwertung beduinischer Wirtschafts- und Lebensweisen, die zum Niedergang des Kamelnomadentums in Syrien beitrug, gewinnt nunmehr zunehmend eine Vorstellung an Bedeutung, wonach das 'Beduinische' mit dem idealtypischen Bild des Kamelnomaden als Ursprung einer 'panarabischen' Identität verknüpft wird.

Mit Beginn des 20. Jahrhunderts hatten sich für die syrischen Beduinen einschneidende Veränderungen ergeben, die aus dem Bau von Eisenbahnstrecken, der Einführung des Automobils und der Erschließung der Steppenregionen als Agrarland resultierten. Durch den Ausbau der Verkehrswege wurde das Steppenland zunehmend unter die Kontrolle von Nicht-Beduinen gestellt, sodass die Kamelnomaden Syriens – unter denen vor allem die großen Konföderationen der Anaza, Schammar und Mawali hervorzuheben sind – spätestens ab den 1930er Jahren ihre jahrhundertealte Monopolstellung im Transportwesen eingebüßt hatten. Auch die Kamelzucht verlor mit der Einführung des Automobils stetig an Bedeutung, da das Auto das Kamel als Mittel des Gütertransports verdrängte. Während der französischen Mandatsherrschaft wurden Kampagnen zur Sesshaftwerdung der nomadischen Bevölkerung forciert, die später vom syrischen Nationalstaat fortgesetzt wurden. Diese und die fortschreitende agrarische Nutzbarmachung der Steppen führten langfristig zum Niedergang der beduinischen Wirtschafts- und Lebensweise. Von dieser Entwicklung waren sowohl Kamelnomaden als auch Kleinviehnomaden wie die Beni Khaled, Fawara und Haddadin betroffen. Im Zuge des Wandels veränderten Nomaden ihre Wirtschaftsweise: Kamelnomaden verwandelten sich zunächst in so genannte 'Halbnomaden', das heißt, in Kleinviehzüchter mit Schafen und Ziegen, und wurden später schließlich vollständig sesshaft. Auch bei den traditionellen Kleinviehnomaden setzte sich zunehmend eine 'halbsesshafte' und schließlich auch sesshafte Lebensweise durch, wobei nunmehr die Landwirtschaft dominierte. Eine Alternative zu diesem Prozess der Sesshaftwerdung, die vor allem von den Kamelnomaden in den 1960er und 1970er Jahren im Zuge der sozialistischen Landreformen und Landenteignungen wahrgenommen wurde, war die Migration in Nachbarstaaten, wie den Irak, Jordanien oder Saudi-Arabien. Dort hatte die nomadische Lebensweise noch keine vergleichbare Abwertung wie in Syrien erfahren und die beduinische Abstammung brachte vielmehr bestimmte wirtschaftliche Privilegien mit sich.

Das seit dem Jahre 2007 in Tadmur ausgerichtete beduinische Kulturfestival ist daher bemerkenswert, da gerade auch solche Beduinengruppen partizipieren, die im Zuge der vergangenen Migrationswellen fast vollständig aus Syrien in andere Nationalstaaten ausgewandert waren. Alle anwesenden beduinischen Gruppen, ob Kamelnomaden oder Kleinviehnomaden, vertreten ihre Konföderationen und/oder tribalen Subgruppen (Anaza, Schammar, Fawara, Na'im, Mawali, Beni Khaled, Haddadin, etc.), indem sie im unmittelbaren Umfeld der 20 km südlich von Tadmur gebauten Kamelrennbahn jeweils ein Repräsentationszelt errichten. Als ich im Herbst 2009 eine ethnologische Untersuchung des beduinischen Kulturfestivals durchführte, stieß ich in einem der Repräsentationszelte auf ein mit einem Holzrahmen versehenes Gemälde, das am Mittelpfosten des Zeltes lehnte und auf dem ein Falke in der syrischen Steppe abgebildet war. Da das Aufstellen von Gemälden in Beduinenzelten unüblich ist, fragte ich den Scheich der Beni Khaled, der als

Vertreter seiner Gruppe für die Ausstattung des Zeltes verantwortlich war, was es mit diesem Gemälde auf sich habe. Er entgegnete darauf, dass er selbst das Gemälde angefertigt habe und dass es sich hierbei um ein Geschenk für den katarischen Organisator des Beduinenkulturfestivals, Hamad ibn Jaasim Al Thani, handele, der im Laufe des Tages das Zelt aufsuchen werde. Meine Nachfrage, wie der Scheich denn sicher sein könne, dass der Organisator trotz seines engen Zeitplans als Gast in sein Zelt kommen würde, wurde mit gellendem Gelächter quittiert, denn wie der Beni Khaled-Scheich versicherte, bestehe gar kein Zweifel, dass der Organisator seine Aufwartung allen 'wichtigen Stämmen' zu Teil lassen werde, damit letztere die Möglichkeit hätten, dem Sponsor eine Gegengabe zu überreichen. Da der Beni Khaled-Scheich selbst über eine kreative Ader verfüge, habe er dieses Gemälde mit dem Thema der 'beduinischen Kultur' als eine solche Gegengabe erstellt. Das Motiv des Falken stehe hierbei sowohl für die Stärke als auch für die Freiheit der Beduinen, eine Assoziation, die, so der Beni Khaled-Scheich, bereits in dem Namen aufscheine, welchen die Beduinen diesem 'edelsten aller Tiere' geben: *al-hurr*, der 'Noble und Freigeborene'.

Als ich das Gemälde fotografiert hatte und das Bild dem Beni Khaled-Scheich auf dem Display der Digitalkamera zeigte, war dieser über das Ergebnis alles andere als erfreut und bat mich, das Gemälde erneut zu fotografieren, ohne dass der Holzrahmen dabei sichtbar werde, denn erst dann würde es 'natürlich' erscheinen. Hinter der Aufforderung, das Gemälde ohne den Rahmen zu fotografieren, verbarg sich freilich das Motiv, das Beduinische mit der Vorstellung von Freiheit und grenzüberschreitender Mobilität in Verbindung zu bringen. Der Rahmen selbst wurde somit zum Sinnbild der gegenwärtigen Lebensumstände der Beduinen, die gerade durch die Präsenz von Nationalstaaten und deren territorialen Grenzen bestimmt werden.

Das auf den ersten Blick naiv-folkloristisch anmutende Gemälde erhielt durch die Aufforderung, den Bilderrahmen zum Verschwinden zu bringen, eine neue Symbolik, nämlich die Begrenztheit der territorial bestimmten Nationalstaaten zu überschreiten. Freilich rekurrierte der

Beni Khaled-Scheich in diesem Zusammenhang auf den romantischen Topos des 'freien,' 'grenzüberschreitenden' und 'edlen' Nomaden, der sich bereits in der okzidentalen Reiseliteratur des 19. Jahrhunderts findet. Auch die aus Katar und Syrien stammenden Organisatoren proklamieren letztendlich dieselben stereotypisierten Bilder eines exemplarischen Ur-Beduinentums, um spezifische zwischenstaatliche Zielsetzungen mit Blick auf eine gemeinschaftliche historische Tradition zu legitimieren.

Die romantische Szenerie des beduinischen Kulturfestivals mit den zahllosen Kamelrennen, den prachtvoll ausgestatteten Repräsentationszelten, der großzügigen finanziellen Unterstützung der syrischen Beduinen durch die von den Katari gestifteten Preisgeldern sowie die vielfältigen beduinischen Gegengaben an die Organisatoren, lassen das Bild einer Bühne entstehen, auf der die 'letzen Beduinen der Welt' in ihrer noblen Pracht und 'Ursprünglichkeit' noch einmal aufmarschieren. In Wirklichkeit bilden die einzelnen Sequenzen und Repräsentationsformen des Kulturfestivals jedoch Teilaspekte einer komplexen Szenerie, bei der nicht nur das Konstrukt eines gemeinsamen Ursprungs, sondern auch territoriale Ansprüche im Vordergrund stehen.

Um diese Zusammenhänge zu verstehen, muss noch einmal der Hintergrund in den Blick genommen werden, in dem die Metaphorik des 'freien Falken in der Steppe' ihre besondere Relevanz gewinnt. Das seit 2007 veranstaltete Beduinenfestival zielt darauf ab, die wirtschaftliche und politische Kooperation, welche sich in den vergangenen Jahren zwischen Syrien und Katar entwickelt hat, auch auf einer gemeinsamen kulturellen Ebene zu verorten. Hierbei rekurrieren beide Staaten auf die Idee einer prä-nationalen arabischen Identität, die im Beduinentum lokalisiert wird, wobei auf den bereits erwähnten Topos der 'Freiheit' und 'grenzüberschreitenden Mobilität' der Beduinen zurückgegriffen wird und die Idee, wonach die Beduinen von der prä-islamischen Periode bis in die Gegenwart hinein einen unveränderten Ausdruck des 'ur-arabischen' Lebens verkörpern. Das betreffende Ursprungskonstrukt ermöglicht somit, einerseits eine zeitlose gemeinsame historische Identität zu proklamieren, andererseits aber auch – indem man auf den Wert der

Mobilität und territorialen Ungebundenheit verweist – die tatsächliche geographische Distanz zwischen Syrien und Katar konzeptuell zu überbrücken. Auch wenn dieser imaginierte Ursprung im beduinischen 'Ur-Arabertum' wohl kaum auf einer empirisch nachweisbaren historischen Realität beruht, so erfüllt er dennoch seinen Zweck, indem sowohl eine pan-arabische als auch eine transnationale Form der Identität gestiftet wird. Angesichts der nationalstaatlichen Gegebenheiten, wonach die Unterschiede zwischen den beiden Staaten – sei es in juristischer, politischer oder wirtschaftlicher Hinsicht – gegenüber den Gemeinsamkeiten bei weitem überwiegen, gewinnt die Konstruktion eines prä-nationalen Ursprungs im Beduinentum als übergreifendes Identitätsmerkmal ein besonderes Gewicht.

Mit dem Festival sollen die offensichtlich gegebenen nationalen Unterschiede symbolisch überbrückt werden, indem den beiden Nationalstaaten die Möglichkeit geboten wird, ihren 'gemeinsamen' Ursprung im Beduinentum zu inszenieren und zu authentifizieren. Dies führt bisweilen zu überaus phantasievollen Darstellungen des Beduinentums, wenn sich zum Beispiel die katarischen Sponsoren in Beduinenzelten vom Fernsehen filmen lassen und dabei den Gestus beduinischer Scheiche mimen. Oder wenn der syrische Präsident, Baschar Al-Assad, der – wie seine katarischen Pendants – keinem wirklichen nomadischen Umfeld entspringt, dennoch eine Pseudo-Beduinenidentität proklamiert, indem er über sein eigenes 'beduinisches' Repräsentationszelt verfügt und 'seine' Kamele an den Rennen teilnehmen lässt.

Um zu vermeiden, dass das Kulturfestival zum Austragungsort ethnischer Unterschiede wird, die von den teilnehmenden Beduinengruppen potentiell artikuliert werden könnten, gibt sich die Veranstaltung in ihrer Außenrepräsentation den Anstrich eines folkloristischen Geschehens, das vor allem zu touristischen Zwecken in Szene gesetzt wird. Entsprechend vollmundig wird dann auch in der Programmbroschüre – neben den Hauptattraktionen wie das Kamelrennen und einem Schönheitswettbewerb für Kamele – mit anderen touristischen Highlights wie Tontaubenschießen, Kamelreiten, Pferdekutschen, russischen

Zirkusveranstaltungen, Abendkonzerten im römischen Theater und Filmvorführungen geworben. Die Mehrzahl dieser zusätzlich angepriesenen Attraktionen fand jedoch nie statt und im Vorfeld wurden keinerlei Vorbereitungen für deren Abhaltung getroffen. Zudem war das Programm ausschließlich in arabischer Sprache gehalten und englischsprachige Guides waren erst gar nicht vorgesehen, so dass die wenigen ausländischen Touristen, die sich auf das Festival verirrt hatten, über dessen tatsächlichen Verlauf keinerlei Informationen besaßen.

Es wurde also schnell deutlich, dass es sich bei dem beduinischen Kulturfestival um eine rein arabische Angelegenheit handelte, bei der einerseits das zwischenstaatliche Verhältnis zwischen Syrien und Katar, und andererseits die Beziehung zwischen den unterschiedlichen beduinischen Gruppen im Vordergrund stand. So wird – wie bereits angedeutet – den einzelnen Konföderationen bzw. Beduinen-Gruppen (Anaza, Schammar, Beni Khaled, Haddadin, etc.) die Möglichkeit geboten, sich als Teil des syrischen Staats zu definieren, indem sie entlang der sich über fünf Kilometer erstreckenden Kamelrennbahn jeweils ein Repräsentationszelt errichten. Durch die Repräsentationszelte werden die Beduinen zwar voneinander unterschieden, gleichzeitig wird aber auch deren Zugehörigkeit zum syrischen Boden und damit verbundene territoriale Ansprüche verdeutlicht, die vor allem für jene syrisch-stämmigen Beduinen von zentraler Bedeutung sind, die heute als Migranten in anderen Nationalstaaten leben. Freilich stellen die Repräsentationszelte auch Begegnungsstätten dar, in denen sich die beduinischen Gruppen gegenseitig besuchen, Kontakte pflegen und etwaige intertribale Konflikte beilegen.

Als Orte der Interaktion zeichnen sich die Repräsentationszelte dadurch aus, dass sie mit Bannern ausgestattet sind, auf denen sich individualisierte Begrüßungsformeln und Abbildungen befinden, mit denen die Beduinengruppen ihre sozialen und politischen Beziehungen zu den Sponsoren, das heißt dem syrischen und katarischen Nationalstaat, zum Ausdruck bringen. Die Banner, die an die Katari gerichtet sind, weisen letzteren zum Beispiel eine hierarchisch übergeordnete Position gegenüber den syrischen Beduinen zu, wobei gleichzeitig durch die Symbolik der auf den Bannern abgebildeten Kleidung oder bestimmter Zeremonialgegenstände den Katari eine beduinische Identität zugeschrieben wird. Die Beziehungen zwischen den Beduinen und den Katari werden hier auf der Basis wirtschaftlicher Ungleichheit dargestellt; andererseits werden die ökonomisch potenten Katari durch das Konstrukt einer gemeinsamen beduinischen Identität jedoch auch in die Pflicht genommen, ihre finanzschwachen beduinischen 'Brüder' in Syrien zu unterstützen. Syrien hingegen erscheint auf den Bannern primär als Nationalstaat, wobei die Beduinen in Relation zum Staat nicht als ethnische Gruppen sondern als 'Bürger' definiert werden.

Durch das Nebeneinander der Banner in ein und demselben Zelt wird jedoch auch ein gewisses Spannungsgefüge offenbar, das in den gegenwärtigen Beziehungen zwischen Katar und Syrien eingeschrieben ist. Katar, als finanzstarker und politischer Sponsor Syriens, instrumentalisiert das Kulturfestival nicht zuletzt auch, um im Rahmen des Konstrukts einer transnationalen 'pseudo-nomadischen' Identität territoriale Ansprüche in der Region von Tadmur zu erheben. Auf dieser Basis werden den Katari somit paradoxerweise Landrechte in Syrien zugesprochen, die den 'authentischen' syrischen Beduinen in den 1960er und 1970er Jahren gerade aufgrund ihrer nomadischen Lebensweise aberkannt wurden. Es war die staatliche Landnahme und Enteignungspolitik in dieser Periode, die zum endgültigen Niedergang der Kamelnomaden in Syrien führte, da letztere immer weniger Weideplätze für ihre Tiere vorfanden und somit Dürreperioden nur noch schwer überstehen konnten. Die katarischen Preisgelder, die im Zuge des Kulturfestivals großzügig an die syrischen Beduinen verteilt werden, können daher auch als Gegengabe für die verlorenen Landrechte der Nomaden verstanden werden, die sich die Katari nunmehr zunehmend aneignen.

Im Kontext des sich folkloristisch gebenden Kulturfestivals werden somit auch transnationale territoriale Ansprüche im syrischen Nationalstaat ausgehandelt, die zwar auf ein imaginiertes Ur-Beduinentum als Medium zur Konstruktion einer gemeinsamen zwischenstaatlichen

Identität rekurrieren, mit den kontemporären Beduinen und deren Lebenslagen jedoch nur wenig zu tun haben. Es wäre jedoch ein Missverständnis, die am Kulturfestival partizipierenden syrischen Beduinen als bloße Statisten zu verstehen, welche ausschließlich ihre Rolle als Nachkommen der gemeinsamen pan-arabischen 'Ahnen' zu spielen haben. Wie bereits dargelegt, profitieren sie von den großzügigen Preisgeldern, die zumindest teilweise als Kompensation für die Landnahme und den Verlust der Viehherden verteilt werden. Auch jene Beduinengruppen, die im Zuge des wirtschaftlichen Niedergangs zur Migration in andere Nationalstaaten gezwungen waren, können im Rahmen des Kulturfestivals ihre Anbindung an den syrischen Boden reklamieren, wobei fraglich bleibt, ob daraus langfristig auch konkrete Landrechte resultieren. Ungeachtet des musealen Charakters der Inszenierung eines ahistorischen Beduinentums, deutet das Kulturfestival von Tadmur auf eine Aufwertung der Rolle der Beduinen im gegenwärtigen Syrien hin, die noch vor 20 Jahren gänzlich undenkbar gewesen wäre.

Weiße und rote Termiten: Die Beziehungen zwischen den amurritischen Nomadenstämmen

MICHAEL P. STRECK

SYRIEN, mittlerer Euphrat, um 1700 v. Chr.: Ein elamisches Heer aus Südwestiran ist im Anmarsch und bedroht das Reich von Mari, in dessen Grenzen sesshafte Stadt- und Dorfbewohner neben amurritischen Nomaden verschiedener Stämme leben. Der in Mari residierende König Zimrilim und seine Familie sind selbst nomadischer Abstammung und fühlen sich, obwohl inzwischen sesshaft geworden, immer noch dem Stamm der Sim'al zugehörig. Die Sim'al besitzen Dörfer am Euphrat nördlich und südlich von Mari und wandern von dort im Winterhalbjahr mit ihren Schaf- und Ziegenherden in die syrische Wüstensteppe links und rechts des Euphrats. Einige Jahrzehnte zuvor hatte der Großvater Zimrilims die uralte Stadt von Mari erobert und eine Dynastie begründet. Die Sim'al, deren Name die 'Linken' bedeutet, rivalisieren mit dem Stamm der Jamin, den 'Rechten'. Die Wohngebiete der Jamin schließen sich weiter nördlich den Euphrat hinauf an die der Sim'al an. Jachdunlim, der Vater Zimrilims, hatte die Jamin unterworfen und ihre Stammesgebiete seinem Reich einverleibt.

Zimrilim weiß, dass er sich nicht immer auf die Jamin verlassen kann. Nur zu oft entziehen sie sich seinem Arm und weigern sich, Steuern zu zahlen oder Truppen zu stellen. Werden sie ihn in der Stunde größter Gefahr im Stich lassen? Voll Sorge schreibt er einen Brief und schickt ihn an Hammi'ischtamar, den Scheich der Ubrabäer, eines Unterstammes der Jamin. In seiner Antwort versichert Hammi'ischtamar dem König die Loyalität der Jamin: die Sorge Zimrilims sei unberechtigt und gemeinsam werde man dem Feind aus Elam entgegentreten. Dies sind Hammi'ischtamars Worte, vor 3700 Jahren in Keilschrift auf eine Tontafel geschrieben, im 20. Jahrhundert n. Chr. bei den französischen Ausgrabungen in Mari wiedergefunden:

»Zu meinem Herrn sprich (an den Briefboten gerichtete Aufforderung)! folgendermaßen: ›Hammi'ischtamar, dein Diener. Deine Tafel, die du mir hast bringen lassen, habe ich gehört. Mein Herr hat mir wegen der Truppen geschrieben. Die gesamten Truppen sind versammelt. Und mein Herr hat mir eine lange Tafel bringen lassen. Gott soll den Bösen und den Feind nicht zum Euphratufer bringen und die Waffe der Elamer sollen dein Gott und Dagan, der Herr des Landes, zerbrechen! Falls sie (die Elamer) tatsächlich bis zum Euphratufer gelangen sollten, lassen sie (die versammelten Abwehrtruppen) sich denn nicht (nur) wie Termiten an einer Halskette, von denen eine weiß und eine rot(?) ist, unterscheiden? (Zwar) sagt man: ›Dieses Dorf ist Sim'al und dieses Dorf ist Jamin‹. (Doch) stehen sie sich einander nicht wie die Flut eines Flusses von oben bis unten gegenüber? Warum hat mein Herr mir das geschrieben? Mein Herr soll mir nicht zürnen, weil ich noch nicht (mit meinen Truppen) bei meinem Herrn angekommen bin. Mein Herr weiß, dass die Scheichs und die Hanäer (meist nomadisierende Bewohner des Gebietes am mittleren Euphrat) sich noch bei mir in der Stadt Samanum aufhalten. Und da sie sich seit vielen Tagen nicht mit ihren Brüdern, die in der Stadt wohnen, getroffen haben, haben sie die Zeit ihres Aufenthaltes verlängert, bis ich ihnen antworte (und zum Aufbruch mahne). Mein Herr soll mir nicht zürnen! Nach dieser Tafel, übermorgen, werde ich bei meinem Herrn eintreffen.‹«

Hammi'ischtamar lässt keinen Zweifel daran, dass seine Jamin und die Sim'al Zimrilims dem elamischen Feind als Verbündete gegenübertreten werden. Sie sind wie verschiedenfarbige Perlen in Termitenform an einer einzigen Halskette, unterschiedlich und doch miteinander verknüpft. Sie fließen ineinander wie Wasserfluten unterschiedlicher Herkunft. So beschreibt dieser Brief in zwei lyrischen Bildern die Beziehungen der amurritischen Nomadenstämme untereinander als Spannung zwischen Vielfalt und Einheit. Das bei den französischen Ausgrabungen von Mari wiederentdeckte riesige Palastarchiv von Mari illustriert beide Pole auf mannigfache Weise. Das Bewusstsein von der Vielfalt der Stämme zeigt sich zunächst in der Notwendigkeit, die Stämme zu differenzieren. So fragt der Schreiber eines Briefes: ›Die Hanäer, die übergesetzt sind, Sim'al, oder Jamin, was ist ihr Stamm?‹ Noch deutlicher offenbart sich die Vielfalt in unterschiedlichen Interessen, die zu Konflikten bis hin zur militärischen Auseinandersetzung führen können. Ein Text spricht die Hoffnung aus, die Jamin würden sich nicht mit zwei Feinden Maris verbünden und die Herden der Sim'al rauben:

»Mit den Scheichs und Hanäern überlegte ich so: Der Mann aus Eschnunna (König einer Stadt östlich des Tigris) und Qarnilim (König von Andarig in Nordsyrien) halten sich in Schubatenlil (Stadt in Nordsyrien) auf. Und hoffentlich werden sie nicht, wenn sie zu den Jamin schicken und sich die Jamin mit Qarnilim und dem Mann aus Eschnunna verbünden, zusammen gegen die Herden der Sim'al vorgehen.«

Ein Gouverneur einer Stadt im Reich von Mari schreibt von einem Kriegszug von Hanäern gegen das Weidegebiet der Jaminiten. In einem Brief bezeichnen die Numchäer die Jamutbal als Feinde, während die Sim'al ihre 'Brüder' sind:

»Unsere Leute machten sich auf, mit den Numchäern zu kämpfen, doch die Numchäer zogen sich zurück mit den Worten: ›Was habt ihr als unsere Brüder gegen uns? Wir suchen doch nur unsere Feinde, die Jamutbal!‹«

Der Vielfalt der Nomadenstämme, die sich manchmal zur gegenseitigen Feindschaft steigern kann, steht die Verbundenheit über die Stammesgrenzen hinweg gegenüber. Die Zusammengehörigkeit der Sim'al und Jamin, die wir bereits oben gesehen haben, drückt sich auch in ihren komplementären Namen aus. Denn Sim'al heißt 'links' oder 'Norden', Jamin 'rechts' oder 'Süden'. Die Namen spielen offenbar auf eine ursprüngliche geographische Verteilung der Stämme an, die jedoch zur Zeit der Mari-Archive nicht mehr fassbar ist.

Das Verhältnis zwischen den Sim'al und den Jamutbal wird in zwei Texten mit den Begriffen 'verbrüdert/Brüder', 'Zweige der Hanäer' (d. h. der Gemeinschaft der am mittleren Euphrat lebenden, meist nomadisierenden Einwohner), 'Familie' und 'Bund' charakterisiert:

»Die Jamutbal und die Sim'al sind seit jeher verbrüdert und Zweige der Hanäer und ohne Verstand haben die Hanäer (d. h. die Nomaden der Sim'al) die Habe eurer Brüder, der Jamutbal, geraubt. Sind die Jamutbal nicht eure Brüder?« Und: »Die Sim'al-Hanäer und die Jamutbal sind ein Bund. Die einen bilden mit den anderen eine Familie.«

Mehrere Texte beschreiben die Verbundenheit zwischen Sim'al und Numchäern. So nennen in einem Text die Numchäer die Sim'al ihre 'Brüder' und bekräftigen, dass sie mit ihnen gute Beziehungen hätten, immer mit ihnen 'gelebt' hätten und auch weiterhin leben wollten:

> »Die Numchäer antworteten ihm (dem Abgesandten aus Mari) so: ›Wir haben, abgesehen von den sim'alitischen Brüdern, gute Beziehungen zu Babylon. Aber es sind die Sim'al, mit denen wir immer lebten und leben werden.‹«

In einem anderen Brief wird dem König von Mari empfohlen, Sim'al und Numchäer zu einer 'Allianz, die nicht zu spalten ist', zusammenzuschweißen. Neben die Vielfalt und Verbundenheit der Stämme untereinander tritt ein drittes Element: die Durchlässigkeit der Stammesgrenzen. Jüngere ethnologische Beobachtungen haben gezeigt, dass Stammesgrenzen nicht starr, sondern durchlässig sind. Individuen können ebenso die Stammeszugehörigkeit wechseln wie ganze Stämme. Stämme vereinigen und/oder spalten sich. Stammesgenealogien haben oft keinen biologischen Hintergrund, sondern sind ideelle Konstruktionen. Einen guten Eindruck von der Durchlässigkeit der Stammesgrenzen vermittelt die Beschreibung von Alois Musil zu den arabischen Stämmen in Arabia petraea (d. h. dem heutigen Jordanien) um 1900 n. Chr.:

> »Gewöhnlich zerfällt ein Stamm in mehrere Geschlechter, die alle blutsverwandt sind und ihren Ursprung von mehreren Söhnen eines und desselben Ahnherrn ableiten. Sie verbinden sich oft mit anderen Geschlechtern zu einem Stammsverbande, dessen Name nach und nach einem gemeinsamen Stammherrn beigelegt wird, obwohl sie in Wirklichkeit von verschiedenen Ahnherren abstammen. Manchmal verbinden sich auch zwei oder mehrere Stämme miteinander und alle nennen sich Söhne eines Stammvaters, obwohl sie wissen, dass sie anfangs blutsfremd gewesen sind. In die Blutsverwandtschaft kann man aufgenommen werden entweder durch Heirat oder durch Adoption… Wenn sich somit große Stämme Söhne des N. nennen, so ist damit gar nicht gesagt, dass sie alle von N. abstammen müssen.«

Die Durchlässigkeit der Stammesgrenzen ist auch in einem Keilschriftbrief aus Mari für die dort viele tausend Jahre früher lebenden Nomaden
bezeugt. Der Brief spricht vom Wunsch eines Clans der Jachrur/Jachurra,
eines Unterstammes der Jamin, in den Stamm der Sim'al einzutreten:

»Von Anfang an gehörten wir zu den Jachurra, nicht den Jaradum.
Und wir haben keinen Stammesteil im Weidegebiet (d. h. keinen
nomadisierenden Teil des Stammes) ... Von Hause aus gehören wir
zu den Jachrur. Wir wollen in den Stamm Sim'al, in den (Clan) Nichad
eintreten und Eselsfohlen töten.«

Mit dem Töten der Eselsfohlen wird der Stammeswechsels durch eine
Bundeszeremonie besiegelt, in deren Verlauf Tieropfer stattfinden.
Einheit, Vielfalt und Transparenz kennzeichnen die Beziehungen der
amurritischen Halbnomadenstämme, die um 1700 v. Chr. am mittleren
Euphrat und in Nordsyrien lebten. Tausende von Keilschrifttexten in
babylonischer Sprache, auf Tontafeln geschrieben, aus den Palastarchi-
ven von Mari und anderen Fundorten geben uns davon vielfach Kunde.

Sie beleuchten auch viele andere Aspekte des Lebens dieser antiken
Nomaden: Die Zucht von Schafen und Ziegen, den zyklischen Weidewechsel mit den Herden, den Ackerbau in den Flusstälern, die wirtschaftlichen
Beziehungen zwischen Nomaden und Sesshaften, Beutezüge, die Integration der Nomaden in das Reich von Mari, ihre Religion und ihre Sprache.
Auf diese Weise erhalten wir aus den altbabylonischen Keilschrifttexten
ein Bild des ältesten bekannten Nomadismus im Vorderen Orient und in
der ganzen Welt. Zimrilim, die mit ihm verbündeten Jamin und zahlreiche weitere Koalitionspartner in Nordmesopotamien konnten den elamischen Vorstoß übrigens erfolgreich stoppen. Mari blieb unangetastet. Die
Elamer zogen sich zurück, allerdings nicht, ohne auf ihrem langen Heim-
weg in ihre Hauptstadt Susa eine Spur der Verwüstung zu hinterlassen.

Anacharsis, ein skythischer Nomade mit langer Geschichte

CHARLOTTE SCHUBERT, ROXANA KATH, ALEXANDER WEISS

ANACHARSIS, antiker Nomade und skythischer Prinz, hat in der langen Tradition von der Antike bis heute eine der bemerkenswertesten Karrieren gemacht. Als Nomade wurde er in den Kreis der Sieben Weisen aufgenommen und als Nomade legte man ihm eine harsche Kritik an den Errungenschaften der griechischen Zivilisation in den Mund. Als Weiser überlebte er das Mittelalter und wurde in der Neuzeit wieder zum Leben erweckt. Schließlich verlieh ihm der Künstler Joseph Beuys eine neue Existenz als sein Alter Ego.

In der Antike waren die Sieben Weisen herausragende Vertreter politischer und kultureller Weisheit, deren bevorzugte Äußerungsform 'Sprüche' waren. 'Spruchweisheit' in Form von kurzen ein- oder zweigliedrigen Phrasen war generell weit verbreitet, meist überliefert in der Form des kurzen Imperativsatzes ('erkenne dich selbst', 'nichts allzu sehr'). Diejenigen, denen diese Sprüche zugeschrieben wurden, galten seit der archaischen Zeit nicht nur als 'weise', sondern auch als personifizierte Weisheit. Diese Form der Weisheit stand im archaischen Griechenland in engem Zusammenhang mit Wissen, Lebenserfahrung und historischer Interaktion. Sie repräsentierte eine spezifische Form von Wissen und wurde als Sinn-Orientierung begriffen. Gerade das Delphische Orakel ist als Quelle solcher Sprüche und als sinngebende Instanz bekannt. Es ist zwar nicht klar, welche und wie viele Sprüche zu dem ursprünglichen delphischen Kanon zählten, aber es lässt sich eine eigene, wirkmächtige Tradition rekonstruieren, die ausschließlich auf den praktischen Lebenszusammenhang gerichtet war. Auch die von den einzelnen Figuren, die später zum Kreis der Sieben Weisen gezählt wurden, überlieferten Sprüche waren in kurzen Imperativen abgefasst

Erst seit dem 4. Jahrhundert vor Christus gab es einen umrissenen Kreis der Sieben Weisen, der sich aus Naturphilosophen (zum Beispiel Thales), Gesetzgebern (Solon), Tyrannen (Periander) und anderen Persönlichkeiten der archaischen Zeit zusammensetzte. Von diesen Figuren wurden zahlreiche Geschichten und Anekdoten überliefert, die zugleich den Kontext ihrer Sprüche bildeten. Die Sprüche wurden später in Spruchsammlungen zusammengefasst, die sowohl literarisch als auch mittels

Inschriften tradiert wurden. Die Zusammenstellung von Spruchcorpora löste jedoch den situativen Zusammenhang zwischen dem Spruch, der darin zum Ausdruck kommenden Weisheit und dem zugrunde liegenden Problem auf. Sie stellten nicht länger den Kontext des Spruchs in seiner Sinngebung für die jeweilige Situation heraus, sondern fügten ihn in einen neuen Kontext ein, der von dem Charakter der Sammlung geprägt war. Dem weisen Nomaden Anacharsis wird in einer dieser Spruchsammlungen das berühmte Bogengleichnis zugeschrieben, mit dem er im griechischen Selbstverständnis mit so prägenden Philosophen-Figuren wie Thales oder dem attischen Staatsmann Solon in eine Reihe gestellt wurde:

> »Als derselbe (Anacharsis) einmal Würfel spielte und man ihm zum Vorwurf machte, dass er sich vergnüge, sagte er: ›Wie der Bogen, der fortwährend gespannt ist, reißt, wenn man ihn aber entspannt, in einem guten Verwendungszustand bleibt, bis man ihn im Leben braucht, so erschlafft auch der Verstand, der immer auf dasselbe gerichtet verharrt.‹«

> – Gnomologium Vaticanum, Sententia 17, 1

Der Skythe Anacharsis ist eine der interessantesten Figuren der Sieben Weisen und zugleich die mit der längsten, bis in die Gegenwart hineinreichenden Nachwirkung. Seine erste Erwähnung findet sich bei Herodot: Er ist der ʻFremdeʼ, der nach Griechenland kommt, um zu lernen, aber auch um anderen ein Lehrer zu sein. Hier begegnet uns der Skythe Anacharsis erstmals als Weiser. Herodot hebt die spezifische Weisheit der Skythen hervor, wenngleich er andere Dinge ihrer Lebensform – wie das Skalpieren und Opfern besiegter Feinde oder das Trinken von Blut – heftig kritisiert. Der historische Erfahrungsraum, in den Herodot die Anacharsis-Geschichte setzt, ist derjenige der Perserkriege und damit der Auseinandersetzung zwischen Griechen und Barbaren. Herodot unterscheidet jedoch die Skythen als Fremde von den Persern als eigentlichen Barbaren. Die Darstellung der Skythen als Gegenbild der zivilisierten Athener schlägt dabei schnell in Bewunderung um. Er stilisiert sie sogar zum

Modellfall für einen Sieg über den Perserkönig. In einem dichten Netz von Parallelen und Analogien wird Dareios Skythenexpedition (513/12 v. Chr.) zum Paradigma für die erfolgreiche Abwehr des tyrannischen Despoten. Neben ganz offensichtlichen Parallelen im Kriegsverlauf, ist es vor allem die Taktik der Skythen, dem Heer des Dareios ständig auszuweichen, die die Parallele zu den Athenern schafft. Auch die Athener verteidigen ihr Heimatland nicht, sondern evakuieren ihre Bevölkerung in die benachbarten Städte und auf ihre Schiffe. Es ist somit die spezifische, nomadische Lebensweise, die die Skythen und in deren Nachahmung die Athener zum Sieg befähigt, ja sie unbesiegbar macht. Die Nomaden werden in der Darstellung des Herodot zu vorbildlichen Bezwingern der Perser und damit letztlich zum Freiheitssymbol für die Griechen.

In der Überlieferung des 4. Jahrhunderts v. Chr., in der die Vorstellung der Sieben Weisen als eines festgefügten Kreises zum ersten Mal aufkommt, wird Anacharsis ihnen zugerechnet. Daher kann ihm Aristoteles die grundsätzliche Aussage über Glückseligkeit in den Mund legen:

>»Die Glückseligkeit besteht mithin nicht in den Vergnügungen, nicht in Spiel und Scherz. Es wäre ja ungereimt, wenn unsere Endbestimmung Spiel und Scherz wäre, und wenn die Mühe und das Leid eines ganzen Lebens das bloße Spiel zum Ziele hätte. Fast alles begehren wir als Mittel, ausgenommen die Glückseligkeit, die ja Zweck ist. Nun erscheint es doch als töricht und gar zu kindisch, kindischen Spieles wegen zu arbeiten und sich anzustrengen; dagegen der Spruch des Anacharsis: ›Spielen, um zu arbeiten‹, darf als die richtige Maxime gelten. Das Spiel ist ja eine Art Erholung, und der Erholung bedürfen wir darum, weil wir nicht in einem fort arbeiten können. Nun ist aber die Erholung nicht Zweck, weil sie der Tätigkeit wegen da ist.«

> – Ethica Nicomachea 1176 b27ff.

Als skythischer Nomade wird er aber deutlich von den anderen Weisen (Solon, Thales, Bias, Periander etc.) abgegrenzt, wenngleich ihm eine Rolle als Kulturbringer zugewiesen wird. Er soll den Griechen den Blasebalg, die Töpferscheibe und den doppelten Anker, also zivilisatorische Errungenschaften, gebracht haben. Im Hellenismus wurde ihm ein Briefcorpus zugeschrieben und in der kaiserzeitlichen Literatur wurde er zum Vertreter einer einfachen, naturverbundenen Lebensweise, in der die Elemente aus der typischen Nomadencharakteristik wie Mobilität, Besitzlosigkeit, Ernährung aus Milch und Käse etc. zu einer vorbildlichen, idealen Lebensweise zusammengefügt sind.

> »Als Umhang dient mir ein skythisches Gewand, als Schuhwerk die Haut meiner Füße. Meine Lagerstatt ist die ganze Erde, mein bestes Mahl: Milch, Käse und Fleisch, meine ganze Zukost: Hunger. Da ich also frei bin von Geschäften, derentwegen die meisten ihrer Muße beraubt sind, komm zu mir, wenn du meiner bedarfst.«
>
> – Anacharsidis Epistulae 37, 1

Auch die Spätantike und das Mittelalter kannten diesen Nomaden, wenngleich nur noch als Mitglied des Kreises der Sieben Weisen und ohne erkennbare weitere Ausgestaltung.

Mit der Entdeckung Amerikas und der daraufhin erneut einsetzenden Auseinandersetzung mit 'dem Fremden' erhielt der Komplementärmythos vom 'edlen' und vom 'bösen' Wilden nach dem schon aus der Antike bekannten Muster ein neues Leben.

Auch Anacharsis erhielt in dem berühmten, 1788 erschienen Roman von J.-J. Barthélemy, *Voyage du jeune Anacharsis en Grèce, dans le milieu du IVe siècle avant l'ère vulgaire*, in dem 'jüngeren Anacharsis' nicht nur einen Enkel, sondern erlebte seither eine ungebrochene Renaissance. Die Querelle des Anciens et des Modernes und J. J. Winckelmanns Werk ›Gedanken über die Nachahmung der Griechischen Werke in der Malerei und Bildhauer-Kunst‹ lösten eine Griechenlandbegeisterung aus, die ebenso wie die moralisierenden Schriften Rousseaus auch für die Figur des Anacharsis neue Konnotationen schufen. In der Zeit der Französischen Revolution bezog sich der deutsche Baron J.-B. Cloots mit seinem universalistischen und antireligiösen Freiheitsideal ausdrücklich auf den als Fremden nach Griechenland kommenden Anacharsis und nannte sich, insbesondere während seiner Mitgliedschaft im Nationalkonvent (seit 1792) Anacharsis Cloots.

In derselben Tradition knüpfte im 20. Jahrhundert Joseph Beuys an den Nomaden Anacharsis an, den er in der Annahme des Namens Joseph Anacharsis Cloots Beuys zu seinem Alter Ego erklärte und ihm in verschiedenen Werken seine Reverenz erwies. Joseph Beuys hat sich ausdrücklich auf Baron von Cloots bezogen. Wenn Beuys von Cloots sprach, verwendete er immer die abgewandelte Namensform Anarchasis Cloots. Neuerdings ist die These vertreten worden, dass Beuys seine Kriegserfahrungen und seine in den 1950er Jahren erlebte Krankheit unter dem Eindruck der Lektüre von Eliade in eine schamanistische Selbstrepräsentation umgedeutet hat. Die von Beuys zelebrierte Ikonographie des Schamanen hat er offensichtlich in Anknüpfung an seine Heimatstadt Kleve mit Anacharsis verbunden. Schloss Gnadenthal in Kleve war der Sitz von Jean-Baptiste Cloots und Beuys hatte öffentlich erklärt, dass in seiner Person die Linie von Anacharsis Cloots fortgeführt werde. Im Hinblick auf die politischen Aktivitäten von Beuys ist der für ihn wohl entscheidende Anknüpfungspunkt für den Bezug auf Cloots die in dem Nomaden repräsentierte Verbindung von Freiheit und Schamanismus.

So schließt sich der Kreis: von den antiken Skythen, die den Griechen als Fremde zum Inbegriff der Freiheit und einer besonderen Ausdrucksweise der Weisheit wurden, bis zum modernen Künstler, der sich über das Bild des antiken Nomaden als Gegenbild der Gesellschaft stilisiert.

Faul und frei?
Überlegungen zur russischen Sicht auf kasachische Nomaden

BEATE ESCHMENT

»Ich hoffe, Iwan, dass Du unsere Steppen nicht mit euren stickigen
Städten vertauschen möchtest, wo die Menschen zusammenkommen, um
einander zu betrügen. Sie denken sich dort Bedürfnisse aus, durch die sie
zu Sklaven aller möglichen Dummheiten werden, sie sind gezwungen zu
kriechen und zu liebedienern, um sich in den Augen von Dummköpfen zu
erhöhen. Sie streben nach einem Reichtum, von dem sie weder Wert, noch
Umfang kennen. Was braucht der Mensch? – dass er satt ist, Kleidung hat
und in Ruhe leben kann. All das findest Du bei uns. Ohne Arbeit und Sorgen
haben wir Nahrung und Bekleidung von unseren Herden. Wir quälen uns
nicht mit Sorgen um die Zukunft … Unsere Moschee, das ist der offene
Himmel, und die Stadt – die unüberschaubare Steppe, wo es niemandem
eng ist und wo keine Wand, kein Zaun die Freiheit einschränkt.«

– aus Faddej Bulgarin (1828): Iwan Iwanovitsch Wyschigin

Steppe als Ort, an dem Menschen ohne Arbeit und Sorgen frei leben
können? Wo liegt dieses im obigen Zitat beschriebene Paradies? Es
erstreckt sich von Westen nach Osten über mehr als 2.000 km vom Kaspischen Meer bis kurz vor die chinesische Grenze. Im Norden ist sie
begrenzt durch die sibirische Taiga, im Süden geht sie in die Wüsten und
Hochgebirge Zentralasiens über. In diesem Gebiet können im Sommer bis
zu 45 Grad plus herrschen – ohne dass es in der baumlosen Steppe Schatten gäbe. Im Winter toben bei minus 40 Grad Celsius Schneestürme. Es
gibt keinen Grund anzunehmen, dass die natürlichen Bedingungen 1828,
als die obigen Bemerkungen entstanden, besser waren. Das Paradies?

Die Kasachen, deren Leben in dem Zitat beschrieben wird, zogen zu
jener Zeit noch als Nomaden mit ihren Herden im Jahreslauf über Hunderte von Kilometern durch dieses riesige Gebiet. Den Winter verbrach-
ten sie möglichst weit südlich, im Frühjahr zogen sie nach Norden, um
den Sommer in den nicht ganz so heißen und trockenen Gebieten zu verbringen. Im Herbst ging es dann wieder zurück nach Süden, immer in der
Sorge um die eigene Lebensgrundlage, das Vieh: Schafe, Ziegen, Rinder,
Pferde und Kamele. Diese lieferten den Kasachen Milch und Fleisch für

die eigene Ernährung sowie Wolle für Kleidung, aber auch für die Außen-
haut ihrer mobilen Behausungen, der Jurten. Sie waren aber ständig
von Trockenheit, Hunger, Kälte und Krankheiten bedroht. Nahrung und
Bekleidung also ohne Arbeit und Sorgen?

Weiden und Wanderrouten waren zwischen den kasachischen Hor-
den, Stämmen und Familien genau verteilt, allerdings war dies weder
schriftlich fixiert, noch durch Zäune markiert. Das war auch nicht nötig,
denn Traditionen und das mündlich überlieferte Gewohnheitsrecht
regelten nahezu alle Aspekte des Zusammenlebens der Menschen.
'Freiheit' herrschte in der Steppe nur in den Augen des außenstehenden
Europäers, der die unsichtbaren 'Zäune' der mündlichen Überlieferung
nicht kannte.

Es liegt also der Verdacht nahe, dass die zitierte Darstellung nomadischen Lebens nicht von einem Kasachen stammt. Und tatsächlich
handelt es sich um Äußerungen, die ein russischer Schriftsteller seiner
kasachischen Romanfigur in den Mund gelegt hat. Faddej Bulgarin, so
der Name des Autors, war ein konservativer, zarentreuer Publizist. Er ver-
fasste mehrere in ihrer Zeit sehr erfolgreiche Unterhaltungsromane, darunter auch den 1828 veröffentlichten Roman 'Iwan Wyschigin', der kurze
Zeit danach in Leipzig auch auf Deutsch erschien.

Seine Hauptperson, ein russischer Taugenichts namens Iwan, findet
sich eines Tages in der Gefangenschaft eines kasachischen Sultans wieder. Arsalan, so dessen Name, behandelt Iwan nicht wie einen Sklaven,
sondern wie einen Sohn, denn er hat einen edlen Charakter und ist vor
allem ein großer Freund der Russen. Und das, obwohl er als junger Mann
als eine Art Geisel in Petersburg gewesen war. Arsalan kann die Lebensumstände der Russen mit denen seines Volkes vergleichen und will Iwan
mit den oben wiedergegebenen Argumenten von der höheren Qualität
kasachischen Lebens überzeugen. Für die russischen Leser des Romans
muss diese Sichtweise verblüffend gewesen sein.

Werfen wir zunächst einen Blick auf die historischen Beziehungen
zwischen Russen und Kasachen. Sie standen zum Zeitpunkt der Veröf-
fentlichung des Romans schon seit mehreren Jahrhunderten in Kontakt

miteinander und waren, seit die Russen im Laufe des 16. und 17. Jahrhunderts nach Sibirien vorgedrungen waren, unmittelbare Nachbarn. Diese Nähe war für die Russen nicht unproblematisch, drangen die Kasachen doch immer wieder in Gebiete vor, die die Russen als ihr Herrschaftsgebiet betrachteten und ließen dort ihr Vieh weiden oder beraubten die dort lebenden Russen. Die wussten sich nicht anders zu helfen, als Hunderte von Kilometern befestigter Erdwälle, die so genannten Linien, als Grenzsicherung im Süden Sibiriens zu errichten. Ein weiteres Problem war, dass sich russische Karawanen, die durch die Kasachensteppe nach Buchara und Samarkand zogen, in permanenter Gefahr befanden, von Kasachen überfallen, ausgeraubt und gefangen genommen zu werden. Es gab also vielerlei kleine Konflikte, die aber nicht darüber hinwegtäuschen dürfen, dass gleichzeitig in der Mehrzahl der Fälle friedliche Kontakte, etwa beim Handel von kasachischem Vieh gegen russische Metall- oder Luxuswaren, bestanden.

Mit anderen nomadisch lebenden Völkern hatten Russen noch viel länger Erfahrungen. Schon im russischen Mittelalter mussten sich die Fürsten der Kiewer Rus zum Beispiel mit den nomadischen Völkern der Petschenegen und Polovzer auseinandersetzen. Vor allem aber standen die Russen ab Mitte des 13. Jahrhunderts für mehr als zweihundert Jahre unter der Herrschaft des nomadischen Reitervolkes der Mongolen, das unter Dschingis Khan ein riesiges eurasisches Imperium errichtet hatte. Die Russen konnten sich 1480 von ihrer Herrschaft befreien, sie hinterließ aber bleibenden Eindruck im russischen Geschichtsbild und wird bis heute als Erklärung für Besonderheiten der politischen Entwicklung Russlands, bis hin etwa zum Führungsstil Wladimir Putins, herangezogen. Dabei waren es seit 1552 die Russen, die über nomadische Völker siegten und ihre Territorien dem Staatsgebiet des Zarenreiches angliederten. Hier liegt ein wesentlicher Unterschied zu westeuropäischen Erfahrungen mit Nomaden. Bei uns erschienen sie im Mittelalter für kurze Zeit und versetzten die Menschen in Angst und Schrecken, dann verschwanden sie wieder. Wenn Europäer in den folgenden Jahrhunderten mit Nomaden in Berührung kamen, dann war das auf anderen Kontinenten, getrennt durch Ozeane, in einer exotischen, weit entfernten Welt, während sie sich in Russland im gleichen Staat auf einem zusammenhängenden Territorium befanden. Aus dieser größeren Nähe haben sich offensichtlich Unterschiede in der Wahrnehmung ergeben. Natürlich hatten die Russen längere belastende Erfahrungen mit Nomaden als die Westeuropäer, aber sie kannten sie nicht nur als gegnerische Kämpfer, sondern auch ihr Alltagsleben. Im Mittelalter wurden Töchter russischer Fürsten sogar mit Angehörigen der Nomadenoberschicht verheiratet.

Die meisten Menschen, die in Russland über Nomaden schrieben, hatten sie tatsächlich selber gesehen. Doch waren auch die Russen nicht vor Fehleinschätzungen und Missverständnissen gefeit. Manche Beobachtung wird in russischen Reiseberichten, Erzählungen und sogar offiziellen Dokumenten gleich bewertet. Die große, selbstverständlich gewährte Gastfreundschaft nomadischer Völker wird zum Beispiel oft positiv hervorgehoben, genauso wie ihre Orientierungsfähigkeit in der Steppe. Schon strittiger ist das Urteil über die Schönheit vor allem der Frauen, aber das ist eine Geschmacksfrage, wie wir alle wissen. Nahezu einhellig kritisch fällt das russische Urteil in puncto Sauberkeit aus. So gut wie alle Besucher der Steppe berichten vom Dreck, manche relativieren, andere Völker seien noch dreckiger. Nur wenige erklären entschuldigend, dass unter den Lebensbedingungen der Steppe – wenig Wasser, viel Staub – Reinlichkeit schwer möglich sei.

Urteile sind immer auch abhängig vom Erfahrungshintergrund des Urteilenden. Ob jemand eine kasachische Jurte als dreckig beschrieb, hing auch davon ab, welche Standards er bei sich zuhause gewohnt war und ob er sie zu gering oder übertrieben fand. Vor allem aber waren Urteile davon abhängig, wie man den Kasachen an sich gegenüberstand und mit welchen Zielen über sie geschrieben wurde. Wer beispielsweise seinen Lesern eine Reise in die Steppe schmackhaft machen wollte, tendierte dazu, hygienische Probleme herunterzuspielen. Wer hingegen zeigen wollte, dass eine verstärkte Gesundheitsfürsorge notwendig war, betonte sie eher. Ganz besonders kann man diese ambivalente Bewertung bei den eingangs erwähnten Stereotypen 'faul' und 'frei' finden. Die Beobachtung, dass Kasachen nicht arbeiten, ist in russischen Texten schon fast ein Allgemeinplatz und wird in der überwiegenden Zahl der Fälle mit dem negativen Adjektiv 'faul' belegt.

Auffällig ist, dass sich diese Bewertung fast immer nur auf die Männer bezieht; Frauen gelten, wenn sie überhaupt erwähnt werden, als fleißig und arbeitsam. Die Frauen waren es aber, die dem sesshaften Beobachter vertraute Besorgungen verrichteten: Sie molken das Vieh, verarbeiteten die gewonnene Milch, kümmerten sich um die Jungtiere, machten Textilarbeiten und waren natürlich für die üblichen häuslichen Arbeiten wie Kochen und Waschen zuständig. Die Männer gingen dagegen Beschäftigungen nach, die dem russischen Beobachter fremd waren oder zu seinen Freizeitvergnügen gehörten: Sie waren zu Pferde unterwegs, um nach den in der Steppe verstreuten Herden zu sehen, oder sie jagten, um Fleisch und wertvolle Felle zu erbeuten. Wie im Falle der Sauberkeit wurde also auch hier ein Urteil aufgrund des eigenen Erfahrungshintergrundes gefällt, ohne die Realitäten kasachischen Lebens zu verstehen. Und nicht nur das, so mancher Autor verband diese Beobachtung mit einem Vorschlag, wie man diese faulen Männer zu mehr Fleiß anhalten könne: Indem man sie sesshaft machte, denn ein – natürlich sesshafter – russischer Bauer ritt nicht umher, sondern bestellte seine Äcker und legte Vorräte an; er arbeitete.

Etwas anders ist es mit der angeblichen Freiheit der Kasachen, weder ist das Urteil so einhellig, noch beruht es auf einer nicht hinterfragten Eigenwahrnehmung. Das Zarenreich war im 19. Jahrhundert weder für die Bauern noch für ihre adligen Herren ein Hort der Freiheit. Im Gegenteil wurde die bäuerliche Bevölkerung erst 1861 aus der Leibeigenschaft entlassen. Und auch die adlige Oberschicht lebte nach einem gescheiterten Aufstand fortschrittlicher Adliger 1825 unter einem Polizeiregime. Besonders Intellektuelle stießen immer wieder an die engen Grenzen der Gedanken- und Gesinnungspolizei. Manche wurden nach Sibirien verbannt, andere sahen sich gezwungen, ins westliche Exil zu gehen. Es ist daher kein Wunder, dass das Leben in der grenzenlosen Steppe für manche russische Schriftsteller zum Synonym für Freiheit wurde. Der nach

Sibirien verbannte berühmte russische Schriftsteller Fjodor M. Dostojewskij, schrieb Anfang der 1860er Jahre in seinen 'Aufzeichnungen aus
einem toten Hause':

>»Am Ufer konnte man das alles vergessen: Da sieht man diese
unermessliche leere Weite, wie ein Gefangener aus seinem Kerkerfenster
die Freiheit draußen. Alles dort war mir teuer und lieb: die helle,
brennende Sonne am unendlichen blauen Himmel, das ferne Lied
eines Kirgisen (alte russ. Bez. für Kasachen, B.E.), das vom andern Ufer
herüberdringt. Wenn man lange und intensiv hinüberspäht, erkennt
man zuletzt wohl ein armseliges, verräuchertes Nomadenzelt, von dem
eine dünne Rauchsäule aufsteigt, daneben eine Kirgisenfrau, die sich mit
ihren beiden Schafen zu schaffen macht. Das alles ist dürftig und wild,
aber doch frei.«

Für Dostojewskij hatte die Freiheit der Kasachen also etwas von einem
(unerreichbaren) Traum. Gar nicht traumhaft fanden dagegen die zari-
schen Beamten die Verhältnisse in der Steppe. Sie schrieben von mangelnder Unterordnung, dem Fehlen von Regeln und gegenseitigen
Verbindlichkeiten und nannten das Unordnung oder Anarchie – kein
Traum also, sondern eher der Albtraum jeder Verwaltung. Weder Schriftsteller noch Beamte waren in der Lage, wahrzunehmen, dass das Leben
der Nomaden durchaus durch feste Regeln bestimmt war. Allerdings
waren die Herrschaftsstrukturen der Kasachen für die Russen äußerst
ungewohnt und fremd und erschienen auch wegen ihrer von Außen
schwer durchschaubaren Kompliziertheit instabil.

Ganz typisch ist Dostojewskijs Verbindung von frei und wild. Sie
taucht bei vielen russischen Autoren auf, unabhängig davon, ob sie die
Kasachen für frei oder unordentlich hielten. Dahinter verbirgt sich die
Suche nach den Gründen der eigenen Unfreiheit. Dass diejenigen, die die
Kasachen für unordentlich hielten, sie auch als wild bezeichneten, leuch-
tet sofort ein. Aber dass auch Autoren, die das Leben in der Steppe als frei
idealisierten, dies mit dem auf uns abschätzig wirkenden Adjektiv wild
in Zusammenhang brachten, erstaunt vielleicht. Die Erklärung ist, dass

diese Schriftsteller nicht nur die Freiheit, sondern auch das Wilde idealisierten, in ihm den Urzustand menschlichen Lebens, glücklich und frei,
sahen. Oder anders gesagt, der Preis für die Zivilisation ist die Unfreiheit.

Als tragisch für die Kasachen sollte sich erweisen, dass die Russen
auch die Steppe, die ja nicht durch Zäune oder Ackerfurchen markiert
war, als frei betrachteten, bzw. nicht verstanden, dass Wanderweidewirtschaft einen erheblich größeren Platzbedarf hatte, als die ihnen bekannte
stationäre Viehhaltung. Sie siedelten in der zweiten Hälfte des 19. Jahrhundert dort russische Bauern aus dem überbevölkerten europäischen
Russland an und nahmen damit den Kasachen ihr dringend erforderli-
ches Weideland weg bzw. schnitten sie von ihren Wanderwegen ab.

Kehren wir nun zu Sultan Arsalan und seinem russischen Gefange-
nen Iwan zurück. Wir wissen nicht, mit welchen Worten ein echter kasachischer Sultan sein Leben beschrieben hätte, denn in dieser Zeit gab es
noch keine kasachische Schrift, also auch keine schriftlichen Überlieferungen, geschweige denn Tonbandaufzeichnungen. Doch scheint es sehr
unwahrscheinlich, dass ein Kasache sich auch nur annähernd so geäußert
hätte wie Arsalan. Seine Worte sagen also mehr über die Russen und den
russischen Autor aus als über kasachisches Leben. In typischer Weise
missversteht Bulgarin sowohl die Lebensweise wie auch die innere Ordnung der Kasachen. Zugleich idealisiert er die Verhältnisse in der Steppe.
Viele russische Schriftsteller taten dies, weil sie ihre eigenen Wunschvor-
stellungen vom freien Leben und den Traum vom Leben ohne Arbeit auf
die Kasachen projizierten, und damit vor der Zensur versteckt Kritik an
der in Russland herrschenden Unfreiheit üben wollten.

Dem konservativen, zarentreuen Faddej Bulgarin lag die Forderung
nach mehr Freiheit in Russland aber gewiss fern. Seine Kritik richtet sich
mehr gegen die von Arsalan erwähnten 'Dummheiten', der Orientierung
an äußeren Werten und dem Streben nach Macht und Geld – diesen stellt
er das einfache, patriarchalische Leben der Kasachen gegenüber, bei dem
jeder an dem ihm vorgegebenen Platz bleibt und dann angeblich ohne
Sorgen leben kann. Von einem wirklichen Verständnis kasachischen
Lebens war er damit genauso weit entfernt wie seine zarenkritischen

Kollegen. Daran sollte sich unter ganz anderen Umständen auch im 20. Jahrhundert nichts ändern, aber das ist eine ganz andere Geschichte.

»Es ist keine Schande, im 20. Jahrhundert Nomade zu sein.« Sesshaftmachung im Hohen Norden der Sowjetunion

JOACHIM OTTO HABECK

»Ein ruhiger, wolkenloser Julitag. Auf dem Hohen Ufer der Unteren Tunguska verbirgt sich die kleine, aus fünf Häuschen bestehende Faktorei Vivi. [...] Für heute ist die Mitgliederversammlung des Kolchos 'Stalin' von Vivi vorgesehen. Die Versammlung wird eine Frage entscheiden, die zuoberst auf der Tagesordnung steht – die Frage nach dem Übergang zur Sesshaftigkeit. [...] In der Debatte meldet sich als erster der [ewenkische] Jäger F.P. Pankagir, welcher sagte: ›Während des Zarismus hatte ich nie mehr als sechs Rentiere, jetzt besitze ich durch die Hilfe der Sowjetmacht dreißig. Für uns gibt es jetzt keine Notwendigkeit [mehr], Hunderte von Kilometern zu reisen, um Mehl [oder] Stoff zu kaufen, das alles liefert man uns jetzt zu den Brigaden, und daher hat sich unser Einkommen erhöht. In den Zelten haben wir jetzt eiserne Öfen, Kerosinlampen. Niemals habe ich früher gesehen, dass ein ewenkisches Kind in der Schule gelernt hätte, und jetzt lernen alle unsere Kinder in ihnen. Wenn nun die Sowjetmacht, unsere Partei der Bolschewiken und unser geliebter Genosse Stalin uns sagen, dass es nötig sei, zur Sesshaftigkeit überzugehen und uns dafür große Hilfe gewähren, dann werden wir das auch so machen. Ich möchte sehr gern vom Leben im Zelt zum Leben im Haus übergehen.‹ [...] Einer nach dem anderen äußerten sich die Mitglieder des Kolchos, in allen Stellungnahmen drückt sich die Liebe zur Regierung, zur Partei, zum Führer der Völker, Genossen Stalin aus. Und als der Vorsitzende vorschlug, für den Übergang zur Sesshaftigkeit zu stimmen, hoben sich die Hände aller Kolchosmitglieder in einem Schwung.«

EVENKIJSKAJA Novaja Zizn, eine Sonderausgabe dieser Regionalzeitung aus dem Jahre 1941, beschreibt in dem kurzen Artikel recht eindrücklich, wie in einer der schwer zugänglichen Regionen Sibiriens der Übergang der Rentiernomaden zur Sesshaftigkeit eingeleitet wurde.

Was zuerst auffällt, ist der für den damaligen Zeitgeist charakteristische Pathos, mit dem der Lebensweg des Einzelnen mit der politischen Entwicklung des ganzen Landes verknüpft wurde. Eines der wesentlichen Argumente, mit denen besagter F.P. Pankagir, ein Jäger und Rentiernomade vom Volk der in weiten Teilen Ostsibiriens lebenden Ewenken, seine Entscheidung begründet, beruht auf der Anerkennung und Befolgung der von der Zentrale formulierten politischen Leitlinien.

Wer den kurzen Zeitungsartikel gelesen hat, wird sich fragen, warum die Sesshaftmachung überhaupt politisch wünschenswert war, wie diese Maßnahme vorbereitet und durchgeführt wurde, und wie die betroffenen Rentiernomaden darauf reagiert haben (mit der gleichen Begeisterung, wie sie in Pankagirs Worten zum Audruck kommt, oder mit mehr oder minder versteckter Ablehnung). Diesen drei Fragen soll hier nachgegangen werden. Zunächst aber einige Worte über die Lebensweise der Ewenken vor dem Beginn der staatlich verordneten Sesshaftmachung.

Vielfach wird die traditionelle ewenkische Kultur mit Rentierhaltung und dem Rentier als Symbol in Verbindung gebracht, allerdings beschäftigten sich die Ewenken nicht so sehr mit der Haltung von großen Rentierherden (wie es für andere Völker im Hohen Norden Russlands typisch ist), sondern mit der Jagd auf Elche, wilde Rentiere und anderes Großwild. Dazu kam ab dem 17. Jahrhundert zunehmend die Jagd auf Pelztiere, um die von den russischen Eroberern erhobenen Tributforderungen zu befriedigen und um Gerätschaften, Tabak, Tee, Alkohol und andere Dinge einzutauschen.

Fischfang und das Sammeln von Wildgewächsen hatten für die Ewenken saisonale Bedeutung. Für die Jagd, die Verlagerung des Wohnortes und die ausgedehnten Reisen in einer überaus gering besiedelten Region benutzten die Ewenken verschiedene Transporttiere: im Süden eher das Pferd, wie es in der Steppenregion auch bei den mongolischen Nachbarn üblich war, im Norden dagegen das domestizierte Rentier, welches die klimatischen Bedingungen der Taiga (der Nadelwaldzone) und der Tundra wesentlich besser erträgt. Für die mobile Lebensweise war das Rentier in diesen Regionen unabdingbar.

Einige ewenkische Gruppen waren schon vor der Sowjetzeit zeitweilig oder permanent zur Sesshaftigkeit übergegangen, doch meist nur deshalb, weil sie ihre Rentiere durch Raubtiere oder Seuchen verloren oder wegen Überschuldung verkauft hatten. Für das Gros der Ewenken war dagegen eine nomadische Lebensweise üblich, wobei die Entfernungen, die während des Jahreslaufes zurückgelegt wurden, mehrere Dutzend bis mehrere Hundert Kilometer betrugen.

Warum sollten Nomaden sesshaft gemacht werden?

Auf das schwierige Verhältnis zwischen Sesshaften und Nomaden allgemein gehen andere Autorinnen und Autoren dieses Buches ein. Aus der Perspektive der Sesshaften wurde Nomadismus lange als ein Entwicklungsproblem wahrgenommen, teilweise besteht diese Wahrnehmung noch heute. Nomadismus, so heißt es oft, habe keinen Platz in der modernen Welt. Der Aufbau des Sozialismus war ein Modernisierungsprojekt schlechthin, und die Sowjetunion ein Staat, in dem der wirtschaftliche und gesellschaftliche Umbau besonders intensiv vorangetrieben wurde.

Im Vielvölkerstaat Sowjetunion wurde der scharfe Kontrast zwischen dem Leben in den Städten und dem Leben in der Tundra und der Taiga Sibiriens und den Wüsten Zentralasiens als historisch begründet angesehen: ›Die nomadische Lebensweise der Völkerschaften [des Hohen Nordens] ist die schwerwiegendste Hinterlassenschaft der Vergangenheit, der kolonisatorischen Politik des Zarismus und der Bourgeoisie‹, wie zwei Regionalhistoriker in den 1960er Jahren konstatierten. Die Völker des Hohen Nordens galten als rückständig, und ihnen musste aus politischen wie auch philanthropischen Gründen geholfen werden. Dazu kam die Notwendigkeit aus Sicht der sowjetischen Politiker, die gerade erst etablierten Machtverhältnisse in den Tiefen Sibiriens langfristig zu sichern und durch die Integration der nomadischen Bevölkerung auch die Kontrolle über sie zu gewährleisten.

Nicht alle einflussreichen Persönlichkeiten der frühen Sowjetunion waren der Meinung, dass Sesshaftwerdung ein 'gesetzmäßiger, natürlich-historischer Prozess' sei. Bis etwa 1930 gab es vereinzelte Vertreter in den mit den Nordvölkern befassten politischen Gremien, die meinten, es wäre keine Schande, auch im 20. Jahrhundert ein Nomade zu sein.

Die politische Radikalisierung der frühen 1930er Jahre stärkte aber die 'Modernisierer'. Selbst moderatere Stimmen, die bei genereller

Zustimmung zur Sesshaftmachung vor den unbeabsichtigten Folgen einer zu raschen Durchführung warnten, fanden kaum mehr Gehör.

Wie wurde die Sesshaftmachung geplant, und wie geschah sie in der Praxis?

Entgegen dem im zitierten Zeitungsartikel vermittelten Eindruck war die Sesshaftmachung ein sehr schwieriger, teilweise schmerzhafter Prozess, der von vielen extern und intern verursachten Rückschlägen begleitet wurde und nicht einige Jahre in Anspruch nahm, wie anfangs erhofft wurde, sondern mehrere Jahrzehnte erforderte. Sesshaftmachung in der Sowjetunion muss in Zusammenhang mit der Kollektivierung der Landwirtschaft betrachtet werden, denn im Verständnis der Politiker und Planer bedingten beide sich gegenseitig.

Die Jäger und Rentierhalter sollten ihre Jagd gemeinschaftlich organisieren und ihre Rentiere und weitere Produktionsmittel langfristig in kollektives Eigentum einbringen. Durch veränderte Arbeitsorganisation und technologische Fortschritte würde die Arbeit der Jäger und Rentierhirten effizienter werden, wodurch sich auch die nötige Arbeitskraft verringern ließe. Nicht alle Familienmitglieder müssten fortan durch die Wälder oder Tundra ziehen, es würde genügen, wenn eine begrenzte Anzahl von Personen sich mit der Jagd und Rentierhaltung befassen würde (und dies nicht mehr permanent, sondern zeitweilig, also im 'Schichtdienst'). Die anderen Personen würden in den neu zu errichtenden Siedlungen leben und ihre Arbeitskraft der Gemeinschaft in anderer Weise zur Verfügung stellen: in neuen Produktionszweigen wie beispielsweise der Pelztierzucht (in manchen Regionen auch in der Rinderzucht) und im verarbeitenden Gewerbe. Die sesshafte Lebensweise ermöglichte den Kindern den Besuch des Schulunterrichts und allen Familienangehörigen eine bessere medizinische Versorgung.

Diese Strategie fand ihren Ausdruck in der Formel: 'Abkehr vom Nomadismus als Lebensweise, Beibehaltung des Nomadismus als Produktionsweise' – das heißt Sesshaftigkeit als Normalzustand und mobiles

Wohnen und Arbeiten nur im Ausnahmefall, also während der Aufenthalte der Jäger- und Rentierhirtenbrigaden im Wald.

Um geeignete Orte für die Ansiedlung der Familien und die Entwicklung neuer Produktionszweige zu finden, mussten die Territorien der zu gründenden Genossenschaften abgesteckt und Siedlungsplätze (Betriebszentren) festgelegt werden. Dies geschah im Gebiet der Ewenken an der Unteren Tunguska ab dem Jahr 1936.

Zur Durchführung der Landaufteilung kamen Expeditionen von Fachleuten in das Gebiet. Allerdings fiel die Auswahl nicht immer leicht, gelegentlich kam es auch zu Fehlentscheidungen. Nachdem die Genossenschaft der Jäger und Rentierhalter aus der Umgebung von Vivi im Juli 1940 beschlossen hatte, zur Sesshaftigkeit überzugehen, musste sich die selbe Runde kurze Zeit später, im August 1940, mit dem Problem der Ortswahl befassen:

»Pankagir, Marija: ›Der ausgewählte Platz ist für den Bau nicht geeignet, da alle Häuser sich im Sumpf befinden werden‹. Pankagir, I.A.: ›Der Platz ist dreckig und an diesem Ort wird man nicht leben können‹. Pankagir, A.A.: ›Die Expedition hat den Genossenschaftsmitgliedern nichts erläutert und so kam es, dass für den Ort eine sumpfige Stelle ausgewählt wurde.‹«

Aus dem Protokoll der Sitzung geht außerdem hervor, dass ein Gebäude bereits errichtet worden war und der Leiter der Expedition, die die Landaufteilung durchführte, die Kosten für die Umsetzung des Gebäudes übernehmen sollte. Es waren aber nicht nur derlei technische Fehler, die die Sesshaftmachung erschwerten. Zum einen wurde das Projekt der Sesshaftmachung durch den Krieg Deutschlands gegen die Sowjetunion (1941–1945) verzögert. Zum anderen hatten viele der 'Neusiedler' große Schwierigkeiten, sich an das Wohnen im Haus zu gewöhnen, wovon der nächste Teil handelt.

Wie haben die Betroffenen auf die Sesshaftmachung reagiert und wie wird der Vorgang heutzutage bewertet?

»Echte Jäger wie die Tungusen [Ewenken]... können sich nicht vorstellen, wie man ständig an ein und demselben Ort wohnen kann. [...] Sowohl der von Wänden umschlossene Raum als auch die Ausmaße der neuen Wohnung und das Fehlen des gewohnten Lagerfeuers brachten sie aus dem Konzept. Es war schwer, sich daran zu gewöhnen, das ganze all-tägliche Leben nicht auf dem Erdboden zuzubringen und sich der Tische, Hocker und Betten... zu bedienen. [...] [Die] Frauen, die daran gewöhnt waren, stets an ein und derselben Stelle am Lagerfeuer zu sitzen und alles zur Hand zu haben, beklagten sich: ›Im Haus ist es schlecht, finster ist es, man muss [nach allem] laufen.‹«

In diesen Worten des zeitgenössischen sowjetischen Ethnologen Sergeev (1948) spiegeln sich die elementaren Probleme bei der Bewältigung des 'sesshaften' Alltags recht deutlich wider. Es gab unter den Ewenken sicherlich einige Personen, die die Sesshaftwerdung befürworteten, weil sie für sich oder ihre Kinder einen gewissen Sinn in dem von oben verordneten Modernisierungsprojekt fanden. Insgesamt reagierten die meisten Ewenken an der Unteren Tunguska aber wohl abwartend. Weder Begeisterung noch offener Widerstand prägte die Haltung der Betroffenen, sondern eher das Abwägen der Vor- und Nachteile und das Ausloten der Möglichkeiten, sich dem Anpassungsdruck zu entziehen.

Finanzmittel, die für den Bau von Häusern vom Staat zur Verfügung gestellt wurden, wurden nur sehr zögerlich abgerufen. Die Planer hatten auf die Eigeninitiative der Ewenken beim Hausbau gesetzt, diese blieb aber aus, vielfach fehlte auch einfach die Sachkenntnis, wie der Hausbau zu bewerkstelligen sei. Vermutlich wurden viele Häuser von bereits sesshaften Nachbarn (russische Siedler, deportierte Balten und Wolgadeutsche) errichtet. Ebenso wie die offizielle Umsetzung der Sesshaftmachung war auch die Gewöhnung an die neue Behausung ein langsamer Prozess.

Auch heutzutage kombinieren einige ewenkische Familien das Haus und das Zelt als Wohnstätte: In manchen Vorgärten sieht man das ewenkische Kegelzelt. Die Behausung hängt auch vom Lauf der Jahreszeiten und vom eigenen Lebensabschnitt ab: Für viele (wenngleich nicht alle) ewenkische Familien ist die Taiga nach wie vor der Lebensmittelpunkt, hier können sie fischen, jagen, Beeren sammeln usw. Für die schulpflichtigen Kinder dieser Familien ist dies nur während der Sommermonate möglich, dagegen können sich Rentner und andere nicht Berufstätige theoretisch das ganze Jahr im Wald aufhalten. Dies ist während der 1990er Jahre umso wichtiger geworden, als die genossenschaftlichen Betriebe zusammengebrochen sind, die wirtschaftliche Lage in den Siedlungen sich rapide verschlechterte und die Bewohner der Siedlungen gezwungen waren, sich selbst mit dem Lebensnotwendigsten zu versorgen. Die Entscheidung, den Übergang zur Sesshaftigkeit einzuleiten, war ein einmaliger Vorgang, aber die langfristige Folge ist für viele Familien in der Praxis ein sich ständig wiederholendes Hin und Her zwischen Siedlung und Taiga.

Während der späten 1980er und der 1990er Jahre haben die Vertreterinnen und Vertreter der ewenkischen staatlichen Organisationen und vieler Nichtregierungsorganisationen darauf hingewiesen, dass mit dem Niedergang der traditionellen Wirtschaftsweise, der Kollektivierung und Sesshaftmachung, der Umsiedlung von ganzen Gemeinden und der Erschließung von Rohstoffen die Lebensgrundlagen der Ewenken gefährdet sind. Die 1990er Jahre waren besonders stark von politischem Aktivismus hinsichtlich der Wiedergeburt, dem Erhalt und der Weiterentwicklung der ewenkischen Kultur gekennzeichnet. Mittlerweile ist die Diskussion über die Zukunft der Ewenken und der anderen indigenen Völker nüchterner und pragmatischer, aber auch resignierter und leiser geworden.

Fragt man heute die Kinder derjenigen, die von der Sesshaftmachung betroffen waren, nach ihrer Einschätzung der Sesshaftmachung, so erhält man eine widersprüchliche Antwort. Einerseits verbinden viele Ewenkinnen und Ewenken mit der Sesshaftmachung den Verlust eines Teils der eigenen Kultur, andererseits betonen sie die Vorteile, die die Integration in die sowjetische Gesellschaft ihnen selbst (mehr als ihren Eltern) gegeben hat: vor allem Schulbildung und die Möglichkeit, einen qualifizierten Beruf zu wählen. Ebenso widersprüchlich ist das Image derjenigen Männer und Frauen, die es vorgezogen haben, die nomadische Lebensweise in der Taiga fortzusetzen. Einerseits erscheinen sie als Hüter der traditionellen Kultur, andererseits gelten sie als weltfremd und introvertiert: Sie sind allein mit den Tieren und sich selbst, und nur sehr wenige Menschen sind bereit, ihr Leben zu teilen. So hat das Projekt Modernisierung (mitsamt dem Teilprojekt Sesshaftmachung) der ewenkischen Gesellschaft ein Dilemma beschert, das auch aus vielen anderen Ländern und Gesellschaften bekannt ist, welches aber in seinen räumlichen Dimensionen und seiner kurzfristig von oben verfügten Art für die Betroffenen besonders schwierige und weitreichende Folgen hatte.

Schlussbemerkung

Weshalb Nomaden sesshaft gemacht werden, wie dies geschieht, und wie dieser Prozess bewertet wird, wurde hier am Fallbeispiel von Vivi im Jahre 1940 dargestellt. Dies ist ein konkretes Fallbeispiel von vielen – in anderen Regionen der Sowjetunion stellt sich die Geschichte der Sesshaftmachung und die heutige Situation der Rentierhalter und Viehzüchter anders dar. Davon erzählen die Bücher, die in den Literaturhinweisen genannt werden.

Tradition oder Migration? – Kulturelle
Aspekte der Übersiedlung von Kasachen
aus der Westmongolei nach Kasachstan

UTA SCHILLING

»Jedes Volk muss seine Eigenarten und seine Bräuche bewahren. Hat es keine eigenen Bräuche mehr, dann ist es auch kein eigenes Volk. Deshalb müssen hinter dem Wort 'Kasache' auch dessen Bräuche, dessen Sprache, dessen Kultur und Traditionen stehen. Um ihretwillen wird man doch überhaupt erst 'Kasache' genannt! Aber die Kasachen in Kasachstan unterschieden sich in dieser Hinsicht von uns Kasachen in der Mongolei. Sie können kein so reines Kasachisch mehr sprechen wie wir und sie ziehen sich auch nicht so an, tragen zum Beispiel keine kasachischen Mäntel mehr. Sie haben sich allgemein von den kasachischen Bräuchen entfernt. Aber jetzt erinnert man sich auch in Kasachstan langsam wieder daran, dass man Kasache ist. Und deshalb schaut man sich manches von uns ab. Das ist jetzt die Politik von Kasachstan, um die europäisierten Kasachen dort wieder dem Kasachischen näherzubringen. Deswegen holt man uns jetzt auch nach Kasachstan, als Lehrer gewissermaßen.«

– Kari, 50 Jahre, Viehzüchter aus Bayan-Ölgiy, Westmongolei.

WELTWEIT zählt man heute über zehn Millionen Kasachen, von denen drei Millionen außerhalb des Territoriums der Republik Kasachstan leben. Zu ihnen gehören auch die etwa 130.000 Kasachen der Mongolei. Am kompaktesten lebt die kasachische Minderheit der Mongolei in der im Westen des Landes gelegenen Provinz Bayan-Ölgiy, in der sie mit circa 90.000 Einwohnern an die 90 Prozent der Bevölkerung stellen. Anders als in der Republik Kasachstan, wo Zwangsansiedlung und Kollektivierung in den 1930er Jahren zur fast vollständigen Aufgabe der nomadischen Lebensform und Wirtschaftsweise führten, ist das Leben der Kasachen in der Mongolei bis heute ein überwiegend nomadisch geprägtes. Wirtschaftliche Grundlage ist dabei in erster Linie die extensive Viehwirtschaft, wobei die kasachischen Nomaden mit ihren Herden dreimal im Jahr zwischen ihren angestammten Weidegebieten hin- und herziehen. In der Provinz Bayan-Ölgiy verbringen die Viehzüchter den größten Teil des Jahres in ihren Winterlagern, in denen sie seit den 1960er Jahren in einfachen Häusern aus Holz und Lehmziegeln leben. Seit einigen Jahren hat man begonnen, sich auch in den Herbstlagern feste Häuser zu bauen, während im Sommerlager, das meist höher in den Bergen gelegen ist, nach wie vor die traditionelle kasachische Jurte als Unterkunft dient. Jede Familie besitzt im Durchschnitt bis zu 100 Stück Vieh, wobei vor allem Schafe und Ziegen, aber auch Rinder, Pferde und Kamele gehalten werden. Alleine in der Provinz Bayan-Ölgiy gab es im Jahre 2004 insgesamt über eine Million Nutztiere. Mit der traditionellen nomadischen Lebensweise haben die Kasachen der Mongolei auch viele traditionelle Bräuche und ihre von der nomadischen Lebensweise geprägte materielle Kultur beibehalten.

Spätestens seit der Unabhängigkeitserklärung der Republik Kasachstan im Dezember 1991 begann man dort, offiziell für eine so genannte 'Rückkehr' der Diaspora-Kasachen zu werben. In seiner Eröffnungsrede auf dem ersten Kasachischen Weltkongress Ende September 1992 in Almaty formulierte der kasachische Staatspräsident Nursultan Nazarbaev dies mit den Worten, ›wir haben auf dieser Welt nur eine historische Heimat – das unabhängige Kasachstan!‹ und forderte die Kasachen in der ganzen Welt dazu auf, nach Kasachstan überzusiedeln: ›Das unabhängige Kasachstan erwartet euch mit offenen Armen.‹ Den politischen Hintergrund für diesen Aufruf stellte damals insbesondere die demografische Lage Kasachstans dar. Während gegen Ende der 1980er Jahre in Kasachstan mit knapp 6,5 Millionen Kasachen, nur 40 Prozent der Gesamtbevölkerung der Titularnation angehörten, schätzte man die Zahl der im Ausland lebenden Kasachen gleichzeitig auf über drei Millionen, wobei größere kasachische Gemeinden in China, Usbekistan, Russland, der Mongolei und anderen Ländern des eurasischen Kontinents lebten. Mit ihrer Hilfe wollte man in Kasachstan nun den kasachischen Bevölkerungsanteil stärken und damit auch eventuellen Separationsbestrebungen der vorwiegend russisch besiedelten Gebiete Nordkasachstans entgegentreten.

Nachdem im Jahre 1991 zunächst an die 12.000 Kasachen aus der Mongolei auf der Grundlage von mehrjährigen Arbeitsverträgen nach Kasachstan geholt worden waren, verabschiedete das Land im Juli 1992 das erste Migrationsgesetz der Republik Kasachstan, dessen Artikel 1 allen ethnischen Kasachen, die außerhalb der Grenzen der Republik leben, das Recht auf eine freie Übersiedlung in die Republik Kasachstan zusprach. Die Kasachen der Mongolei gehörten dabei zu den Ersten, welche dem Aufruf Nursultan Nazarbaevs folgten. Allein in den beiden Jahren 1991/92 siedelten über 40.000 Kasachen aus der Mongolei nach Kasachstan über. Bis zum Jahre 2003 war diese Zahl auf rund 70.000 angestiegen – etwa die Hälfte aller in der Mongolei lebenden Kasachen insgesamt. Die Einwanderung aus der Mongolei stellt aber nur einen relativ geringen Prozentsatz der Übersiedlungen dar. Bis heute sind etwa eine Million Kasachen aus verschiedenen Ländern Eurasiens nach Kasachstan immigriert, ein Großteil davon aus verschiedenen Republiken der ehemaligen Sowjetunion.

Gleichzeitig waren die frühen 1990er Jahre aber auch eine Zeit, in der man in Kasachstan ebenso wie in anderen ehemaligen Sowjetrepubliken begann, nach einer neuen, national ausgerichteten Legitimierung der Eigenstaatlichkeit Ausschau zu halten. Im Zuge dieses neuen Nationsbildungsprozesses entdeckte man in Kasachstan nun die Diaspora-Kasachen über ihre rein demografische Bedeutung hinaus auch als Bewahrer der kasachischen Kultur, Tradition und Sprache. Der erste Sekretär der kasachischen Weltorganisation, Sultanäli Balghabaev, schrieb im März 1993 in einer der großen kasachstanischen Tageszeitungen über die kulturelle Bedeutung der im Ausland lebenden Kasachen:

»Heute haben wir damit begonnen, unser kulturelles Erbe aus vergangenen Zeiten zu erforschen: unsere Genealogien, unsere bereits in Vergessenheit geratenen mündlichen Erzähltraditionen, Volkslieder und Epen, Handwerk und Schmiedekunst, alte Bräuche und Traditionen und nicht zuletzt auch die traditionellen Formen von Viehzucht und Falkenjagd. Ihre Spuren suchen wir jetzt in den Museen von Orenburg bis hin nach Moskau und St.Petersburg, ja sogar in Paris. Bis zu einem gewissen Grad ist das natürlich auch richtig. Von allen Museen und allen Archiven, die sich im Ausland befinden, ist das Allerwichtigste jedoch – unsere eigene kasachische Diaspora.«

Im Zuge der Übersiedlung zahlreicher kasachischer Familien aus der Diaspora nach Kasachstan, begann man sich verstärkt für Kultur und Geschichte dieser Bevölkerungsgruppe zu interessieren und stellte dabei sehr bald fest, dass sich sowohl die kasachische Sprache, als auch die materielle Kultur und die traditionellen kasachischen Bräuche insbesondere in der Mongolei und in China teilweise sehr viel ursprünglicher erhalten haben, als in Kasachstan selbst. Dies betonten auch zahlreiche aus der Mongolei nach Kasachstan übergesiedelte Intellektuelle, die schon bald eine selbstbewusste Stimme in den Druckmedien der Republik darstellten. So betonte beispielsweise der selbst in der Mongolei geborene Schriftsteller Abay Maukarauli im Januar 1992 in einem Zeitungsartikel mit dem Titel ›Die Kasachen der Mongolei – wer sind sie?‹:

> »Was besonders hervorzuheben ist – die Kasachen der Mongolei haben ihre traditionellen nationalen Bräuche erhalten. Bis heute leben sie im Sommer in ihren Jurten und haben daher auch nicht vergessen, wie man das hölzerne Gerüst der Jurte herstellt, wie man sich Möbel zimmert, wie man das Sattelzeug für die Viehzucht ausbessert, wie man verschiedene Milchprodukte zubereitet und traditionelle Kleidung näht. All das haben sie bis heute erhalten«.

Auf der Suche nach den eigenen Wurzeln und einer neuen, nationalen kasachischen Identität begann in Kasachstan in den 1990er Jahren eine Diskussion um die Wiederbelebung und Stärkung nicht nur der kasachischen Sprache, die mit der Unabhängigkeit 1991 zur Staatssprache der Republik erklärt worden war, sondern auch kasachischer Kultur und Bräuche. Dabei stand jedoch weniger eine geisteswissenschaftlich ausgerichtete Diskussion der kasachischen Gesellschaft im Mittelpunkt, als vielmehr eine beinahe ethnografisch anmutende Aufzählung von Gegenständen der materiellen Kultur und traditionellen Volksbräuchen, so dass es den Anschein hatte, als suche man das ''Kasachentum' gewissermaßen in den Relikten der eigenen vergangenen nomadischen Lebensweise. In diesem Zusammenhang erschienen insbesondere die Kasachen der Mongolei mit ihrer dort erhaltenen nomadischen Alltagskultur gewissermaßen als Boten aus einer vergangenen Blütezeit der traditionellen kasachischen Kultur. In seinem bereits erwähnten Zeitungsartikel plädierte Sultanäli Balghabaev sogar ernsthaft dafür, die Diaspora-Kasachen in geschlossenen Gruppen nach Kasachstan zu bringen und in einer Art von 'Museums-Dörfern' anzusiedeln, wo man sie dann in ihrer traditionellen Lebensweise erforschen könne.

Während der Nutzen einer Übersiedlung demnach für Kasachstan sehr pragmatisch in erster Linie in einer demografischen Stärkung des kasachischen Bevölkerungselements und bis zu einem gewissen Grad auch in der Wiederbelebung kasachischer Traditionen und Sprache gesehen wurde, verbanden die Kasachen der Mongolei tatsächlich aber grundsätzlich andere Hoffnungen mit ihrer Entscheidung, nach Kasachstan überzusiedeln. In diesem Zusammenhang wird oftmals erwähnt, dass sich die Diaspora-Kasachen mit Kasachstan als ihrer 'historischen Heimat' identifizieren und ihre Übersiedlung gewissermaßen als eine Art Rückkehr in ihre alten Siedlungsgebiete empfinden würden. Im Falle der Kasachen aus der Mongolei ist dies für einen bestimmten Teil der intellektuellen Bevölkerung sicher richtig, und vor allem die oft schon zu Beginn der Migrationswelle aus den inneren Gebieten der Mongolei übergesiedelten Kasachen mögen in Kasachstan einen Garant für den Erhalt ihrer eigenen Kultur gesehen haben, da sie in ihren überwiegend mongolisch dominierten Wohnorten einer zunehmenden Assimilation ausgesetzt gewesen waren. Letzteres gilt jedoch weniger für die Kasachen der Provinz Bayan-Ölgiy mit ihrem starken kasachischen Bevölkerungsanteil.

Einen wichtigen Beweggrund für jede Art der Migration sieht die Migrationsforschung dagegen in erster Linie oftmals in den wirtschaftlichen Situationen von Herkunfts- und Ankunftsland. Dies trifft ohne Zweifel auch für die Mongolei und Kasachstan zu, wo die Zahlen der Übersiedler parallel zu der wirtschaftlichen Entwicklung beider Länder verlaufen. Dabei stehen sich in der Mongolei im Selbstbild der dort lebenden Kasachen in Bezug auf die Republik Kasachstan aber zwei sehr widersprüchliche Aspekte gegenüber. Einerseits wird Kasachstan hier als kulturell stark entfremdet und russifiziert wahrgenommen, während man sich selbst mit der Rolle des Bewahrers der kasachischen Sprache und der traditionellen Bräuche und Traditionen identifiziert:

>»Ein richtiger Kasache, der kennt seine Bräuche und Traditionen und hat den Reichtum seiner Sprache erhalten. Er trägt kasachische nationale Kleidung, und wenn er Kasachisch spricht, dann tut er das ganz rein und kultiviert – dann kann man ihn 'Kasache' nennen. Die Kasachen in Kasachstan aber kann man eigentlich nicht wirklich als 'Kasachen' bezeichnen. Ihre Sprache ist schon halb Russisch geworden, ihre Kultur und ihre Bräuche, alles ist russifiziert. Deshalb fällt es mir schwer, sie als 'echte Kasachen' zu bezeichnen.«

– Nizamkhan, 60 Jahre, Viehzüchter in Bayan-Ölgiy, Westmongolei.

Andererseits aber empfindet man die eigene nomadisch geprägte Lebensweise oftmals auch als Mangel an Zivilisation und Fortschritt. Unter den Kasachen der Mongolei ist ein sehr ausgeprägter Drang nach Bildung und Entwicklung spürbar. So kann man sagen, dass das Hauptargument für eine Übersiedlung in der Regel der Wunsch nach besseren Ausbildungsmöglichkeiten und Zukunftschancen für die Kinder ist, ein Bestreben, das dabei durch alle Bevölkerungsschichten hindurch auffallend stark verbreitet ist. Auch wer selbst nur wenige Jahre die Schule besucht hat, möchte seinen Kindern heute eine gute Ausbildung ermöglichen. ›Ich selber habe ja nichts gelernt, aber meine Kinder sollen alle die Schule beenden und etwas studieren,‹ so formulierte es in der Provinz Bayan-Ölgiy auf dem Land eine junge Frau, die selbst nur drei Jahre das Internat im nahegelegenen Landkreis-Zentrum besucht hatte. Und auch ein 31-jähriger Viehzüchter, der im selben Internat acht Jahre zur Schule gegangen ist und seitdem als Viehhirte auf dem Land lebt, äußert den größten Respekt vor Bildung und Studium:

>»Lernen, das ist Wissen! Schon unser Dichter Abay hat gesagt: ›Zu Lernen und Wissen zu erlangen ist, wie mit einer Nadel einen Brunnen zu graben.‹ Es ist gut, etwas zu lernen! Wer viel gelernt hat, dessen Augen

sind offen und dessen Herz ist wach. Er ist viel gebildeter. Im Vergleich dazu sind wir Viehhirten schwach. Alle, die wir nichts gelernt haben. Wir müssen mit dem täglichen Leben kämpfen, müssen alles mit der Hand herstellen, die Schafe weiden, Steine und Erde schleppen usw. Wer aber etwas gelernt hat, dessen Leben ist viel leichter und der altert auch nicht so schnell.«

– Mirzabek, 31 Jahre, Viehzüchter in Bayan-Ölgiy, Westmongolei.

Das Leben als Viehzüchter auf dem Land wird dabei oft als minderwertig und unzivilisiert bzw. unkultiviert empfunden:

»Wir hier auf dem Land sind einfache Leute, wir sind wenig kultiviert. Auf dem Land, da gibt es immer nur Staub und Lumpen, man lebt halt mit dem Vieh... Mit unserer Sauberkeit ist es deshalb nicht so weit her. Kultur ist da wenig. Aber in Kasachstan, da ist das anders!«

– Ulbolsin, 53 Jahre, Hausfrau in Bayan-Ölgiy, Westmongolei

»In Kasachstan ist die Kultur sehr gut. Nicht wie bei uns. Die Menschen dort haben offene Augen, sie haben schon viel erlebt und gesehen. Und wir hier? Wir leben in den kahlen Bergen und sehen immer nur unser Vieh, unsere Schafe. Das Kalb ist da lang gelaufen, die Kuh ist dort lang gelaufen.«

– Zhanargül, 27 Jahre, Hausfrau in Bayan-Ölgiy, Westmongolei.

»Aus der Mongolei gehen vor allem die jungen Leute nach Kasachstan, um dort etwas zu lernen und zu studieren. Und auch um zu arbeiten. Sie sollen ihr Leben nicht nur in den Bergen bei den Schafen verbringen. Deshalb ist es für die Jugend richtig, ihre Zukunft in Kasachstan zu suchen.«

– Kari, 50 Jahre, Viehzüchter in Bayan-Ölgiy, Westmongolei.

Die Kasachen aus der Mongolei sehen in Kasachstan in erster Linie ein fortschrittliches und wirtschaftlich expandierendes Land, in dem sich ihren Kindern bessere Bildungschancen bieten als in der Mongolei. Bei der Übersiedlung nach Kasachstan steht demnach auch der Wunsch nach Modernität und Entwicklung im Vordergrund, während insbesondere die traditionelle materielle Kultur sehr schnell zugunsten der neuen Lebensweise aufgegeben wird. Trotz ihres kulturellen Selbstbewusstseins kann man beobachten, dass die Kasachen aus der Mongolei einen stark ausgeprägten Drang haben, sich der neuen kasachstanischen Gesellschaft anzupassen.

Trotz dieser Offenheit der neuen Umgebung gegenüber gab es schon seit den ersten Jahren der Migrationswelle immer wieder Probleme bei der Integration der Übersiedler. Stereotype Vorstellungen und die unzureichend organisierte Migrationspolitik Kasachstans trugen dabei nicht unbedingt positiv zur Lösung von auftretenden Schwierigkeiten bei. Bezeichnend für diese von Stereotypen geprägte Haltung den Übersiedlern gegenüber mögen hier die Äußerungen des bekannten kasachischen Demografen Makash Tätimov stehen, der in seinem Zeitungsartikel ›Die Diaspora – was wissen wir darüber‹ vom Mai 1992 den Übersiedlern je nach Herkunftsland einen festen Ort zuweist, an welchem sie der Republik hauptsächlich demografisch, aber auch in anderer Weise von Nutzen sein sollen: die Kasachen aus Russland zur demografischen Festigung der Nordgrenze, die Kasachen aus der Mongolei als Viehhirten auf den Steppengebieten vom äußersten Osten des Landes bis in den Westen hinein und die an heiße klimatische Bedingungen gewöhnten Kasachen Usbekistans als Verstärkung der Stadtbevölkerung der großen Städte im Süden und Südosten Kasachstans.

Allein den etwa 125.000 Kasachen aus dem Westen wäre es danach vorbehalten, in den urbanen Zentren des Landes ihren eigenen Berufen nachgehen und nicht nur als demografische Statisten, sondern auch als Stütze der Volkswirtschaft zu dienen. Entsprechend dieser Haltung war zu Beginn der Übersiedlung von Kasachen aus der Mongolei nach Kasachstan auch vorgesehen, die Neuankömmlinge ausschließlich in landwirtschaftlichen Betrieben als Viehhirten anzustellen. Dem Aufruf aus Kasachstan, in die 'historische Heimat' zurückzukehren, folgten aber nicht nur Viehhirten, sondern auch zahlreiche Intellektuelle und gut ausgebildete Kasachen, die über einen Hochschulabschluss und hervorragende Qualifikationen in ihren Berufen verfügten. Der selbst aus der Mongolei nach Kasachstan übergesiedelte Journalist A. Aqïnulï kritisierte bereits im Januar 1992:

»Es heißt immer wieder: Wir brauchen nur Viehhirten und Bauarbeiter. Ingenieure und Wirtschaftswissenschaftler, Lehrer und Ärzte haben wir selbst genug. Wer also kommt, soll Schafe hüten. Ansonsten soll er bleiben, wo er will. Sehr interessant! Was soll das heißen, dass nur die Viehhirten in die Heimat ihrer Vorfahren kommen dürfen, die Ingenieure aber nicht?«.

Und der Schriftsteller Abay Maukarauli beschreibt die Erfahrungen seiner Landsleute mit den Worten:

»Die Direktoren sagen manchmal zu uns in einem Atemzug ›Wie geht's?‹ und dann gleich ›Los, geh das Vieh hüten‹. Wenn wir dann einwenden: ›Aber ich habe noch nie im Leben Vieh gehütet, ich möchte in meinem eigenen Beruf arbeiten‹, dann heißt es, ›das geht nicht. Entweder deine Frau arbeitet als Melkerin oder du selbst als Schafshirte, anderenfalls bekommt ihr keine Unterstützung. Mehr gibt es dazu nicht zu sagen‹.«

Es dauerte zwar einige Zeit, bis man sich an offizieller Stelle von den vorgefassten Urteilen zu lösen vermochte, aber im Mai 1994 gab der Vorsitzende der Abteilung für Migration, Ghaziz Esmukanuly in einem Interview mit der Literaturzeitung Ana Tili schließlich zu bedenken:

»Unter den Übersiedlern gibt es offenbar auch viele, die etwas studiert haben. Was haben wir davon, wenn wir allen ohne Unterschied ein Pferd und einen Hirtenstock geben und sie nur Schafe hüten lassen? Ich halte das nicht für richtig.«

Aber nicht nur in der staatlichen Migrationspolitik gab es zahlreiche Probleme bei der Aufnahme, Unterbringung und Versorgung der Übersiedler. Schwierigkeiten wurden sehr schnell auch bei der Integration in die kasachstanische Gesellschaft offenbar.

In einem Leserbrief an die Zeitung Ana Tili klagten 68 aus der Mongolei übergesiedelte Familien im Mai 1994: ›Wir begegnen hier solchen Schwierigkeiten von Seiten der Bürokratie, wie wir sie in all den Jahren in der Mongolei nicht erlebt haben. Und obwohl wir Kasachen sind, nennt man uns ʼMongolenʻ und neuerdings sogar ʼmongolische Diebeʻ‹. Wenngleich sich zwischen den einheimischen Kasachstanern und den Übersiedlern auch keine offenen Konflikte entwickelten, so erwies sich ihre Integration in die kasachstanische Gesellschaft dennoch als schwierig. Allgemein wird heute nur selten offen über diese Problematik diskutiert. Für sich spricht aber alleine schon die Tatsache, dass die 1997 offiziell eingeführte Bezeichnung *Oralman* (kasachisch: Rückkehrer) heute im kasachischen Sprachgebrauch eine derart negative Konnotation besitzt, dass man darüber nachdenkt, sie durch ein anderes Wort zu ersetzen.

Unter dem Druck der Stigmatisierung von Seiten der kasachstanischen Gesellschaft sind die Übersiedler aus der Mongolei bestrebt, sich so schnell und so gut wie möglich ihrer Umgebung anzupassen. Oftmals wird gerade unter Kindern und Jugendlichen die eigene Herkunft nach außen hin verschwiegen. Ein ehemaliger Student an der Staatlichen Al-Farabi-Universität in Almaty erzählt:

»An der Universität wussten die meisten gar nicht, dass ich aus der Mongolei komme. Ich habe das nicht an die große Glocke gehängt. Manche wussten es schon, aber nicht viele. Ich laufe eben herum wie jemand aus Kasachstan, unerkannt sozusagen.«

Unerkannt zu bleiben und sich nach außen bestmöglich anzupassen ist eine Strategie, welche die Kinder von Übersiedlern bereits in der Schule lernen und die später oftmals beibehalten wird. Dazu gehört auch, im eigenen Sprachgebrauch manche nur in der Mongolei übliche Dialektwörter zu vermeiden, die einen als Übersiedler gewissermaßen ʼverratenʻ.

Da die Sprachvariante der Kasachen in der Mongolei dem Standardkasachischen sehr ähnelt, ist diese sprachliche Umstellung ein Prozess, der insbesondere von Kindern meist sehr schnell erlernt wird.

»Wenn unsere Kinder in der Schule anders sprechen, dann machen sich die hiesigen Kinder darüber lustig und sagen zu ihnen: ›Du hast das soundso gesagt, was soll das denn für ein Wort sein, das ist doch Mongolisch! Du bist ja ein Oralman, du bist ein Dummkopf, und so weiter.‹ Deshalb wollen unsere Kinder überhaupt nicht mehr so sprechen wie in der Mongolei. Sonst lacht man sie in der Schule aus. Und deshalb lernen sie auch das hiesige Kasachisch sehr schnell.«

– Amangül, 35 Jahre, Verkäuferin, siedelte 2003 nach Kasachstan über

Neben der Sprache stellt sich aber auch die materielle Kultur der Übersiedler nach ihrer Ankunft in Kasachstan sehr schnell um, auch wenn beides zuvor in der Mongolei noch so selbstbewusst als echt kasachisch' verstanden worden war. In diesem Zusammenhang kann die Jurte symbolisch für die materielle nomadische Kultur und den Wandel in der Alltagskultur der Übersiedler stehen. Insbesondere in den ersten Jahren der Übersiedlungswelle, als man aus Kasachstan noch spezielle LKWs in die Mongolei entsandte, um die kasachischen Familien mit ihrem gesamten Hausstand abzuholen, brachten viele Familien zunächst auch ihre Jurten mit nach Kasachstan. Als es dort Engpässe mit dem Wohnraum gab, diente sie manchen Familien sogar als vorläufige Unterkunft. Mit größter Bewunderung schreibt ein kasachstanischer Journalist im Januar 1992:

»Die Jurten, welche unsere kasachischen Brüder in eigener Handarbeit selbst hergestellt haben, sind nach altem nationalen Brauch angefertigt worden, viele davon sind mit wunderschönen Ornamenten verziert. Sie sind viel schöner und viel stabiler als die Jurten, welche man bei uns in staatlichen Betrieben herstellt, und mit Sinn für Ästhetik gemacht worden.«

Dennoch verschwanden diese Jurten relativ schnell beinahe spurlos aus der Alltagskultur der übergesiedelten Mongolei-Kasachen. Viele Familien verkauften ihre Jurten in Kasachstan, und wer heute übersiedelt, lässt seine Jurte in der Regel in der Mongolei zurück. Fragt man nach dem Grund dafür, so wird immer wieder auf das andere, feuchtere Klima in Kasachstan verwiesen und darauf, dass es hier zahlreiche Motten gäbe, die den Filz anfressen:

»Als wir nach Kasachstan übergesiedelt sind, da hatten wir noch eine Jurte, die haben wir später verkauft. Sie ist bestimmt schon auf dem Müll gelandet. Man benutzt hier einfach keine Jurten. Das liegt vor allem am hiesigen Klima. Hier regnet es viel, und im Winter schneit es. Die Feuchtigkeit ist zu groß und die Jurte geht davon kaputt. Der Filz hält das nicht aus. Aber in Bayan-Ölgiy, da regnet es ja kaum.«

– Mira, 35 Jahre, Verkäuferin, siedelte 1998 nach Kasachstan über.

»In der Mongolei, da brauchte man die Jurten, um im Sommerlager darin zu leben. Aber hier in Kasachstan, da stellt man sie nur noch bei Hochzeiten oder anderen Festivitäten auf. Ansonsten braucht man sie einfach nicht mehr. Und wenn man eine Jurte nicht jedes Jahr regelmäßig aufstellt, dann ist es schwer, sie richtig aufzubewahren. In den Filz kommen die Motten rein oder er fängt an zu schimmeln, wegen der hohen Luftfeuchtigkeit.«

– Esengül, 34 Jahre, Journalistin, siedelte 1993 nach Kasachstan über.

Auch verschiedene, in der Mongolei unter den kasachischen Frauen sehr weit verbreitete, Handarbeiten werden in Kasachstan meist vollständig aufgegeben. Obgleich auch hierfür als Grund oftmals die filzfressenden Motten angegeben werden, scheinen die wirklichen Ursachen doch eher in der grundlegenden Veränderung der Lebensweise der kasachischen Übersiedler-Familien zu suchen zu sein. Innerhalb von kürzester Zeit mussten sich diejenigen, welche früher auf dem Land von ihrer Viehzucht gelebt hatten, eine andere Einkommensquelle suchen. Dabei greifen viele

Kasachen aus der Mongolei etwa in der näheren Umgebung von Almaty auf ihr handwerkliches Geschick zurück und haben eine geeignete Marktlücke aufgetan: der Zusammenbau und Verkauf von Möbeln. Viele der Übersiedler leben auch vom Zwischenhandel und verkaufen Waren auf den lokalen Märkten. Gerade in den jüngeren Familien sind oftmals beide Ehepartner berufstätig. Die Auswirkungen dieser sozialen Umstellungen betreffen auch die materielle Alltagskultur der Familien:

»Die Filzteppiche werden hier von den Motten aufgefressen. Wir hatten sehr viele mitgebracht, die sind alle angefressen worden, davon ist jetzt nichts mehr übrig! Deshalb haben wir auch aufgehört, noch welche herzustellen. Wir schauen uns jetzt bloß noch das an, was übrig geblieben ist. Auch Wandfilze machen wir nicht mehr, die Jugend interessiert sich eben nicht dafür. Jetzt sind die Schwiegertöchter immer nur mit Handel beschäftigt und sind gar nicht mehr zuhause. Morgens früh gehen sie auf den Markt und kommen erst am Abend wieder. Nur wir Alten sitzen noch daheim.«

– Bilimkhan, 68 Jahre, Hausfrau, siedelte 1992 nach Kasachstan über.

Nach Kasachstan übergesiedelt, identifiziert man sich in der Regel nicht länger mit der in der Mongolei verbreiteten traditionellen Kultur. Man bemüht sich, modern zu sein und sich an die Alltagskultur der neuen Umgebung anzupassen. Mit Aufgabe der nomadischen Lebensweise verliert man nicht nur die materiellen Möglichkeiten für die Herstellung und Nutzung der früheren Alltagskultur, man adaptiert sich auch schnell an die in Kasachstan üblichen, überwiegend europäisch geprägten Standards. Sowohl Sprache, als auch materielle Kultur und Bräuche existieren nicht losgelöst von der sie umgebenden Gesellschaft, sondern werden von ihr erst geprägt. Insofern ist die Migration der Kasachen aus der Mongolei nach Kasachstan unvermeidlich auch mit einem Wandel ihrer kulturellen Identität verbunden, und es ist nur eine Frage der Zeit, wann sich ihre in der Mongolei bis heute erhaltenen nationalen Traditionen denjenigen der kasachstanischen Gesellschaft angleichen werden.

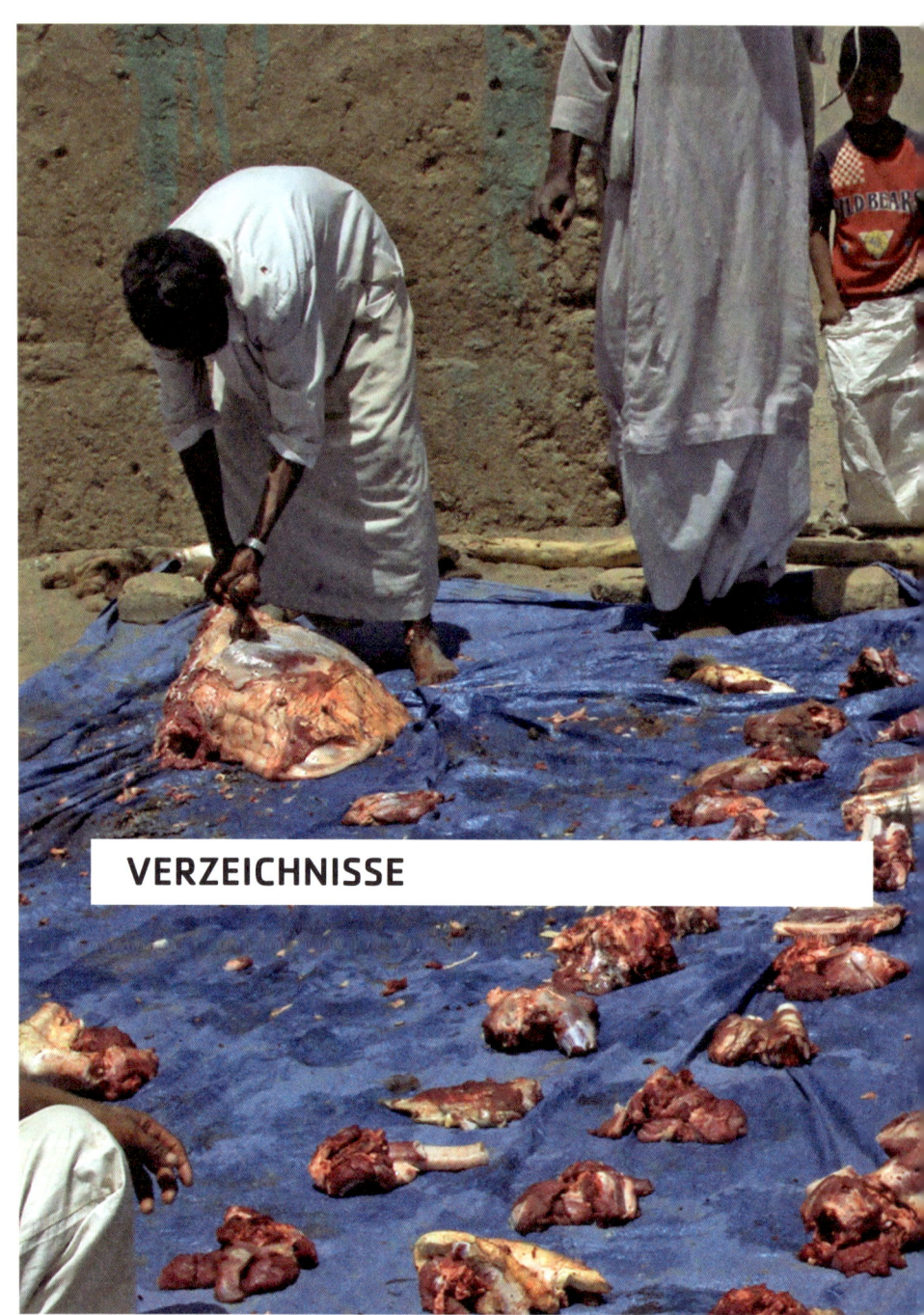

VERZEICHNISSE

Weiterführende Literatur

BECK, K. *Die Kawahla von Kordofan. Ökologische und ökonomische Strategien arabischer Nomaden im Sudan.* Wiesbaden 1988.

BINAY, S. *Die Figur des Beduinen in der arabischen Literatur.* Wiesbaden 2006.

BRETAN, A. *Die syrische Steppe. Mobile Viehzucht, internationale Entwicklungshilfe und globale Märkte.* Wiesbaden 2010.

BREUER, I. *Existenzsicherung und Mobilität im ariden Marokko.* Wiesbaden 2007.

BREUER, I. / MAHDI, M. Marokkos Weideressourcen in globalisierten Konfliktarenen. *Geographische Rundschau.* Heft 7-8, 2011, S. 20-26.

CALKINS, S. / KOMEY, G. K. Umkämpfte Weiden: Landzugang und Überleben im Sudan. *Geographische Rundschau.* Heft 7-8, 2011, S. 28-35.

FRANZ, K. *Vom Beutezug zur Territorialherrschaft. Beduinische Gruppen in mittelislamischer Zeit.* Wiesbaden 2007.

GERTEL, J. / BREUER, I. (HRSG.) *Alltagsmobilitäten – Aufbruch marokkanischer Lebenswelten.* Bielefeld 2012.

GERTEL, J. Konflikte um Weideland: Zwischen Aneignung und Enteignung. *Geographische Rundschau.* Heft 7-8, 2011, S. 4-11.

GERTEL, J. / LE HERON, R. Neuseeland: Weideland zwischen Naturschutz, Exportökonomie und Lifestyle. *Geographische Rundschau.* Heft 7-8, 2011, S. 44-53.

GRUSCHKE, A. Konflikte im Weideland - Konflikte um Weideland? Neuaushandlung von Ressourcenzugang in tibetischen Nomadengebieten. *Geographische Rundschau.* Heft 7-8, 2011, S. 20-26.

GRUSCHKE, A. Wandel und Beständigkeit bei Nomaden in Osttibet. *Geographische Rundschau.* Heft 11, 2007, S. 18-26.

JACOBS, F. / RIES, J. (HRSG.) *Roma - / Zigeunerkulturen in neuen Perspektiven.* Leipzig 2008.

KATH, R. / RIEGER, A.-K. (HRSG.) *Raum – Landschaft – Territorium. Zur Konstruktion physischer Räume als nomadischer und sesshafter Lebensraum.* Wiesbaden 2009.

KREUTZMANN, H. Weidewirtschaftliche Transformationen in zentralasiatischen Hochgebirgswüsten. *Nova Acta Leopoldina* 108, 2009, S. 79-109.

MANDERSCHEID, A. *Lebens- und Wirtschaftsformen von Nomaden im Osten des tibetischen Hochlandes.* Berlin 1999.

MEHNERT, G. *Skythika in Transkaukasien. Reiternomadische Sachkultur im archäologischen Fundkontext.* Wiesbaden 2008.

MIGGELBRINK, J. / MAZZULLO, N. Winderweide und Holzlieferant. Interessenkonflikte bei der Waldnutzung in Nordfinnland. *Geographische Rundschau.* Heft 7-8, 2011, S. 36-42.

MÜLLER-MAHN, H.-D. *Die Aulad 'Ali zwischen Stamm und Staat – Entwicklung und sozialer Wandel bei den Beduinen im nordwestlichen Ägypten.* Berlin 1989.

PIETRUSCHKA, U. / STRECK, M. (HRSG.). *Symbolische Repräsentation und Wirklichkeit nomadischen Lebens.* Wiesbaden 2010.

SCHLEE, G. *Das Glaubens- und Sozialsystem der Rendille. Kamelnomaden Nordkenias.* Berlin 1979.

SCHLEE, G. Nomaden und Staat. Das Beispiel Nordkenia. *Sociologus* 34 (2), 1984, S. 140-61.

SCHLEE, G. Erfahrungen nordkenianischer Wanderhirten mit dem kolonialen und postkolonialen Staat. In Scholz, F. (Hg.) *Nomaden, mobile Tierhaltung: Zur gegenwärtigen Lage von Nomaden und Chancen mobiler Tierhaltung,* S. 131-156. Berlin 1991.

SCHOLZ, F. *Nomadismus. Theorie und Wandel einer sozio-ökologischen Kulturweise.* Stuttgart 1995.

SCHOLZ, F. / JANZEN, J. (HRSG.) *Nomadismus – ein Entwicklungsproblem? Abhandlungen des Geographischen Instituts – Anthropogeographie.* Band 33. Berlin 1982.

SPITTLER, G. *Hirtenarbeit: die Welt der Kamelhirten und Ziegenhirtinnen von Timia.* Köln 1998.

SPITTLER, G. Die Salzkarawane der Kel Ewey Tuareg. *Geographische Rundschau.* Heft 3, 2002, S. 22-28.

STARK, S. *Die Alttürkenzeit in Mittel- und Zentralasien. Archäologische und historische Studien.* Wiesbaden 2008.
STRECK, B. Die Halab. Zigeuner am Nil. In F. W. Kramer / B. Streck (Hrsg.). *Sudanesische Marginalien.* München 1996.
WEISS, A. (HG.) *Der imaginierte Nomade. Formel und Realitätsbezug bei antiken, mittelalterlichen und arabischen Autoren.* Wiesbaden 2008.

Quellenverzeichnis

ASAD, T. *The Kababish Arabs: Power, Authority and Consent in a Nomadic Tribe.* London 1970. BERLAND, J.C. / RAO, A. *Customary Strangers: New Perspectives on Peripatetic Peoples in the Middle East, Africa, and Asia.* London 2004. BORN, M. *Zentralkordofan: Bauern und Nomaden in Savannengebieten des Sudan.* Marburg 1965. BARTHÉLÉMY, J. / BEAUMONT, W. *Travels of Anacharsis the Younger in Greece: During the Middle of the Fourth Century, Before the Christian Area.* USA 1804. BELKE, K. / SOUSTAL, P. *Die Byzantiner und ihre Nachbarn: Die 'De Administrando Imperio' genannte Lehrschrift des Kaisers Konstantinos Porphyrogennetos für seinen Sohn Romanos.* Wien 1995. BRANDS, G. / RIEGER, K. / VETTER, T. / ZIERDT, M. Städter, Bauern und Hirtennomaden am Rand der Ökumene – Die Siedlungs- und Lebensformen in der antiken Marmarica (Nordwestägypten) sind weitaus vielfältiger als bislang vermutet *Antike Welt* (3) 37, 2006,S. 87-96. BRILL OLCOTT, M. *The Kazakhs.* Stanford 1987. BRÜGGEMANN, T. From Money-Trade to Barter? Some Remarks on Nomads and the Changing Economy on the Byzantine Chersonesos (10th-13th Century). *Academia. The Magazine of the Polish Academy of Sciences* 17. 2008. BULGARIN, F. *Iwan Iwanovitsch Wyschigin.* Sankt Peterburg. (Übersetzung: Sotschinenija, Moskwa 1990.) 1828. CALKINS, S. Transformed Livelihoods in the Lower Atbara Area: Pastoral Rashayda. Responses to Crisis. *Nomadic Peoples.* 13 (1), 2009, S. 45-68. CHARPIN, D. / ZIEGLER, N. Mari et le Proche-Orient à l'Époque Amorrite. Essai d'Histoire Politique. *Florilegium Marianum V.* Antony. 2003. CHATTY, D. *From Camel to Truck. The Bedouin in the Modern World.* New York 1986. CUNNISON, I. *Baggara Arabs: Power and Lineage in a Sudanese Nomad Tribe.* Oxford 1966. CYFFKA, B. / ZIERDT, M, Land Cover Changes by Land Use Changes in the Central Parts of the Kola Peninsula (Russia) Since the Beginning of the 20th Century. In Iglucc (Hg.) *Land Use/Cover Changes in Selected Regions in the World Atlas,* Volume III. 2005. DEBAINE, F. / RONALD J. The Degradation of the Steppe, Hypotheses and Realities. *The Arab World Geographer* 5/2, 2002., S. 124-140. DENKER, D. The Last Migration of the Kirghiz of Afghanistan? *Central Asian Survey* 2-3, 1983, S. 89-98. DOR, R. / NAUMANN, C. *Die Kirghisen des afghanischen Pamir.* Graz 1978. DOSTOJEWSKIJ, F. M. *Erniedrigte und Beleidigte. Aufzeichnungen aus einem toten Hause.* München 1979. FAIST, B. *Der Fernhandel des assyrischen Reiches zwischen dem 14. und 11. Jh. v. Chr.* Münster 2001. FELMY, S. / KREUTZMANN, H. Wakhan Woluswali in

Badakhshan. Observations and Reflections from Afghanistan's Periphery. *Erd-kunde* 58 (2), 2004, S. 97-117. **FINET, A.** Le Sacrifice de l'Âne en Mésopotamie. In J. Quaegebeur (Hg.) *Ritual and Sacrifice in the Ancient Near East.* S. 135–142. Leuven 1993. **GERTEL, J. / LE HERON, R. (HRSG.)** Economic Spaces of Pastoral Production and Commodity Systems. Markets and Livelihoods. Farnham. 2011. **GERTEL, J. / BREUER, I. (HRSG.).** *Pastoral Morocco. Globalizing Scapes of Mobility and Insecurity.* Wiesbaden 2007. **GOLDEN, P.** *An Introduction in the History of the Turkic Peoples. Ethnogenesis and State-Formation in Medieval and Early Modern Eurasia and the Middle East.* Wiesbaden 1992. **HABECK, J. O.** *What It Means to Be a Herdsman: The Practice and Image of Reindeer Husbandry Among the Komi of Northern Russia.* Münster 2005. **HASAN, Y. F.** *The Arabs and the Sudan from the Seventh to the Early Sixteenth Century.* Khartoum 1973. **HAYDEN, R.M.** The Cultural Ecology of Service Nomads. *The Eastern Anthropologist* 32(4), 1979,S. 297-309. **JABUR, J.** *The Bedouins and the Desert. Aspect of Nomadic Life in the Arab East.* Albany, New York 1997. **JACQUESSON, S.** *Pastoréalismes. Anthropologie historique des processus d'intégration chez les Kirghoz du Tian Shan intérieur.* Wiesbaden 2010. **KAPPELER, A.** *Russland als Vielvölkerreich.* München 1992. **KHO-DARKOVSKY, M.** *Russia's Steppe Frontier. The Making of a Colonial Empire, 1500-1800.* Bloomington 2002. **KINDSTRAND, J. F.** *Anacharsis. The Legend and The Apophtegmata.* Uppsala 1981. **KLENGEL, H.** *Zwischen Zelt und Palast. Die Begegnung von Nomaden und Sesshaften im alten Vorderasien.* Leipzig 1974. **KLENGEL, H.** *Syria 3000 to 300 B.C. A Handbook of Political History.* Berlin 1992. **KREUTZMANN, H.** The Wakhi and Kirghiz in the Pamirian Knot. In Brower, B. and Johnston, B. R. (Hrsg.). *Disappearing Peoples? Indigenous Groups and Ethnic Minorities in South and Central Asia.* Walnut Creek 2007, S. 169-186. **LAFONT, B.** Relations Internationales, Alliances et Diplomatie au Temps des Royaumes Amorrites. *Amurru 2.* Paris 2001. S. 213–322. **LEDER, S. / STRECK, B. (HRSG.)** *Shifts and Drifts in Nomad-Sedentary Relations.* Wiesbaden 2005. **LEWIS, N. N.** *Nomads and Settlers in Syria and Jordan, 1800–1980.* Cambridge 1987. **LINDNER, R. P.** *Nomads and Ottomans in Medieval Anatolia.* Bloomington 1983. **MALIK, K. / B. REPOND** *Afghanistan. Les Kirghizes du Pamir. La Route de l'exil.* Lausanne 1992. **MARUSHIAKOVA, E. / MISCHEK, U. / POPOV, V. / STRECK, B.** *Dienstleistungsnomadismus am Schwarzen Meer: Zigeunergruppen zwischen Symbiose und Dissidenz.* Halle 2005. **MICHEL, C.** *Correspondance des marchands de Kanish.* Paris 2001. **MIEHE, G. / YILI, Z.** *Environmental Changes in High Asia.* Marburg 2000. **MILLER, D.** Tough Times for Tibetan Nomads in Western China: Snowstorms, Settling Down, Fences, and the Demise of Traditional Nomadic Pastoralism. *Nomadic Peoples* 4: (1), 2000, S. 83-109. **MORAN, W. L.** *The Amarna Letters,* redigiert und übersetzt, Baltimore 1992. **OKELY, J.** Kontinuität und Wandel in den Lebensverhältnissen und der Kultur der Roma, Sinti und Kále. In Knecht. M. / R. Toivanen (Hrsg.). *Europäische Roma – Roma in Europa.* Münster 2006, S. 25–41. **OPPENHEIM, M. VON** Die Beduinen. In *Die Beduinenstämme in Mesopotamien und Syrien.* Leipzig 1939. **OREN, E.D. / HAROR, TEL.** In E. M. Meyers (Hg.), *The Oxford Encyclopedia of Archaeology in the Near East 2.* New York / Oxford 1997, S. 474–476. **RAE, J.** Tribes and Territory in Modern Day Syria. *The Arab World Geographer* 5/2, 2002, S. 102-112. 2002. **RAO, A. (HG.)** *The Other Nomads: Peripatetic*

Minorities in Cross-Cultural Perspective. Köln / Wien 1987. **REUTERS, F. H. (HG.)** *Die Briefe des Anacharsis.* Berlin 1963. **ROMANČUK, A. I.** *Studien zur Geschichte und Archäologie des byzantinischen Cherson.* Leiden 2005. **SAID, E.** *Orientalism.* New York 1979. **SCHMITT, O.** Kriegführung und tribale Gesellschaft. In Meissner, B. / Schmitt, O. / Sommer M. (Hrsg.). *Krieg – Gesellschaft – Institutionen. Beiträge zu einer vergleichenden Kriegsgeschichte.* S. 417-444. Berlin 2005. **SCHUBERT, C.** Der Fremde ist ein Nomade: Der Skythe Anacharsis. In A. Weiß (Hg.) *Der imaginierte Nomade.* Wiesbaden 2008. **AL-SEKHANEH, W.** *The Bedouin of Northern Jordan – Kinship, Cosmology and Ritual Exchange.* Berlin 2005. **SHAHRANI, M. N.** *The Kirghiz and Wakhi of Afghanistan. Adaptation to Closed Frontiers.* Seattle und London 1979. **SLEZKINE, YURI** *Arctic Mirrors: Russia and the Small Peoples of the North.* Ithaca 1994. **SPINEI, V.** *The Great Migrations in the East and South East of Europe from the Ninth to the Thirteenth Century,* Cluj-Napoca 2003. **SPITTLER, G.** Führer und Karawane in der Wüste. In H. Oswald (Hg.).*Macht und Recht.* Festschrift für Heinrich Popitz zum 65. Geburtstag. S. 175-195. Opladen 1990. **STAMMLER, F.** *Reindeer Nomads Meet the Market: Culture, Property and Globalisation at the 'End of the Land'.* Münster 2005. **STRÄSSLE, M.** *Der internationale Schwarzmeerhandel und Konstantinopel 1261-1484 im Spiegel der sowjetischen Forschung.* Frankfurt 1990. **SUNDERLAND, W.** *Taming the Wild Field. Colonization and Empire on theRussian Steppe.* London 2004. **UNGEFEHR-KORTUS, C.** *Anacharsis, der Typus des edlen, weisen Barbaren. Ein Beitrag zum Verständnis griechischer Fremdheitserfahrung.* Frankfurt a. M., u.a. 1996. **VENTSEL, A.** *Reindeer, Rodina and Reciprocity: Kinship and Property Relations in a Siberian Village.* Münster 2006. **VITEBSKY, P.** *Reindeer People: Living with Animals and Spirits in Siberia.* London 2005. **WEISS, A.** Die Grenzen der Integration. Rom und die Baquaten. *Bonner Jahrbücher* 202/203, 2002/03, S. 337-346. **WEISS, A.** Das Amt des praefectus gentis in den nordafrikanischen Provinzen. *Antiquités Africaines* 42. 2006. **YOUNG, W.** *The Rashaayda Bedouin. Arab Pastoralists of Eastern Sudan.* Orlando 1996.

Bildnachweis

S.8, Laila Prager. Kamelrennen auf dem Beduinenfestival in Tadmur, Syrien, 2009. **S.20**, Andreea Bretan. Nomaden beim Melken der Schafe in den Bergen nahe Tadmur (Palmyra), Syrien, 2006. **S.30**, David Tucker. Trittspuren von Tieren in der Steppe westlich von Palmyra, welche vom Weltraum aus gesehen werden können. **S.42**, Fabian Jacobs. Angehörige der Gabor, die sich auf den Second-hand-Warenhandel spezialisiert haben, auf einem Markt in Tirnaveni, Siebenbürgen/Rumänien, 2005. **S.52**, Sandra Calkins. Gruppe nomadischer Raschaida auf der Weidewanderung nach Kassala, Ostsudan, 2008. **S.60**, Sandra Calkins. Behausung und Tierpferch einer kürzlich niedergelassenen marokkanischen Nomadenfamilie, 2006. **S.70**, David Kreuer. Zum Verkauf stehende Schafe auf dem Wochenmarkt in Tendrara in der ostmarokkanischen Steppe 2009. **S.78**, Jörg Gertel. Südabdachung des Anti Atlas, Marokko, 2006. **S.88**, Wolfgang Holzwarth.

Karakulschafherde beim Abtrieb aus der Sommerweide in Qizilbuynaq, Süd-Tadschikistan, 2010. Diese Schafe wurden erst in den 1930er Jahren in die naturräumlichen Verhältnisse Süd-Tadschikistans eingewöhnt, wo sich ihr saisonaler Weidewechsel heute kaum noch von dem der Fettschwanzschafe unterscheidet. **S.98**, Gerd Spittler. Bilmakarawane des im Text beschriebenen Karawanenführers Khada im Jahre 1980. **S.103**, Sandra Calkins. Verhandlungen auf einem sudanesischen Viehmarkt, 2008. **S.116**, Sören Stark. Ausgegrabener Kurgan im Hochgebirge Tadschikistans, 2006. **S.126**, Jörg Gertel. Raupenpilzsucher im tibetischen autonomen Bezirk Yushu (Provinz Qinghai, China), der seine Ausbeute zeigt, 2005. **S.138**, Michael Zierdt. Eine Straße in Nordfinnland: Auch Rentiere wissen bequeme Pfade zu schätzen, sehr zum Leidwesen der Autofahrer, 2008. **S.148**, Sandra Calkins. Ansicht eines entlegenen Gebirgsdorfs im marokkanischen Hohen Atlas, 2006. **S.158**, Hermann Kreutzmann. In der Jurte von Abdur Rashid Khan, dem Anführers der Kirgisen-Gemeinschaft diskutiert dieser mit seinen Vertrauten Haji Osmon und Niyoz Ali über eine Umsiedlung der Kirgisen aus dem afghanischen Wakhan nach Kyrgyzstan und über mögliche weitere Schritte am Weidestandort Kara Jilga. Das Angebot wurde schließlich abgelehnt und die Gemeinschaft verblieb im Kleinen Pamir, 2000. **S.168**, Sandra Calkins. Lastesel einer Nomadenfamilie auf der Suche nach Futter, 2010. Der Esel trägt eine Fessel an den Vorderbeinen, damit er sich nicht allzu weit vom Zelt der Familie entfernen kann. **S.176**, Hadassa Haack. Syrischer Beduine mit seinem Reitkamel in den Ruinen Palmyras. Er lebt davon, Touristen auf seinem Kamel durch Palmyra zu führen, 2007. **S.186**, Jörg Gertel. Südabdachung des Hohen Atlas, Marokko, 2006. **S.192**, David Kreuer. Landschaft mit Arganbäumen in der marokkanischen Souss Gegend, 2009. **S.202**, David Kreuer. Nomadenzelt in der ostmarokkanischen Steppe, 2009. **S.214**, Laila Prager. Syrische Beduinen mit Antreibstöcken beim Kamelschönheitswettbewerb des Tadmurfestivals, 2009. **S.226**, Laila Prager. Beduinenfestival in Tadmur, Syrien: Ehrenrunde der Erstplatzierten im Kamelrennen, 2009. **S.236**, Andreea Bretan. Schafe und ein Esel beim Weidegang in den Bergen nahe Tadmur, Syrien, 2006. **S.244**, © bpk / MHK, ›The Pack (das Rudel)‹ von Joseph Beuys. VW Bus Baujahr 61, 24 Schlitten, jeweils mit Fett, Filzdecke, Gurten und Stablampe ausgestattet (1969), Standort: Museums Landschaft Hessen Kassel. **S.252**, Daniela Schreiber. Faul und frei? – Hirte mit seiner Herde vor dem Dschungarischen Alatau in Kasachstan, 2009. **S.262**, Joachim Otto Habeck. Vasilii, der Chef einer Rentierhirtenbrigade in der Republik Komi, wählt drei Zugtiere aus, die für den Rest des Tages vor den Schlitten gespannt werden, 1999. **S.272**, Uta Schilling. Aufbau einer kasachischen Jurte in der Westmongolei, 2006. **S.288**, Sandra Calkins. Geschlachtetes Kamel am Atabra Unterlauf, Sudan. Das Kamel wurde dem Dorf von einer kuwaitischen Stiftung gespendet und soll möglichst gerecht zwischen den einzelnen Haushalten aufgeteilt werden, daher werden die Fleischhaufen kritisch von den Dorfbewohnern inspiziert, 2010. **S.298**, Andreas Gruschke. Raupenpilz-Händler auf einem zentralen Platz in Gyêgu (tib. Jyekundo), der Bezirkshauptstadt des tibetischen autonomen Bezirks Yushu (Provinz Qinghai, China), haben ihre Ware ausgelegt, 2005.

AUTOREN

FELIX BLOCHER ist Professor für Vorderorientalische Archäologie an der Martin-Luther-Universität Halle-Wittenberg und leitet Ausgrabungen in Tall Munbaqa /Ekalte in der syrischen Provinz Raqqa.

ANDREEA BRETAN arbeitet als wissenschaftliche Mitarbeiterin am Institut für Ethnologie der Universität Leipzig und ist Kuratorin der Abschlussausstellung des SFB 586 ›Brisante Begegnungen. Nomaden in einer sesshaften Welt‹.

INGO BREUER ist als Geograph Projektleiter am Sonderforschungsbereich 586 der Universitäten Leipzig und Halle-Wittenberg und forscht zu Mobilität und Existenzsicherung im Globalen Süden.

THOMAS BRÜGGEMANN ist wissenschaftlicher Mitarbeiter am Lehrstuhl für Alte Geschichte der Martin-Luther-Universität Halle-Wittenberg. Einige Schwerpunkte seiner Forschung sind das antike Nordafrika, Migrationsphänomene und Nomadismus im antiken Mittelmeerraum.

JOHANN BÜSSOW ist wissenschaftlicher Mitarbeiter am Sonderforschungsbereich 586 an der Martin-Luther-Universität Halle-Wittenberg. Sein Forschungsgebiet ist die Geistes- und Sozialgeschichte des Vorderen Orients in der Neuzeit, im Besonderen die Anaza-Beduinen im modernen Syrien.

SANDRA CALKINS ist wisssenschaftliche Mitarbeiterin am Orientalischen Institut der Universität Leipzig und forscht im Rahmen des SFB 586 im Nordostsudan über die institutionelle Aushandlung sozialer Sicherheit.

BEATE ESCHMENT war bis 2008 wissenschaftliche Mitarbeiterin im SFB 586 und ist jetzt an der Forschungsstelle Osteuropa an der Universität Bremen beschäftigt. Ihre Forschungsinteressen liegen vor allem in der Geschichte und Gegenwart Kasachstans und Kirgistans.

JÖRG GERTEL ist Professor für Wirtschaft und Sozialgeographie am Orientalischen Institut der Universität Leipzig und Sprecher des Sonderforschungsbereiches ›Differenz und Integration‹.

ANDREAS GRUSCHKE ist wissenschaftlicher Mitarbeiter am Orientalischen Institut der Universität Leipzig. Im Rahmen des Sonderforschungsbereichs SFB 586 gilt sein Hauptforschungsinteresse den Wandlungsprozessen, denen tibetische Nomaden unterworfen sind.

JOACHIM OTTO HABECK ist Koordinator des Sibirienzentrums am Max-Planck-Institut für ethnologische Forschung in Halle. Eines seiner Forschungsthemen ist die Geschichte der Sesshaftmachung von Rentiernomaden in der Sowjetunion.

STEFAN HAUSER ist Professor für Archäologie der altmediterranen Kulturen und ihrer Beziehungen zur altvorderasiatisch-ägyptischen Welt an der Universität Konstanz. Einige Forschungsschwerpunkte liegen in der Archäologie und Geschichte der Assyrer sowie der nachkeilschrift-lichen Kulturen Vorderasiens.

WOLFGANG HOLZWARTH ist wissenschaftlicher Mitarbeiter am Orientalischen Institut der Martin-Luther-Universität Halle-Wittenberg und am Max-Planck-Institut für ethnologische Forschung, Halle. Er arbeitet zur Weidelandnutzung in Ost-Buchara und Süd-Tadschikistan.

ENRICO ILLE ist wisssenschaftlicher Mitarbeiter am Institut für Ethnologie und Philosophie der Universität Halle und forscht zur Institutionalisierung von organisatorischen Modellen der Arbeitsteilung am Beispiel wirtschaftlicher Entwicklungsprojekte in den Nubabergen, Sudan.

FABIAN JACOBS ist wissenschaftlicher Mitarbeiter am Sorbischen Institut in Bautzen und forscht vergleichend zu Minderheiten mit besonderem Fokus auf Roma/Zigeuner und Sorben.

ROXANA KATH, Historikerin, ist wissenschaftliche Mitarbeiterin am BMBF-Projekt ›eAQUA: Portal und Methoden-Dissemination‹ an der Universität Leipzig. Zu ihren Forschungsschwerpunkten gehören: Römische Republik und römisches Nordafrika; Wahrnehmung und Konstruktion von Räumen, Wissenstransfer und Konzeptwandel.

BRIT KÄRGER arbeitete als wissenschaftliche Mitarbeiterin am SFB 586. Im Bereich der Altorientalistik befasste sie sich mit amurritischen Nomadenstämmen und dem Königreich von Mari.

GUMA KUNDA KOMEY ist Assistant Professor der Humangeographie an der Universität Juba, Sudan, und forscht zu Landrechten, Marktstrukturen und politischer und kultureller Marginalisierung in den Nubabergen, Sudan.

HERMANN KREUTZMANN ist Professor für Anthropogeographie im Institut für Geographische Wissenschaften der Freien Universität Berlin und Direktor des Zentrums für Entwicklungsländerforschung (ZELF). Seine Forschungsinteressen beziehen sich auf Mensch-Umwelt-Beziehungen, geographische Entwicklungsforschung, Hochgebirgsforschung, Migration und Minderheiten in Zentral- und Südasien.

LAILA PRAGER ist Akademische Rätin am Institut für Ethnologie an der Westfälischen Wilhelms-Universität Münster. Sie forscht zu den Beduinen in Syrien und Jordanien, den Nusairieren/Alawiten (Türkei und Syrien) und zur transnationalen Migration muslimischer Migranten nach Europa und in die Golfstaaten.

CHARLOTTE SCHUBERT ist Professorin für Alte Geschichte an der Universität Leipzig und forscht zum antiken Nomadismus, antiker Historiographie und im Bereich der Digital Classics.

UTA SCHILLING ist wisssenschaftliche Mitarbeiterin am Institut für Turkologie der freien Universität Berlin und arbeitet zum Thema Sprach- und Kulturkontakte von Kasachen in der Westmongolei.

OLIVER SCHMITT ist wissenschaftlicher Mitarbeiter am SFB 586. Im Bereich Alte Geschichte konzentriert er sich auf Nomaden unter byzantinischer Herrschaft.

GERD SPITTLER, Prof. em. für Ethnologie an der Universität Bayreuth, forscht seit 1976 über Nomaden in Sahara und Sahel.

SÖREN STARK ist Assistant Professor for Central Asian Archaeology and Art History an der New York University und forscht zu Problemen der frühmittelalterlichen Steppen- und Oasenkulturen in Zentralasien.

MICHAEL P. STRECK ist Professor für Altorientalistik an der Universität Leipzig.

DANIEL SYRBE, Althistoriker, ist Mitarbeiter am Lehrgebiet ›Geschichte und Gegenwart Alteuropas‹ an der FernUniversität in Hagen; davor war er mit einem Projekt zu den maurischen Stämmen im spätrömischen bis byzantinischen Nordafrika am SFB 586 tätig.

DAVID TUCKER ist Geschäftsführer des Allgemeinen Deutschen Fahrrad Clubs (ADFC) Sachsen-Anhalt und ehemaliger wissenschaftlicher Mitarbeiter des Seminars für Orientarchäologie und Kunst an der Martin-Luther Universität Halle. Neben Radwandertourismus erforscht er anhand von Satellitenbildern die archäologische Sichtbarkeit von Nomaden in Trockengebieten.

ALEXANDER WEISS ist Juniorprofessor für Alte Geschichte an der Universität Leipzig und arbeitet vor allem zur Sozialgeschichte der Römischen Kaiserzeit, zur Epigraphik sowie zum Frühen Christentum.

MICHAEL ZIERDT ist Leiter des Geoökologischen Labors am Institut für Geowissenschaften und Geographie der Martin-Luther-Universität Halle-Wittenberg und forscht zu Fragen der ariden und semiariden Landwirtschaft sowie des Landschaftswandels durch anthropogene Nutzung.

Dank

Ein großes Dankeschön gebührt Stefan Leder, der die Idee zu einem gemeinsamen Band der SFB-Mitarbeiter entwickelt und den Titel ›Nomaden in unserer Welt‹ angeregt hat. Wir danken zudem Ingo Breuer für die frühe Zusammenführung der Texte, Paulina Mirbach für die vorbereitenden redaktionellen Hilfestellungen, Hadassa Haack für einen ersten Entwurf der Titelseite sowie Gero Wierichs und Kai Reinhardt vom transcript Verlag für ihre engagierte Betreuung. Simone Henninger sind wir für die professionelle graphische Gestaltung des Bandes, die Bildbearbeitung und die Endredaktion sehr zu Dank verpflichtet. Wir möchten schließlich der Deutschen Forschungsgemeinschaft für die großzügige Förderung danken sowie allen Autoren, die dieses Buchprojekt erst möglich gemacht haben.

Global Studies

SEYHAN BAYRAKTAR
Politik und Erinnerung
Der Diskurs über den Armeniermord
in der Türkei zwischen Nationalismus
und Europäisierung

2010, 314 Seiten, kart., 29,80 €,
ISBN 978-3-8376-1312-4

GEORG GLASZE
Politische Räume
Die diskursive Konstitution
eines »geokulturellen Raums« –
die Frankophonie

Dezember 2011, ca. 256 Seiten, kart., ca. 27,80 €,
ISBN 978-3-8376-1232-5

BARBARA GRIMPE
Ökonomie sichtbar machen
Die Welt nationaler Schulden in
Bildschirmgröße. Eine Ethnographie

2010, 290 Seiten, kart., zahlr. z.T. farb. Abb., 32,80 €,
ISBN 978-3-8376-1608-8

Leseproben, weitere Informationen und Bestellmöglichkeiten
finden Sie unter www.transcript-verlag.de